谶纬述略

王济民 著

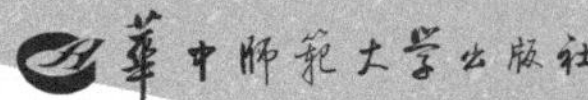

华中师范大学出版社

新出图证（鄂）字10号

图书在版编目（CIP）数据

谶纬述略/王济民著. --武汉：华中师范大学出版社，2025.5. --ISBN 978-7-5769-1086-5

Ⅰ. B992.9

中国国家版本馆CIP数据核字第2025SH4416号

谶纬述略

CHENWEI SHULÜE

 王济民 著

责任编辑：张怀东 **责任校对**：童 雯 **封面设计**：罗明波

编辑室：学术出版分社 **电话**：027-67863280/3220

出版发行：华中师范大学出版社

社址：湖北省武汉市洪山区珞喻路152号

电话：027-67863426（发行部） **邮编**：430079

网址：http://press.ccnu.edu.cn

电子邮箱：press@mail.ccnu.edu.cn

印刷：武汉邮科印务有限公司 **督印**：刘 敏

开本：880mm×1230mm 1/32 **印张**：9.125

版次：2025年7月第1版 **印次**：2025年7月第1次印刷

字数：212千字 **定价**：38.00元

欢迎上网查询、购书

目　　录

目　　录

目　　录

前　言

一

古代经常讲谶，早期尤其如此。但究竟什么是谶，并不容易定义；而对于讨论古代的谶纬问题，相应界说却非常重要，不然讨论无法进行。谶有些类似预言，但其实有所不同。所谓预言，乃是对事物未来发展状况的判断，建立在对事物发展趋势及现实状况的把握上。比如《史记·项羽本纪》载楚南公曰"楚虽三户，亡秦必楚"就是预言，而且真的实现了；当然有的则可能由于某些原因而未能实现。谶所不同于预言者，首先在于来源可能很神秘，或本来无意于此，同时也可能附有某种符号。

谶通常的表现形式为隐语。《史记·赵世家》记载，秦穆公病，"七日而寤，寤之日……曰：'……帝告我："晋国将大乱，五世不安；其后将霸，未老而死；霸者之子且令而国男女无别。"'公孙支书而藏之，秦谶于是出矣。献公之乱，文公之霸，而襄公败秦师于殽而归纵淫"，这里明确说到所谓谶，故常被人引用。此乃上帝托梦于秦穆公之言，显然很神秘，只是话好像很直接，不大像隐语。司马迁说"秦谶于是出矣"，可见所谓秦谶，并不是这几句话，而是另有所言，至于具体是怎么说的，司马迁没有记载，应该是隐语。《史记·秦始皇本纪》又记载，始皇使燕人卢生求仙人不死之药，"始皇巡北边，从上郡入。燕人卢生使入海还，以鬼神事，因奏录图书，曰：'亡秦者胡也。'始皇乃使将军蒙恬发兵三十万人北击胡"。这里没提到所谓谶，但《四库全书总目·易类六》按语说“谶者诡为隐语，预决吉凶。《史记·秦始皇本纪》称卢生奏录图书之语，是其始也”，指出所谓“亡秦者胡也”正是谶言，更指出了谶为隐语的特征。

谶是应验的。许慎《说文解字》说：“谶，应验也。”张衡说：“立言于前，有征于后，故智者贵焉，谓之谶书。”[①]这很重要，设想一下，如果晋国后来没有献公之乱、文公之霸及襄公与秦崤之战获胜，那么这所谓秦谶还成立吗？显然不能。由于谶是应验的，所以有某种追认的意味。秦穆公当初是否真的做了上述那样一个梦，是否真的有上帝对他如此说，其他人是不可能知道的；而后来称之为谶，其实是司马迁的看法。当然如果公孙支真的把这些都记下来了，或许晋襄公以后的人可以认同这所谓秦谶。

神秘出现的谶，由于是隐语，就有一个解读的问题。秦始皇当初将录图书谶言解读为可能是匈奴来犯，派兵击之，事实上这个解读不正确，裴骃《史记集解》引郑玄注：“胡，胡亥，秦二世名也。秦见图书，不知此为人名，反备北胡。”[②]但秦亡于二世终究是事实，谶言应验了。《史记·项羽本纪》所谓“楚虽三户，亡秦必楚”虽明白是预言，但也有人解读为谶，这主要是认为“三户”乃地名。《史记索隐》说：“《左氏》‘以畀楚师于三户’，杜预注云‘今丹水县北三户亭’，则是地名不疑。”《史记正义》说：“服虔云：‘三户，漳水津也。’孟康云：‘津峡名也，在邺西三十里。’《括地志》云：‘浊漳水又东经葛公亭北，经三户峡，为三户津，在相州滏阳县界。’然则南公辨阴阳，识废兴之数，知秦亡必于三户，故出此言。后项羽果度三

---

① 范晔：《后汉书》，中华书局，1965年版，第1912页。

② 司马迁：《史记》，中华书局，1985年版，第253页。

户津破章邯军，降章邯，秦遂亡。是南公之善谶。”[①]一般不取此种解读，但这里很能见出谶可能有多种解读的情况。从应验上说，这也符合谶的特点。

日常生活中也会有某种应验。《诗话总龟》有“诗谶”一门，都是应验的故事。不过其所谓应验，与诗人本身无关，而是后来人的看法。《红楼梦》第二十二回“制灯谜贾政悲谶语”，第七十五回“赏中秋新词得佳谶”，其所谓谶，都是作者对小说人物后来命运的提示，小说中人物可能会有某种感觉，但他们并不认为这些是谶，其所以称谶，是因为作者让这些应验了。历史记载中所谓谶，常关系国家大事，甚至朝代兴替，故极为人们所关注，应对之或将之付诸实施，应验者终于成谶。故此所谓谶，总是与某种重大事件有关。另外，由于谶是隐语，不免有某种文学性，而记载谶言的纬又多传说，亦不乏文学色彩，于是所谓谶纬就更和文学有关了。刘勰《文心雕龙·正纬》很早就指出这一点。当然这些都还只是诗、小说写到谶以前的事。

古代早就讲《河图》。《尚书·顾命》说：“《河图》，在东序。”这个《河图》是什么，历来有很多研究。《论语·子罕》记载，孔子感叹“河不出图”，可见图由河出，乃是瑞应。《易·系辞》说“河出图”，“圣人则之”，才把《河图》和圣人联系起来。又有所谓《洛书》，其说出现亦很早。《尚书·洪范》说：“天乃锡禹洪范九畴。”《易·系辞》说：“洛出书，圣人则之。”孔颖达疏，孔安国以为“《洛书》则九畴是也”。这《河图》《洛书》很神秘，故容易被认为是谶。秦李斯《仓颉篇》云“谶书，河洛书也”[②]，似以河洛书为谶书，颇为后来人所引

① 司马迁：《史记》，中华书局，1985 年版，第 301 页。

② 萧统：《文选》，中华书局，1977 年版，第 218 页。

证，由于谁也没见过《河图》《洛书》什么样，以之为谶书，显然只是揣测之辞。后来又有所谓《三仓》说"谶，秘密书也，出河洛"①，其实也只是说谶出自河洛，并没有说《河图》《洛书》就是谶。这里还可能有一个重大混淆，必须特别指出，就是即使所谓《河图》《洛书》记载了某个谶言，也不能因此就说《河图》《洛书》是谶言，谶言和记载谶言的书必须区别开来。《四库全书总目》以谶言之始乃在卢生录图书，或不一定，但不以远古《河图》《洛书》为谶言却是可取的。历来讨论谶纬问题与《河图》《洛书》颇多纠缠，不以《河图》《洛书》本身为谶，讨论问题可以方便很多。

二

西汉初年以来重视经典，于是有很多研究解说。颇为人们所注意的是，这时出现了一些依托经典，冠名颇为怪异的文字，其篇幅一般都不长。《汉书·李寻传》记载，成帝时期李寻称这些文字为纬，云："五经六纬，尊术选士。"孟康注："六纬，五经与《乐》纬也。"张晏注："六纬，五经就《孝经》纬也。"古代以纵线为经，横线为纬，把依傍于经典的文字称作纬，有其道理。如前所说，谶起源很早，因其每涉及重要事件，故极受人注意。它们最初多以谣谚形式流布，后来则每被记载在史书里，而纬书也很便于保存。李寻所谓六纬里，很可能就有不少谶言。

西汉末年，社会急剧变动，所谓谶发挥了极大的作用。王莽凭符谶代汉，刘秀又据谶言起兵。《后汉书·光武帝纪上》说："宛人李通等以图谶说光武帝云：'刘氏复起，李氏为辅。'"只是这里所谓图谶，不过说此谶如《河图》般神秘，并不表示《河图》本身是谶。刘

① 钟肇鹏：《谶纬论略》，辽宁教育出版社，1991年版，第2页。

秀后来更据谶言称帝。谶言既多，不免大量进入纬书。所谓《河图》《洛书》，本身涉及帝王受命，大量谶言不免系于其下，比如后来便出现了《河图括地象》《河图合古篇》《河图会昌符》《河图赤伏符》《洛书摘亡辟》之类。这样一来，五经六纬之外，又有所谓《河图》纬、《洛书》纬。

此时亦有所谓图录之说，《后汉书·方术传序》说："故王梁、孙咸，名应图录，越登槐鼎之任。"所谓图录，亦是谶言，意其如《河图》般神秘；所谓图，只起修饰作用，并不说明《河图》本身是谶。颇为后来论者引据的是，东汉甚至不称纬而径称谶。如《后汉书·张纯传》有所谓七经谶，云："纯以圣王之建辟雍，所以崇尊礼义，既富而教者也。乃案七经谶、明堂图、河间《古辟雍记》、孝武太山明堂制度及平帝时议，欲具奏之。"李贤注："七经谓《诗》《书》《礼》《乐》《易》《春秋》及《论语》也。"可见有单行之《论语谶》。甚至郑玄亦多称谶，《易乾凿度》卷下说："此皆律历运期相，一匡之神也，欲所按合诚。"郑玄注："此人心之合诚，《春秋谶》卷名也。"可见此时所谓谶、纬已被混作一团。

东汉建立不久，刘秀即命学者"校定图谶"①，日常更以图谶决事，大臣多有反对，但他仍然坚持。后来章帝等也都信图谶，当然仍有人指出图谶之非。刘秀晚年"宣布图谶于天下"②，据《后汉书·祭祀上》，事在建武三十二年泰山封禅时。刻石有文曰："建武元年已前，文书散亡，旧典不具，不能明经文，以章句细微相况八十一卷，明者为验，又其十卷，皆不昭晰。"所谓八十一卷，影响很大，只是很长时间，究竟包括哪些，并不清楚。《孝经援神契》说"孔子

① 范晔：《后汉书》，中华书局，1965 年版，第 2573 页。

② 范晔：《后汉书》，中华书局，1965 年版，第 84 页。

制作《孝经》……告备于天曰《孝经》四卷,《春秋》《河》《洛》,凡八十一卷,谨已备”,或许与此有关。至张衡上事云“《河》《洛》五九,六艺四九,谓八十一篇也”①,五九四十五,四九三十六,相加得八十一篇,所说较前明确。《易乾凿度》说:“《易历》曰:‘阳纪天心,别序圣人,题录兴亡,州土名号,姓辅叐符。’”郑玄注:“言孔子将此应之而作谶三十六卷。”此所谓“三十六卷”,很容易让人联想到张衡所说“六艺四九”。于是更有人认为所谓八十一篇皆孔子所作,荀悦《申鉴·俗嫌》不取,指出“八十一首,非孔子之作矣”。但到了《隋书·经籍志》又记载:“说者又云:孔子既叙六经,以明天人之道,知后世不能稽同其意,故别立纬及谶,以遗来世。其书出于前汉,有《河图》九篇,《洛书》六篇,云自黄帝至周文王所受本文。又别有三十篇,云自初起至于孔子,九圣之所增演,以广其意。又有七经纬三十六篇,并云孔子所作,并前合为八十一篇。”又以为其中七经纬为孔子所作。

所谓七经纬三十六篇,《后汉书·樊英传》说英善“《河》《洛》七纬,推步灾异”,唐李贤注“七纬者,《易》纬《稽览图》《乾凿度》《坤灵图》《通卦验》《是类谋》《辨终备》也,《书》纬《琁机钤》《考灵耀》《刑德放》《帝命验》《运期授》也,《诗》纬《推度灾》《记历枢》《含神务》也,《礼》纬《含文嘉》《稽命征》《斗威仪》也,《乐》纬《动声仪》《稽耀嘉》《汁图征》也,《孝经》纬《援神契》《钩命决》也,《春秋》纬《演孔图》《元命包》《文耀钩》《运斗枢》《感精符》《合诚图》《考异邮》《保乾图》《汉含孳》《佑助期》《握诚图》《潜潭巴》《说题辞》也”,共三十五篇。历来每以为此即张衡所谓“六艺四九”三十六篇,但为何少了一篇?既然少了一篇,就不断有人试图补上这一篇,以成三十六篇

① 范晔:《后汉书》,中华书局,1965年版,第1913页。

之数，姚振宗《隋志考证》云是《礼记默房》，胡薇元《诗纬含神雾训纂》认为是《孝经左右契》，侯康《补三国艺文志》定为《春秋命历序》，徐兴无认为不排除《尚书中候》[①]。但实际情况大约是，当初李注不一定是遗漏，而是考虑到后人很可能把所注三十五篇与八十一篇中的三十六篇联系起来，而他对此有所保留，暗示所注不一定就是八十一篇中的三十六篇。所谓"六艺四九"尚且如此，而所谓"河洛四五"，《隋书·经籍志》虽有进一步说法，但具体篇目显然更难清楚。

刘秀宣布图谶于天下，一方面是为了昭示天意，同时亦在杜绝再造图谶。当初泰山刻石文云八十一卷外，"又其十卷，皆不昭晰"。张衡上疏说"且《河》《洛》六艺，篇录已定，后人皮傅，无所容篡"[②]，捎带提到八十一篇外另有谶言流布之事。《隋书·经籍志》说到所谓八十一篇后，接着说："而又有《尚书·〈中候〉〈洛罪级〉〈五行传〉》，《诗·〈推度灾〉〈泛历枢〉〈含神务〉》，《孝经·〈勾命决〉〈援神契〉》，杂谶等书。"这里不少篇名见于李注，可证李注三十五篇非即八十一篇中之三十六篇；同时也告诉人们，所谓八十一篇外还有大量谶纬存在。

三

世事不断演变，图谶亦在不断增加，于是历代禁毁，纬书零落，大量散佚。元代以来，颇辑纬书。所谓八十一篇，影响很大，虽具体篇目不清楚，但这里还是只能以此为说叙述元代以来纬书辑录情况，其中所谓七经纬，姑且仍以李注三十五篇为据。

---

① 徐兴无：《谶纬文献与汉代文化构建》，中华书局，2003 年版，第 6 页。

② 范晔：《后汉书》，中华书局，1965 年版，第 1912 页。

(1)元末陶宗仪编《说郛》,始从各种类书中辑出多种纬书。核之所谓八十一篇,《易》纬少《辨终备》《是类谋》;《书》纬少《刑德放》《运期授》,增《尚书中候》;《诗》纬少《推度灾》;《春秋》纬少《演孔图》《保乾图》《握诚图》,增《春秋符》,篇名不详者辑为《春秋纬》;《礼》纬同;《乐》纬少《动声仪》《叶图征》;《孝经》纬增《左契》《右契》《内事》,篇名不详者辑为《孝经纬》;《河图》纬有《龙鱼河图》《括地象》《稽命征》《稽耀钩》《始开图》;《洛书》纬有《甄耀度》。《河图》纬、《洛书》纬篇名本来不详,无从比较。

(2)明万历年间,孙瑴杂采旧文,编成《古微书》,收有纬书。这些纬书,核之所谓八十一篇,《尚书》纬增《尚书中候》《中候杂篇》《中候握河纪》《中候考河命》《中候摘洛戒》《中候运行》《中候洛予命》《中候义明》《中候敕省图》《中候稷起》《中候准谶哲》;《春秋》纬增《春秋内事》,篇名不详者辑为《春秋纬》;《易》纬增《河图数》《九厄谶》《中孚传》《运期》;《礼》纬同;《乐》纬同;《诗》纬同;《孝经》纬增《中契》《右契》《左契》《威嬉拒》《内事图》,篇名不详者辑为《孝经纬》;《河图》纬有《括地象》《始开图》《绛象》《稽耀钩》《帝览嬉》《挺佐辅》《握矩记》《秘征》《帝通纪》《著命》《真纪钩》《要元篇》《考灵耀》《提刘篇》《稽命征》《会昌符》《玉版》《龙鱼河图》;《洛书》纬有《灵准听》《摘六辟》《录运法》《孔子河洛谶》《录运期谶》《甄耀度谶》。《河图》纬、《洛书》纬篇名本来不详,故无从比较。增《论语》纬,有《比考谶》《撰考谶》《摘辅象》《摘衰圣》《阴嬉谶》。

(3)明代又有杨乔岳编《纬书》。核之所谓八十一篇,《易》纬增《通统图》《内事》,篇名不详者辑为《易纬》;《尚书》纬增《中候》《尚书大传》,篇名不详者辑为《尚书纬》;《诗》纬同;《春秋》纬增《命历序》《内事》,篇名不详者辑为《春秋纬》。《礼》纬增《稽命曜》;《乐》纬同;《河图》纬有《括地象》《稽耀钩》《稽命征》《录运法》《帝通纪》

《帝览嬉》《帝视萌》《帝秘征》《始开图》《著命苞》《挺佐辅》《要元篇》《握拒》《说征》《玉版》《龙鱼河图》，篇名不详者辑为《河图纬》；《洛书》纬有《灵准听》《甄耀度》《摘亡辟》。《河图》纬、《洛书》纬篇名本来不详，故无从比较。增《论语》谶，有《摘辅象》《摘衰圣》《阴嬉谶》《撰考谶》《比考谶》。此书现藏日本内阁文库。

（4）清康熙乾隆年间，殷元正、陆明睿辑《集纬》，亦称《纬书》。核之所谓八十一篇，《河图》纬有《帝系谱》《玉版》《挺佐辅》《始开图》《稽命征》《握矩记》《闿苞受》《括地象》《绛象》《考钩》《八丈》《皇参持》《龙鱼河图》《叶光篇》《帝览嬉》《帝通纪》《稽耀钩》《考灵曜》《提刘》《合古篇》《赤伏符》《会昌符》《录运法》《秘征篇》《要元篇》《圣洽》《河图》《河图龙文》，《洛书》纬有《甄曜度》《摘亡辟》《灵准听》《宝予命》《录运期》《说禾》《兵钤》《洛书》。《河图》纬、《洛书》纬篇名本来不详，故与之无从比较。《易》纬同，篇名不详者统称《易纬》；《书》纬同，篇名不详者统称《尚书纬》；《诗》纬同，篇名不详者统称《诗纬》；《礼》纬同，篇名不详者统称《礼纬》；《乐》纬同，篇名不详者统称《乐纬》；《春秋》纬少《文耀钩》《运斗枢》《感精符》《合诚图》《考异邮》《保乾图》《汉含孳》《佑助期》《握诚图》《潜潭巴》《说题辞》。

（5）乾隆时期编《四库全书》，从《永乐大典》中辑得《易》纬《乾坤凿度》《稽览图》《辨终备》《乾凿度》《通卦验》《乾元序制记》《是类谋》《坤灵图》并收录，甚至乾隆皇帝也介入对《易》纬的研究，有巨大影响。

（6）嘉庆年间，赵在翰据《后汉书·樊英传》李贤注辑《七纬》，收书三十七种，除李注三十五种外，仅多《易》纬《乾坤凿度》《乾元序制记》。其中篇名不详者通称《尚书纬》《诗纬》《礼纬》《乐纬》《春秋纬》《孝经纬》，未收所谓《河图》纬、《洛书》纬。

(7)道光年间,马国翰编《玉函山房辑佚书》,收入不少过去未编入的纬书。核之所谓八十一篇,《尚书》纬、《诗》纬、《礼》纬、《乐》纬均同,《春秋》纬增《命历序》《内事》,《孝经》纬增《中契》《左契》《右契》《内事图》《章句》《雌雄图》《古秘》《河图》《孝经谶》;《尚书》纬又有《中候》,有《握河纪》《考河命》《题期》《立象》《运衡》《敕省图》《苗兴》《契握》《洛予命》《稷起》《我应》《洛师谋》《合符后》《摿洛戒》《准谶哲》《义明》《霸免》《觊期》《杂篇》;增《论语》谶,有《比考谶》《撰考谶》《摘辅象》《摘衰圣承进谶》《阴嬉谶》《素王受命谶》《纠滑谶》《崇爵谶》;无《河图》纬、《洛书》纬。

(8)时刘学宠编《诸经纬遗》,云所收皆取《说郛》,所不载者见于其他丛书。核之所谓八十一篇,《易》纬少《乾坤凿度》《稽览图》《辨终备》《乾凿度》《乾元序制记》《是类谋》;《尚书》纬少《刑德放》《运期授》,增《中候》;《诗》纬少《推度灾》;《春秋》纬少《考异邮》《保乾图》《汉含孳》《握诚图》;《礼》纬增《大戴礼逸》;《乐》纬少《动声仪》《叶图征》;《孝经》纬增《左契》《右契》内事;《河图》纬有《龙鱼河图》《括地象》《稽命征》《稽耀钩》《始开图》;《洛书》纬有《甄耀度》。因《河图》纬、《洛书》纬篇名本来不详,故无从比较也。

(9)时黄奭编《通纬》,核之所谓八十一篇,《河图》纬有《秘征》《帝通纪》《著命》《说征》《考灵曜》《真钩》《提刘》《会昌符》《天灵》《要元》《叶光纪》《绛象》《皇参持》《闿苞受》《合古篇》《赤伏符》《括地象》《帝览嬉》《稽命征》《稽耀钩》《龙鱼河图》《始开图》《河图圣洽符》《河图谶》;《洛书》纬有《甄曜度》《灵准听》《摘亡辟》《洛罪级》。因《河图》纬、《洛书》纬篇名本来不详,故无从比较。《易》纬增《萌气枢》《通统图》《九厄谶》,篇名不详者通称《易纬》;《尚书》纬同;《诗》纬少《泛历枢》;《礼》纬少《斗威仪》;《乐》纬少《动声仪》《稽耀嘉》;《春秋》纬增《内事》《孔录法》;《孝经》纬增《中契》《左契》《右

契》《右秘》《章句》《内记图》《雌雄图》，篇名不详者通称《孝经纬》或《孝经契》；增《论语》谶，有《撰考谶》《阴嬉谶》《崇爵谶》《素王受命谶》《纪滑谶》《比考谶》，篇名不详者通称《论语谶》。

(10)时顾观光以赵在翰辑《七纬》取舍过严，乃编《七纬拾遗》。核之所谓八十一篇，《易》纬增《运期》《中备》《通统图》《萌气枢》《易谶》，篇名不详者通称《易纬》；《尚书》纬仅列《中候》《敕省图》《握河纪》《运衡》《考河命》《题期》《立象》《义明》《苗兴》《契握》《洛予命》《稷起》《我应》《洛师谋》《合符后》《摘洛戒》《霸免》《准谶哲》《觊期》《附录》；《春秋》纬仅列《春秋图》《命历序》《内事》《河图揆命篇》《少阳篇》《孔录法》《录图》《春秋谶》；《诗》纬仅列《诗谶》；《孝经》纬仅列《内记》《雌雄图》《内事》《古秘》《中契》《左契》《右契》及《孝经谶》；增《论语》谶，有《摘辅象》《摘衰圣》《比考谶》《譔考谶》《纠滑谶》《阴嬉谶》《崇爵谶》《素王受命谶》，篇名不详者通称《论语谶》；《河图》纬有《帝览嬉》《圣洽符》《皇参持》《括地象》《稽耀钩》《挺佐辅》《帝视萌》《要元篇》《握矩记》《提刘子》《始开图》《真纪钩》《著命》《帝通纪》《录运法》《会昌符》《赤伏符》《舍占篇》《汁光篇》《龙文》《闿苞受》《秘征》《玉版》《河图》，篇名不详者通称《河图纬》；《洛书》纬有《甄曜度》《摘亡辟》《洛罪级》《灵准听》《说征示》《兵钤势》《宝予命》，篇名不详者通称《洛书纬》，又附《孔子河洛谶》及《谶语》。因《河图》纬、《洛书》纬篇名本来不详，故无从比较。

(11)光绪年间，乔松年兄弟所编《纬捃》付梓，是书主要针对《古微书》，而多有补充考订。核之所谓八十一篇，《易》纬增《中孚传》《天人应》《通统图》《运期》《内传》《萌气枢》《内篇》《易传太初篇》，篇名不详者通称《易纬》；《尚书》纬增《中候》，有《握河纪》《我应》《考河命》《洛予命》《洛师谋》《摘洛贰》《仪明》《敕省图》《稷起》

《准谶哲》《合符后》《运衡》《契握》《苗兴》《赤雀命》，又增《尚书洪范记》，篇名不详者通称《尚书纬》；《诗》纬同，篇名不详者通称《诗纬》；《春秋》纬增《命历序》《内事》《录图》《录运法》《孔录法》《璇玑枢》《揆命篇》《玉版》《瑞应传》，篇名不详者通称《春秋纬》；《礼》纬同，篇名不详者通称《礼纬》：《乐》纬同，篇名不详者通称《乐纬》；《孝经》纬增《中契》《左契》《右契》《内事》《河图》《中黄》《威嬉拒》，篇名不详者通称《孝经纬》；增《论语》纬，有《比考》《撰考》《摘辅象》《摘衰圣》《素王受命谶》《崇爵谶》《纠滑谶》《阴嬉谶》，篇名不详者通称《论语谶》；《河图》纬有《括地象》《始开图》《挺佐辅》《稽耀钩》《帝览嬉》《握矩起》《玉版》《龙鱼河图》《合古篇》《令占篇》《赤伏符》《闿苞受》《汴光篇》《河图龙文》《录运法》《帝通纪》《真纪钩》《考钩》《秘征》《说征》《说征祥》《会昌符》《稽命征》《揆命篇》《要元篇》《天灵》《提刘篇》《图纬绛象》《著命》《皇参持》《帝视萌》，篇名不详者通称《河图纬》；《洛书》纬有《灵准听》《甄曜度》《摘亡辟》《宝号命》《说禾》《录运法》《录运期》《宝予命》，篇名不详者通称《洛书纬》。因《河图》纬、《洛书》纬篇名本来不详，故无从比较。

日本学者安居香山、中村璋八积多年研究，收历来纬书，编成《纬书集成》，1994 年国内由河北人民出版社出版。同年上海古籍出版社收《说郛》以来所辑纬书编成《纬书集成》出版。

四

由于文献的大量发现，人们开始了对谶纬的研究。这首先不能不涉及谶、纬区别问题。明胡应麟《四部正讹》说："世率以谶、纬并论，二书虽相表里而实不同。纬之名所以配经"，"凡谶皆托古圣贤之名，其书与纬体迥别，盖其说尤诞妄"。《四库全书总目·易类六》附录《易纬》案语云："儒者多称谶纬，其实谶自谶，纬自纬，非一类也。谶者诡为隐语，预决吉凶”，“纬者经之支流，衍及旁义”。阮元亦云：“纬自为纬，谶自为谶”，“纬之醇固异于谶之驳也”①。但民初以来，学者多不别谶、纬。顾颉刚《秦汉的方士与儒生》论“谶纬的造作”说：“谶是预言，纬是对经而立的：经是直的丝，纬是横的丝，所以纬是解经的书，自六经以及《孝经》都有纬。这两种在名称上好像不同，其实内容并没有什么大分别。”陈槃《谶纬释名》说：“谶、纬同实异名。”钟肇鹏《谶纬论略》集中引述古代不别谶、纬之说，主张不别谶、纬。王利器《谶纬五论》亦不别谶、纬。徐兴无《谶纬文献与汉代文化构建》赞同陈槃说。是否必须分别谶、纬？所谓谶纬，如上所说，本是一个很含混的概念，可以指谶和纬，但又似乎可以只指有谶之纬。在古代不作专门学术研究的情况下，这好像没有什么问题，甚至似乎因其含混包容而使用方便，历代言禁谶纬，正不需要确定的范围。进一步看，是否分别谶、纬，好像也不过是一个见仁见智的问题，似乎不必纠缠。但是问题也正在这里。作为现代学术研究，确定的研究对象至关重要，对象含混是很难研究的。事实是不少相关研究著作，由于不别谶、纬，故困难重重，问题重重。

怎样才能使人相信谶、纬必须分离，并且可以分离？争论并不能解决问题。唯一的办法是将所谓谶、纬本身展示出来，以供人们判断。本书现在要做的就是这样一项工作。这项工作极不容易，首先是材料问题，这当然是不论怎样研究都得面对的。纬书零落，文字多有讹脱，张惠言、孙诒让、钟肇鹏有所考订，但遗留问题仍然不少。各纬内部排列，辑佚编纂者不同，顺序不同。尤其是系于各纬之下，虽各有其篇名，但这些篇名，如前所说，都颇怪异，很不容易理解。朱彝尊以来，不少人尝试解题，但成效甚微，赵在翰叙录

① 赵在翰：《七纬》，中华书局，2012 年版，第 758、759 页。

简括，略能给人启发。有的篇题，或与星宿斗枢有关。但其实即使解得篇题，也并不就能理解所系材料，因为这些材料与所在具体篇题大多并无直接关系；同类材料并见于各纬，比比皆是，这在下面还要说到。更突出的是，这些材料因是历来辑佚所集，不可能统一次第，除《易》纬稍见片段外，所谓谶纬文献，基本上就是一堆杂乱的单条文字。要对这样一些材料分别谶、纬，难度可想而知，许多人所以不别谶、纬，与此大有关系。但分别谶、纬却是可能的。首先所谓纬容易理解，因为有经典在，可以比并对照。关键在于什么是谶，而这在开头已有界说，如此便提供了前提及基础；接着作了很多辨析，深望注意。

怎样展示谶纬的本来面目？这涉及本书的构架问题。本书仍按各经相应之纬立章。谶纬材料虽是杂乱单条，但整个说来，各纬基本材料还是相对独立的。只是各纬也有很多同类材料，比如大多包含天文历法，所谓传说历史也常大同小异。问题是怎样处理这些材料，如果一统叙述，可以避免大量重复，但事实上这对于展示谶纬的本来面目并不有利，所以仍按各自所属纬叙述。如此在各章之内，实际上可分为两个部分：一是纬的部分，二是谶的部分，这样就将谶、纬分离了。所谓谶、纬分离，就是这样做到的。所谓纬的部分，严格说来是以纬为中心的非谶的部分，而真正所谓谶其实并不多。另外，各纬内容虽不免重复之处，但又要看到，它们是很不平衡的。《春秋》纬内容比较多，《洛书》纬、《论语》谶内容则比较少。而《易》纬由于《易经》的缘故，内容比较艰深，比较具有学术性，过去研究谶纬，常集中于《易》纬，不为无故。由于各纬内容不够平衡，为展示其本来面目，按纬来叙述也就更有必要了。此外虽如前所说，众纬不必具体解题，但各章之始，还是先对其基本文献情况有所介绍，以便阅读。

五

经典有漫长的形成历史，经西周而至孔子，或集其大成，或再编如《春秋》及《孝经》。因孔子的传授及其弟子的探讨，经典研究积累起很多成果，发展出不少重要思想。春秋战国时期，百家争鸣。齐国重视学术，战国早期就有所谓稷下学派，后来驺衍根据先前的阴阳五行思想，提出所谓五德终始说，影响很大。《史记·孟子荀卿列传》说："驺衍睹有国者益淫侈，不能尚德，若《大雅》整之于身，施及黎庶矣。乃深观阴阳消息而作怪迂之变，《终始》《大圣》之篇十余万言。其语闳大不经，必先验小物，推而大之，至于无垠。先序今以上至黄帝，学者所共术，大并世盛衰，因载其机祥度制，推而远之，至天地未生，窈冥不可考而原也。先列中国名山大川，通谷禽兽，水土所殖，物类所珍，因而推之，及海外人之所不能睹。称引天地剖判以来，五德转移，治各有宜，而符应若兹。"战国末至汉初，研究经典者，很多都是齐国人。就当时研究趋向，不久渐有所谓鲁学、齐学之说。董仲舒虽是河北人，主要研究《春秋》，但也被列在齐学。马宗霍析论经齐学、鲁学，认为"谶纬之说，则滥觞于齐学"[①]，颇为后来人所信从。

驺衍说"五德转移"，又说"符应若兹"，还涉及所谓"机祥度制"，影响所及，则有董仲舒据《春秋》发展出天人感应之说。《汉书·董仲舒传》载，汉武帝举贤良对策，开首即问董仲舒："灾异之变，何缘而起？"对曰："臣谨按《春秋》之中，视前世已行之事，以观天人相与之际，甚可畏也。国家将有失道之败，而天乃先出灾害以谴告之。不知自省，又出怪异以警惧之。尚不知变，而伤败乃至。

① 马宗霍：《中国经学史》，上海书店，1984 年版，第 48 页。

以此见天心之仁爱人君，而欲止其乱也。”汉武帝听董仲舒说完了他的看法，“以仲舒为江都相”。司马迁家世天官之学，亦曾问学于董仲舒，《史记·天官书》记载了很多异象，对后来有很大影响。但整个说来，司马迁的看法很审慎，其《报任安书》说，《史记》的写作，首在“究天人之际”，次乃“通古今之变”，而终“成一家之言”。众纬特别是《春秋》纬，包含很多异象内容，这些看法当然是不科学的，处在现代文明中的当代读者也是很容易看出的。之所以还要叙述这些，乃在于揭示思想的行程和历史。

谶言似乎也有一点天人感应的意味，过去之所以不别谶、纬，也是因为把二者混淆了。如前面对谶言的界说，二者的区别是很明显的。进一步说，按本书之所展示，纬书内容也绝不只有所谓天人感应，而是还包含大量对相应经典的解释，对天文、地理以及历法的探索，注意于此，显然有助于经典研究，同时对中国古代科技史研究也是有益的。谶纬里有很多激愤，这是当时社会制度的产物；其中包含着对国泰民安的向往，而这在当时的社会制度下也是不可能实现的。单说所谓谶，现代人们早已经不相信这些了，人的未来要自己从现在做起，人的命运就掌握在自己手里。

日本学者所编《纬书集成》，应该对本书写作有大帮助，但未能读到。参考著述，未能一一注明，在这里表示感谢。

第一章 《易》纬(上)

历来辑录的《易》纬篇章不少，但《后汉书·樊英传》李贤注只取《稽览图》《乾凿度》《坤灵图》《通卦验》《是类谋》《辨终备》各篇。《永乐大典》所存《易》纬包含的《易乾坤凿度》《乾元序制记》两种，颇可先予讨论。后者北南宋间晁公武《郡斋读书志》著录一卷，题“郑玄注”；《四库全书总目提要》认为，此乃是“后人于各纬中分析以成此书”。问题出在《易乾坤凿度》，此分为《乾凿度》《坤凿度》两篇。本有所谓《乾凿度》，此又篇名如此，很容易混淆；特别是其题“庖羲氏先文，公孙轩辕氏演古籀文，仓颉修为上下二篇”，作者时代很引人注目。又卷末云“庖氏著《乾(坤)凿度》上下文。娲皇氏《地灵母经》。炎帝黄帝有《易灵纬》。公孙氏。《周易》。孔子附。汉代举”，颇可见其流传。

易本占筮之书。一般认为，伏羲作八卦，神农重为六十四卦，夏曰连山，殷曰归藏，周曰周易；文王周公编定卦辞爻辞。战国初编有《易传》，至西汉末作有《易》纬《乾凿度》等篇。《易乾坤凿度》题伏羲先文，黄帝推演，仓颉修定，则是说西汉那样的《易》纬，伏羲早已有作。这显然是不可信的。其卷末所叙流传过程，认为先有伏羲《乾坤凿度》，而后有《周易》，也不大协调。所谓“汉代举”后，还有一段话，云：“举先易，而后依孔子。附于后，是代代书之。后人书之，不得为先文也。”这几句话应该是注文，而已混入正文；此注已指出“代代书之”编入所谓伏羲“先文”之不妥。

仔细考察《易乾坤凿度》内容，会发现多涉六十四卦及卦爻辞，甚至卦序也同于通行本，还有不少《易传》中说到的话，这就很有助于判断其产生年代。晁公武《郡斋读书志》说：“《坤凿度》二卷，右题曰包羲氏先文，轩辕氏演，仓颉修，按《隋》《唐》志及《崇文总目》皆无之，至元祐《田氏书目》始载焉，当是国朝人依托为之。”言北宋元祐年间始载，非常重要；所谓“依托为之”，也很有影响。郑樵《通志·艺文略》著录《乾坤凿度》二卷，《绍兴续书目》著录仓颉注《凿度》二卷。

《易乾坤凿度》每引太古文献，有《太古文目》节云：“先元皇介而后有《垂皇策》，而后有《万形经》，而后有《乾文纬》，而后有《乾凿度》，而后有《考灵经》，而后有《制灵图》，而后有《河图八文》，而后有《希夷名》，而后有《含文嘉》，而后有《稽命图》，而后有《坟文》，而后有《八文》大籀，而后有《元命苞》十一文大行。帝用《垂皇策》与《乾文纬》、乾坤二《凿度》，此三文，说《易》者也。元皇分，虽测问，阴阳术大旨也。”这里说到很多文献，但皆少见著录。其中说到《易》纬《乾文纬》、乾坤二《凿度》外，还同时涉及《礼》纬《含文嘉》《稽命图(征)》，《春秋》纬《元命苞》及《河图》纬《河图八文》，如此集中地出现纬书篇名，很值得注意，不能不说泄露出产生时代的某些信息。纬书主要作于西汉，如此则《易乾坤凿度》只能产生在纬书之后；已有《乾凿度》在前，《乾坤凿度》有很多解释补充，也就不奇怪了。

《易乾坤凿度》虽作于西汉纬书之后，但并不影响对其探讨研究。晁公武所谓“依托为之”，含不必重视之意，其实许多内容值得注意。《四库全书总目提要》集众说云“胡一桂则谓汉去古未远，尚有祖述，有裨易教”，只是认为“词多聱牙不易晓”。《易乾坤凿度》题“仓颉修为上下二篇”，下有注：“仓颉，黄帝史官，其注亦是仓颉。”虽注者也不可能是仓颉，但正是这些注，却为阅读提供了方便;有人径指为郑玄注,是不妥的。现代学者亦多不在意此篇,钟肇鹏以为“乩坛降笔”,“是以神怪艰深之词文浅薄之说,借此惊世骇俗”[①],不符合实际情况。

《易》纬主要讨论《易》,与其他各纬所涉驳杂不同。这里的叙述共分三章。第一、二章叙述历来易学研究所关注的《稽览图》《乾凿度》《坤灵图》《通卦验》《是类谋》《辨终备》《乾元序制记》各篇内容,郑玄注皆简称郑注。所谓谶言附第二章末,有越出上述篇章处。第三章专门叙述《易乾坤凿度》内容。如此叙述,《易乾坤凿度》与西汉《易》纬的关系,也就可以看得更清楚。所引具体篇名前皆省略“易”字。

一 易之三义,君人五号

《易传·系辞下》说:“昔者包牺氏之王天下也,仰则观象于天,俯则观法于地,观鸟兽之文,与地之宜,近取诸身,远取诸物,于是始作八卦,以通神明之德,以类万物之情。”本此《乾凿度》卷上说:“方上古之时,人民无别,群物无殊,未有衣食器用之利,于是伏羲乃仰观象于天,俯观法于地,中观万物之宜,始作八卦,以通神明之德,以类万物之情,故易者所以经天地,理人伦而明王道,是故八卦以建,五气以立,五常以之行。象法乾坤,顺阴阳,以正君臣父子夫妇之义,度时制宜,作罔罟以畋以渔,以赡人用。于是人民乃治,君亲以尊,臣子以顺,群生和洽,各安其性,八卦之用。”

《乾凿度》卷上说:“易者,易也;变易也;不易也。管三成为道德苞籥。易者以言其德也,通情无门,藏神无内也。光明四通,效易立节,天地烂明,日月星辰布设,八卦错序,律历调列,五纬顺轨,

① 钟肇鹏:《前言》,赵在翰《七纬》,中华书局,2012 年版,第 14 页。

四时和栗孳结，四渎通情，优游信洁，根著浮流，气更相实，虚无感动，清静炤哲，移物致耀，至诚专密，不烦不扰，此其易也。变易也者，其气也。天地不变，不能通气，五行迭终，四时更废。君臣取象，变节相和。能消者息，必专者败。君臣不变，不能成朝。纣行酷虐，天地反。文王下吕，九尾见。夫妇不变，不能成家。妲己擅宠，殷以之破。大任顺季，享国七百。此其变易也。不易也者，其位也。天在上，地在下，君南面，臣北面，父坐子伏，此其不易也。故易者，天地之道也。"郑玄依此义作《易赞》及《易论》云："易一名而含三义：易简，一也；变易，二也；不易，三也。"(《周易正义》卷首)

《乾凿度》卷上说："孔子曰：'易有君人五号也：帝者天称也，王者美行也，天子者爵号也，大君者与上行异也，大人者，圣明德备也。变文以著名，题德以别操，王者天下所归往。'《易》曰：'在师中，吉，无咎。王三锡命。'师者众也，言有盛德，行中和，顺民心，天下往归之，莫不美命为王也。行师以除民害，赐命以长世，德之盛。天子者，继天理物，改一统，各得其宜，父天母地，以养万民，至尊之号也，《易》曰：'公用亨于天子。'大君者，君人之盛者也。《易》曰：'知临，大君之宜，吉'，临者大也。阳气在内，中和之盛应于盛位，浸大之化行于万民，故言宜处王位，施大化，为大君矣，臣民欲被化之词也。大人者，圣人之在位者也。夫大人者，与天地合其德，《易》曰：'见龙在田，利见大人'，又曰：'飞龙在天，利见大人'言德化施行，天地之和，故曰大人。"

二 筮法

《易传·系辞上》说周易筮法云："大衍之数五十，其用四十有九，分而为二以象两，挂一以象三，揲之以四，以象四时，归奇于扐以象闰，五岁再闰，故再扐而后挂。……乾之策二百一十有六，坤之策百四十有四,凡三百有六十,当期之日。二篇之策,万有一千五百二十,当万物之数也。是故四营而成易,十有八变而成卦,八卦而小成。引而申之,触类而长之,天下之能事毕矣。”其法是,取蓍草五十根,用其四十九根,一根不用。此四十九根蓍草,大致平分为左右两堆,此即“分而为二”;所谓“象两”,是说象征天地两仪。然后从右堆中取一根挂在左手手指间,此即所谓“挂一”,连同“象两”而“象三”,即象征天地人。再将左堆蓍草四根一组揲之,此即所谓“揲之以四”,“以象四时”,即象征四季。左堆蓍草所揲之余,称“奇”,此“奇”夹扐于左手无名指间,即所谓“归奇于扐”。所谓“象闰”,即象征三年一闰。过揲之策放回左堆,再取右堆蓍草四根一组揲之,揲余之“奇”,夹扐于左手中指之间,即所谓“再扐”。过揲之策放回右堆。两扐策之和或四或八,加初挂一策,即所谓“再扐而后挂”,其数非五即九,此四营而为一变。再合左右两堆已过揲之策,如上述四营,得数非四即八,此为第二变。再合左右两堆已过揲之策,如上述四营,得数非四即八,此为第三变。三变挂扐和数或十三,或二十五,或二十一,或十七;也就是说过揲之策或三十六,或二十四,或二十八,或三十二。过揲之数除以四,得九,或六,或七,或八。九、七为阳爻,六、八为阴爻。如此三变而得一爻,“十有八变而成卦”。过揲之策,乾取三十六,则六爻共二百一十六;坤取二十四,则六爻共百四十四,“凡三百有六十”。六十四卦共三百八十四爻,阳爻一百九十二,阴爻一百九十二。一百九十二乘三十六,得六千九百一十二;一百九十二乘二十四,得四千六百另八,故“二篇之策,万有一千五百二十”。

《易》纬亦颇涉筮法。先解释所谓大衍之数,《乾凿度》卷下说:“大衍之数五十,所以成变化而行鬼神也。日十者,五音也;辰十二者,六律也;星二十八者,七宿也。凡五十所以大阂物而出之者也。”认为是日辰星数之和，而日数来源于五音，辰数来源于十二律，星数来源于七宿。接着说：“历以三百六十五日四分度之一为一岁，易以三百六十拆当期之日，此律历数也。五岁再闰，故再扐而后卦（挂），以应律历之数。”基本说法都见于《易传》。《易》纬尤其讨论了九六七八之数。《乾凿度》卷下说：“阳得位以九、七，九、七者，四九、四七也。阴得位以六、八，六、八者，四六、四八者也。”阳即阳爻，阴即阴爻。所谓四九，即三十六策，四七，即二十八策；四六，即二十四策，四八，即三十二策。《稽览图》说：“六十四卦策术曰：阳爻九，阴爻六。轨术曰：阳爻九七，阴爻八六。假令乾六位老阳爻九，以三十六乘六爻得二百一十六。少阳七，以二十八乘之六爻，得一百六十八。……假令坤六位老阴爻六，以二十四乘六爻得一百四十四，少阴爻八，以三十二乘之六爻得一百九十二。”所谓老阳、老阴、少阳、少阴，老阳即九，少阳即七，老阴即六，少阴即八。老阳九是过揲三十六策除以四得数，少阳是过揲二十八策除以四得数；老阴六是过揲二十四策除以四得数，少阴八是过揲三十二策除以四得数。乾六爻老阳，则三十六乘六得二百一十六策；六爻少阳，则二十八策乘六得一百六十八策。坤六爻老阴，则二十四乘六得一百四十四策；坤六爻少阴，则三十二乘六，得一百九十二策。

三　易与一及十五之数

1　易与一

《乾凿度》卷下说：“有太易，有太初，有太始，有太素。太易者，未见气。太初者，气之始。太始者，形之始。太素者，质之始。气形质具而未相离，故曰混沦。言万物相浑沦而未相离，视之不见，听之不闻，循之不得，故曰易也。易无形埒也。易变而为一，一变而为七，七变而为九。九者气变之究也，乃复变而为一。一者形变之始，清轻上为天，浊重下为地。”郑注：“易，太易也。太易变而为一，谓变为太初也。一变而为七，谓变为太始也。七变而为九，谓变为太素也。乃复变为一。”“一者”指二变，郑玄又注：“二变而为六，六变而为八，则与上七九意相协。不言如是者，谓足相推明耳。九言气变之究也。二言形之始，亦足以发之耳。又言乃复之一，易之变一也。太易之变，不惟是而已，乃复变而为二，亦谓变而为太初。二变为六，亦谓变而为太始也。六变而为八，亦谓变而为太素也。九，阳数也，谓气变之终；二，阴数也，谓形变之始，则气与形相随此也。初太始之六，见其先后耳。”

2　十五之数

《乾凿度》卷下说：“易一阴一阳，合而为十五之谓道，阳变七之九，阴变八之六，亦合于十五，则象变之数合一也。阳动而进，变七之九，象其气之息也。阴动而退，变八之六，象其气之消也。故太一取其数以行九宫，四正四维皆合于十五。”在这里提出的所谓十五之数，与四正四维，即八卦排列方位有关，见下。郑玄所注，意亦主要在此。但十五之数本身来源于筮法九六七八。阳七九，阴六八；七八十五，九六十五，合阴阳而言之，则是所谓“易一阴一阳，合而为十五之谓道，阳变七之九，阴变八之六，亦合于十五”。其所谓太一，与易一也不能说没有关系。郑注：“太一者，北辰之神名也。居其所曰太一，常行于八卦日辰之间曰天一或曰太一。出入所游息于紫宫之内外，其星因以为名焉。故《星经》曰：天一太一，主气之神。行犹待也。四正四维以八卦神所居，故亦名之曰宫。天一下行犹天子出巡狩省方岳之事，每率则复。太一下行八卦之宫，每四乃还于中央。中央者，北神之所居，故因谓之九宫。天数大分，以阳出，以阴入，阳起于子，阴起于午，是以太一下九宫从坎宫始，坎中男，始亦言无适也。自此而从于坤宫，坤，母也。又自此而从震宫，震，长男也。又自此而从巽宫，巽，长女也。所行者半矣，还息于中央之宫。既又自此而从乾宫，乾，父也。自此而从兑宫，兑，少女也。又自此而从于艮宫，艮，少男也。又自此从于离宫，离，中女也，行则周矣。上游息于太一天一之宫，而反于紫宫。行从坎宫始，终于离宫。数自太一行之，坎为名耳。出从中男，入从中女，亦因阴阳男女之偶为终始云。"

四　爻位，上下经

《乾凿度》卷下说："物有始有壮有究，故三画而成乾；乾坤相并俱生。物有阴阳，因而重之，故六画而成卦。卦者挂也，挂万物，视而见之，故三画以下为地，四画以上为天。物感以动，类相应也。阳气从下生，动于地之下，则应于天之下；动于地之中，则应于天之中；动于地之上，则应于天之上。故初以四，二以五，三以上，此谓之应。阳动而进，阴动而退。故阳以七、阴以八为象。"

《乾凿度》卷上说："易有六位三才，天地人道之分际也。三才之道，天地人也。天有阴阳，地有柔刚，人有仁义，法此三者，故生六位。六位之变，阳爻者制于天也，阴爻者系于地也。天动而施曰仁，地静而理曰义。仁成而上，义成而下。上者专制，下者顺从。正形于人，则道德立而尊卑定矣。此天地人道之分际也。天地之气必有终始，六位之设皆由上下，故易始于一，分于二，通于三，□于四，盛于五，终于上。初为元士，二为大夫，三为三公，四为诸侯，五为天子，上为宗庙。凡此六者，阴阳所以进退，君臣所以升降，万人所以为象则也。故阴阳有盛衰，人道有得失，圣人因其象，随其变，为之设卦，方盛则托吉，将衰则寄凶。阴阳不正，皆为失位。其应实而有之，皆失义。善虽微细，必见吉端；恶虽纤芥，必有悔吝，所以极天地之变，尽万物之情，明王事也。"《乾凿度》卷上说："孔子曰:'易六位正,王度见矣。'"

《乾凿度》卷上说:"孔子曰:'阳三阴四,位之正也',故易卦六十四,分而为上下,象阴阳也。夫阳道纯而奇,故上篇三十,所以象阳也。阴道不纯而偶,故下篇三十四,所以法阴也。乾坤者,阴阳之根本,万物之祖宗也。为上篇始者,宗之也。离为日,坎为月,日月之道,阴阳之经,所以终始万物,故以坎离为终。咸、恒者,男女之始,夫妇之道也。人道之兴,必由夫妇,所以奉承祖宗为天地之主也,故为下篇始者,贵之也。既济、未济为最终者,所以明戒慎而存王道。"又说:"孔子曰:'泰者天地交通,阴阳用事,长养万物也。否者天地不交通,阴阳不用事,止万物之长也。'上经象阳,故以乾为首,坤为次。先泰而后否,损者阴用事,泽损山而万物损也,下损以事其上。益者阳用事,而雷风益万物也,上自损以益下。下经以法阴,故以咸为始,恒为次,先损而后益,各顺其类。"

五 四正四维

《易传》重视方位,《说卦》说:"万物出乎震。震,东方也。齐乎巽。巽,东南也。齐也者,言万物之絜齐也。离也者,明也,万物皆相见,南方之卦也。圣人南面而听天下,向明而治,盖取诸此也。坤也者,地也,万物皆致养焉,故曰致役乎坤。兑,正秋也,万物之所说也,故曰说言乎兑。战乎乾,乾,西北之卦也,言阴阳相薄也。坎者,水也,正北方之卦也,劳卦也,万物之所归也,故曰劳乎坎。艮,东北之卦也,万物之所成终而所成始也,故曰成言乎艮。"震东,兑西,坎北,离南,历来以为四正卦。《易》纬同时以巽为东南,坤为西南,乾为西北,艮为东北,所谓四维,总之为四正四维,并以此配月,配二十四节气,甚至配仁义礼智信。

1 配月(消息)

《乾凿度》卷上说:“天地有春夏秋冬之节,故生四时,四时各有阴阳刚柔之分,故生八卦。八卦成列,天地之道立,雷风水火山泽之象定矣。其布散用事也,震生物于东方,位在二月;巽散之于东南,位在四月;离长之于南方,位在五月;坤养之于西南方,位在六月;兑收之于西方,位在八月;乾制之于西北方,位在十月;坎藏之于北方,位在十一月;艮终始于东北方,位在十二月。八卦之气终,则四正四维之分明,生长收藏之道备,阴阳之体定,神明之德通,而万物各以其类成矣,皆以易之所包也,至矣哉,易之德也。”表示如下:

八 卦	震	巽	离	坤	兑	乾	坎	艮
月 份	二月	四月	五月	六月	八月	十月	十一月	十二月

月有十二而卦只有八,故四个月未配焉。《乾凿度》卷上又说:“艮渐正月,巽渐三月,坤渐七月,乾渐九月,而各以卦之所言为月也。乾者天也,终而为万物始,北方万物所始也,故乾位在于十月。艮者止物者也,故在四时之终,位在十二月。巽者阴始顺畅者也,阳始壮于东南方,故位在四月。坤者地之道也,形正六月,四维正纪,经纬仲序,度毕矣。”

此外,卦六爻阴阳规律消长,而有复(䷗)临(䷒)泰(䷊)大壮(䷡)夬(䷪)乾(䷀)姤(䷫)遁(䷠)否(䷋)观(䷓)剥(䷖)坤(䷁)十二卦,是为消息卦;此十二卦历来同时配十二月,以十二地支标示,是为月卦。《易》纬以四正四维配月,亦多涉所谓消息。《通卦验》说:“惊蛰,大壮初九,候桃始华”,“姤上九,候蜩始鸣”[①]。

---

① 《纬书集成》,上海古籍出版社,1994年版,第1070页。

2　配二十四节气

孟喜曾以四正卦配二十四节气，影响深远。《易》纬亦采用其说，《类是谋》说："冬至日在坎，春分日在震，夏至日在离，秋分日在兑，四正之卦。"《乾元序制记》说："坎初六冬至，广莫风；九二小寒；六三大寒；六四立春，条风；九五雨水；上六惊蛰。震初九春分，明庶风；六二清明；六三谷雨；九四立夏，温风；六五小满；上六芒种。离初九夏至，景风；六二小暑；九三大暑；九四立秋，凉风至；六五处暑；上九白露。兑初九秋分，阊阖风，霜下；九二寒露；六三霜降；九四立冬，始冰，不周风；九五小雪；上六大雪也。"

《易》纬又以四正四维配节气。《通卦验》卷下说："乾西北也，主立冬"；"坎北方也，主冬至"；"艮东北也，主立春"；"震东方也，主春分"；"巽东南也，主立夏"；"离南方也，主夏至"；"坤西南也，主立秋"；"兑西方也，主秋分"。当然只能配八个节气。

3　配仁义礼智信

《乾凿度》卷上说："八卦之序成立，则五气变形，故人生而应八卦之体，得五气以为五常。仁义礼智信是也。夫万物始出于震，震，东方之卦也，阳气始生，受形之道也，故东方为仁。成于离，离南方之卦也，阳得正于上，阴得正于下，尊卑之象定，礼之序也，故南方为礼。入于兑，兑西方之卦也，阴用事而万物得其宜，义之理也，故西方为义。渐于坎，坎北方之卦也，阴气形，盛阴阳气含闭，信之类也，故比方为信。夫四方之义，皆统于中央，故乾坤艮巽位在四维，中央所以绳四方之行也，智之决也，故中央为智。故道兴于仁，立于礼，理于义，定于信，成于智，五者道德之分，天人之际也。圣人所以通天意，理人伦，而明至道也。昔者圣人因阴阳，定消息，立乾坤，以统天地也。"

六　四正卦外六十卦配年

八卦配年,《乾凿度》卷上说:"孔子曰:岁三百六十日而天气周,八卦用事,各四十五日,方备岁焉。"八卦配年,卦四十五日。

《易》纬主要以四正卦外六十卦配年。五卦一组。《稽览图》卷下说:"小过、蒙、益、渐、泰;需、随、晋、解、大壮;豫、讼、蛊、革、夬;旅、师、比、小畜、乾;大有、家人、井、咸、姤;鼎、丰、涣、履、遁;恒、节、同人、损、否;巽、革、大畜、贲、观;归妹、无妄、明夷、困、剥;艮、既济、噬嗑、大过、坤;未济、蹇、颐、中孚、复;屯、谦、睽、升、临","每岁十二月,每月五卦"。郑玄于五卦一组下顺次注"寅""卯""辰""巳""午""未""申""酉""戌""亥""子""丑",此即十二月之次。

上述各组五卦,《稽览图》卷下又分别称为侯卦、大夫卦、卿卦、公卦、辟(天子)卦,因而月(组)有侯卦、大夫卦、卿卦、公卦、辟(天子)卦。按上述次序,则是"小过,侯,六四,立春正月节",坎六四;蒙,"大夫蒙正月";益,"九卿益正月",渐,"渐公,九五,雨水正月节",坎九五;泰,"天子泰正月"。需,"需侯,上六,惊蛰三(二)月节",坎上六;随,"大夫随二月";晋,(缺);解,"解纯震,初九,春分二月中";大壮,"天子大壮二月"。豫,"豫,六二,清明三月节",震六二;讼,"大夫讼三月";蛊,"九卿蛊三月";革,"革,六三,谷雨三月中",震六三;夬,"天子夬三月"。旅,侯,"旅,九四,立夏四月节",震九四;师,"大夫师四月";比,"九卿比四月";小畜,公,"小畜,六五,小满四月中",震六五;乾,"天子乾四月"。大有,"大有,上六,芒种五月节",震上六;家人,"大夫家人五月";井,"九卿井五月";咸,"咸纯离,初九,夏至五月中";姤,"天子姤五月"。鼎,侯,"鼎,六二,小暑六月节",离六二;丰,"大夫丰六月";涣,"九卿涣六月";履,公,"九三,大暑六月中",离九三;遁,"天子遁六月"。恒,侯,“恒,九四,立秋七月节”,离九四;节,“大夫节七月”;同人,“九卿同人七月”;损,公,“损,六五,处暑七月”,离六五;否,“天子否七月”。巽,侯,“巽,上九,白露八月节”,离上九;萃,“大夫萃八月”;大畜,“九卿大畜八月”;贲,公,“贲纯兑,初九,秋分八月中”,兑初九;观,“天子观八月”。归妹,侯,“归妹,九二,寒露九月节”;兑九二;无妄(缺);明夷,“九卿明夷九月”;困,公,“困,六三,霜降九月中”,兑六三;剥,“天子剥九月”。艮,侯,“艮,九四,立冬十月节”,兑九四;既济,“大夫既济十月”;噬嗑,“九卿噬嗑十月”;大过,公,“大过,九五,小雪十月中”,兑九五;坤,“天子坤十月”。未济,侯,“未济,上六,大雪十月节”,兑上六;蹇,“大夫蹇十一月”;颐,“九卿颐十一月”;中孚,“中孚纯坎公初六”,坎初六;复,“天子复十一月”。屯,“屯侯,九二,小寒十二月节”,坎九二;谦,“大夫谦十二月”;睽,“九卿睽十二月”;升,“升,公六三,大寒十二月中”,坎六三;临,“天子临十二月”。侯、大夫、卿、公、辟卦标示月份外,公、侯卦按四正标示节气。

此六十卦月份清楚,《乾凿度》卷上又说:“益者正月之卦也”,“泰者正月之卦也”,“随者二月之卦”,“升者十二月之卦也”,此皆郑玄上注所据。

七 六日七分

一年三百六十五又四分之一日,孟喜按六十卦(不计四正)平均分配,提出每卦六日七分。京房按四正卦及其他六十卦不同分配,亦是六日七分。《易》纬取两说。

1 取孟喜说

《是类谋》说:“冬至日在坎,春分日在震,夏至日在离,秋分日在兑,四正之卦,卦有六爻,爻主一气。余六十卦,卦主六日七分。”

《稽览图》卷下说:“卦六日七分。每期三百六十五日四分日之一。”《乾元序制记》说:“消息十二月,月居六日七分,十二月居七十三日一百八十分居四分。三公十二月,月居六日七分,十二居七十三日一百八十分居四分。”郑注:“按此下尚应有九卿一条,方合五德之数,盖有脱文也。”又说:“二十七大夫十二月,月居六日七分,十二月居七十三日一百八十分居四分,八百一十二诸侯十二月,月居六日七分,十二月居七十三日一百八十分居四分,合德之分。”郑注:“五德辟公卿大夫诸侯也。”又说:“三十日得三十五,分三十尽十二月,六十卦余分适四百二十分五日四分日一。”郑注:“此则五卦之余。其法以余分来乘卦,得四百二十,以八十除之,则五日四分日一矣。此则方伯不与,余之也矣。”

消息及杂卦皆如中孚六日七分。如前所说,有辟公卿大夫侯卦,即此消息及杂卦,皆六日七分。

2 取京房说

《稽览图》卷上说:“甲子卦气起中孚”,“六日八十分日之七而从,四时卦,十一辰余而从”。郑注:“六,以候也。八十分为一日,之七者,一卦六日七分也。四时卦者,谓四正卦,坎离震兑,四时方伯之卦也。十一辰余者,七十三分,而从者,得一之卦也。”《稽览图》又说:“坎常以冬至日始效,复生坎七日。消息及杂卦传各如中孚。”郑注:“坎北方卦名,微阳所生”,“复,卦名。‘生坎七日’,复时一阳生于阴之下,阳气交,故(易)经言‘七日来复’,一正之者也。消息六日七分,四十卦七十三分”。六日七分,加七十三分,是为七日。一正,坎。

八　卦当岁、爻当月，策当日

1　三十二岁而周

《乾凿度》卷下说："天道左旋，地道右旋，二卦十二爻而期一岁。乾，阳也，坤，阴也，并错而交错行。乾贞于十一月子，左行，阳时六。坤贞于六月未，右行，阴时六，以奉顺成岁。岁终次从于屯蒙。屯蒙主岁，屯为阳，贞于十二月丑，其爻左行，以间时而治六辰。蒙为阴，贞于正月寅，其爻右行，亦间时而治六辰。岁终则从其次卦。阳卦以其辰为贞，其爻左行，间辰而治六辰。阴卦与阳卦同位者，退一辰以为贞，其爻右行，间辰而治六辰。泰否之卦，独各贞其辰，其比辰左行相随也。中孚为阳，贞于十一月子；小过为阴，贞于六月未，法于乾坤，三十二岁而周。"认为两卦十二爻主一年，则六十四卦主三十二年，为一循环。如下图：

2　卦当岁、月当爻，策当日

《乾凿度》卷下说："阳坼九、阴坼六，阴阳之坼各百九十二。以四时乘之，八而周。三十二而大周。三百八十四爻。万一千五百二十坼也。故卦当岁，爻当月，坼当日。"一岁两卦，四时乘之，故曰八而周。六十四卦一循环，三十二年，为一大周。所谓卦当岁。六十四卦三百八十四爻，三十二年三百八十四月，所谓爻当月。阳坼九、阴坼六，阴阳之坼各百九十二，万一千五百二十坼，当三十二岁之日，所谓坼当日。

《乾凿度》卷下又说："求卦主岁术曰：常以太岁纪岁，七十六为一纪，二十纪为一部首。""即置一岁积日法，二十九日与八十一分日，四十二除之，得一命日月，得积月十二，与十九分月之七一岁。以七十六乘之，得积月九百四十，积日二万七千七百五十九，此一纪也。以二十乘之，得积岁千五百二十，积月万八千八百，积日五十五万五千一百八十，此一部首。更置一纪，以六十四乘之，得积日百七十七万六千五百七十六。又以六十乘之，得积部首百九十二，得积纪三千八百四十纪，得积岁二十九万一千八百四十。以三十二除之，得九千一百二十周，此谓卦当岁者，得积月三百六十万九千六百月。其十万七千五百二十月者，闰也。即三百八十四爻除之，得九千四百日之二十周，此谓爻当月者。得积日万六百五十九万四千五百六十八万一千五百二十，坼除之，得九千二百五十三周，此谓坼当日者。而易一大周，律历相得焉。"

郑注说，所谓"更置一纪"前为一法，其后才是所谓"卦当岁""月当爻""坼当日"云云；前"法三部首而一元，一元而太岁复于甲寅。元不与卦当岁、爻当月、坼当日之数相得，生之欲求其尽余合之时，故言更以起之，又不与元，用合岁月晷，记月数而已也。再言纪者，又不用于所求，但纪其数而殊之"。

九　二十四气(候)应

《易》纬重节气。取孟喜说以四正卦配二十四节气，又六十卦配年亦用节气，又以四正四维配节气，前已言之。《通卦验》则颇言节气候应，卷下云："圣人仰取象于天，俯取法于地，以知阴阳精微所应。”郑注:“精微,晷及云气也;应者,应人君政之进退。”尤以二十四节气与太阳运行有关,接云:“故日者,众阳之精也,天所以照四方,因以立定二十四气。始于冬至,终于大雪。”关于每节日数,接云:“周天三百六十五日,分之一阴一阳,分之各得八十二日有奇;分为普,得九十一日有奇。四正分而成八节,节四十五日二十分。八节各三分,各得十五日七分,而为一气也。分满三十二为一日,令备,或为复。”“一阴一阳”,即阴阳四时;“普”,即按四分历。郑注:“言阴阳四时八节二十四气,各如其分之日数,令备为一岁,备足也。”接云:“二十四气其复合于晷,应其法,皆先复之二日,左同右。”由此按节气分说如下。

“冬至。广莫风至,兰射干生,麋角解,曷旦不鸣。”郑注:“四者,群物气至之应也。”接着说:“晷长丈三尺,阴气去,阳云出箕,茎末如树木之状。”郑注:“晷者,所立八尺之表,长丈三尺,长之极,后有减矣。阳始也起,故阴气去于天,不复见,而阳云出箕焉。”接着说:“凡此阴阳之云,天之云,天之便气也。坎震离兑为之,每卦六爻,既通于四时二十四气,人之四支二十四脉,亦存于期。故其当至不至,则万物大旱,大豆不为;人足太阴脉虚,多病振寒。未当至而至,则人足太阴脉盛,多病暴逆,胪张心痛,大旱,应在夏至。”郑注:“冲,受也,灾期在齐。”齐为分野,下同。所谓“坎震离兑为之,每卦六爻,既通于四时二十四气,人之四支二十四脉,亦存于期”,此又言四正卦六爻,亦关乎下,不重说,具体皆见郑注。

“小寒。合冻,虎始交,祭,蛇垂首,曷旦入空,晷长丈二尺四分,仓阳,云出平,南仓北黑。”郑注:“晷减于冬至九寸二分者率也。”接着说:“当至不至,则先小旱,后小水,人手太阴脉虚,人多病喉脾,未当至而至,则人手太阴脉盛,人多热,来年麻不为。(应在小暑)。”

“大寒。霜降，草木多生心，鹊始巢。”郑注：“三者，群物应气至之候，阴盛也。多生心，阳气起也。”接着说：“晷长丈一尺八分，黑阳，云出心，南黑北黄。当至不至，则旱后水，麦不成，人足少阴脉虚，多病蹶逆，惕善惊。未当至而至，则人足少阴脉盛，人多病上气嗌肿。应在大暑。”郑注：“灾期在周。”

“立春。雨水降，条风至，雉雊鸡乳，冰解，杨柳樟。”郑注：“降，下也。雊，鸣相呼也。柳青杨色也。樟读如柘杨梯，状如女桑秀然也。”接着说：“晷长丈一尺二分，青阳云出房，如积水。当至不至，则兵起，来年麦不成，人足少阳脉虚，多病疫疟。未当至而至，则人足少阳脉盛，人多病粟疾疫。应在立秋。”郑注：“灾期在道（楚）。”

“雨水。冻冰释，猛风至，獭祭鱼，鸧鹦鸣，蝙蝠出。晷长九尺一寸六分，黄阳云出亢，南黄北黑。当至不至，则旱，麦不为，人手少阳脉虚，人多病心痛。未当至而至，则人手少阳脉盛，人多病目。应在处暑。”郑注：“灾期在魏。”

“惊蛰。雷（电），候应（雁）北。晷长八尺二寸，赤阳云出翼，南赤北白，当至不至则雾，稚禾不为，人足太阳脉虚，人多疫病疟。未当至而至，则人足太阴脉盛，多病痈疽胫肿，应在白露。”郑注：“灾期在灾（郑）。”

“春分。明庶风至，雷雨行，桃始花，日月同道。晷长七尺二寸四分，正阳，云出张，如积白鹄。当至不至，先旱后水，岁恶，重来不为。人手太阳脉虚，人多病痹痛。未当至而至，人手太阳脉盛，人多病疠疥，身痒，应在秋分。”郑注：“灾期周秦。”

“清明。雷鸣，雨下，清明风至，玄鸟来。晷长六尺二寸八分，白阳云出，南白北黄。当至不至，菽豆不为，人足阳明脉虚，人多病疥虚，振寒洞泄。未当至而至，人足阳明脉盛，人多病温，暴死。应在寒露。”郑注:“灾在宋也。”

“谷雨。田鼠化为鴽。”郑注:“鴽,麋母也。”接着说:“晷长五尺三寸二分。太阳云出张上,如车盖,不如薄。当至不至,水物稻等不为,人足阳明脉虚,人多病痈疽、疟振寒、霍乱。未当至而至,人足阳明脉盛,人多病温,黑肿。应在霜降。”郑注:“凡阳以养少,阴以养老。灾期在宋。”

“立夏。清明风至而暑,鹄声蜚,电见,早出龙升天。晷长四尺三寸六分,当阳,云出觜,紫赤如珠。当至不至则旱,五谷大伤,牛畜病,人手阳明脉虚,多病寒热,齿龋。未当至而至,人手阳明脉盛,多病头肿嗌、喉痹,应在立冬。”郑注:“灾期在燕。”

“小满。雀子蜚,蝼蛄鸣。晷长三尺四寸,上阳霍七星,赤而饶。当至不至,多凶言,有大丧。先水后旱,人足太阳脉虚,人多病满筋急痹痛。未当至而至,人足太阳脉盛,人多病冲气肿。(应在小雪。)”郑注:“太阳气早至,过度为病也。(灾期在燕。)”

“芒种。蚯蚓出。晷长二尺四分,长阳,云集赤,如曼曼。当至不至,多凶言,国有狂令。人足太阳脉虚,多病血痹。未当至而至,人足太阳脉盛,多蹶眩,头痛痹。应在大雪。”郑注:“灾期在齐。”

“夏至。景风至,暑且湿,蝉鸣,螳螂生,鹿解角,木茎荣。晷长四寸八分,少阴,云出,如水波崇崇,当至不至,邦有大殃,阴阳并伤,口干嗌痛。未当至而至,人手阳脉盛,多病肩痛,应在冬至。”郑注:“灾期在齐。”

“小暑。云五色出,伯劳鸣,虾蟆无声,晷长二尺四寸四分,黑阴,云出南黄北黑。当至不至,前小水,后小旱,有兵。人足阳明脉虚,多病泄注腹痛。未当至而至,人足阳明脉盛,多病胪肿。应在小寒。”郑注:“灾期在齐。”

“大暑。雨湿,半夏生。”郑注:“半夏,草名。”接着说:“晷长三尺四寸，阴云出，南赤北仓。当至不至，外兵作，来年饥，人手少阳脉虚，多病筋痹胸痛，未当至而至，人手少阳脉盛，多病胫痛恶气，应在大寒。”郑注：“灾期在燕。”

“立秋。凉风至，白露下，虎啸，腐草为嗌，蜻蚓鸣。晷长四尺三寸六分，浊阴，云出，上如赤缯列，下黄弊。当至不至，暴风为灾，年岁不入。人足少阳脉虚，多病疠，少阳气中寒，白芒芒。未当至而至，人足少阳脉盛，多病咳嗽上气、咽喉肿。应在立春。”郑注：“灾期亦在魏也。”

“处暑。雨水，寒蝉鸣。晷长五尺三寸二分。赤阴云出，南黄北黑，当至不至，国有淫令，四方兵起，人手太阴脉虚，多病胀、身热，来年麦不为。未当至而至，人手太阴脉盛，多病胀、身热，不汗出。应在雨水。”郑注：“灾期在郑。”

“白露。云气五色，蜻蛚上堂，鹰祭鸟，燕子去室，鸟雌雄别。晷长六尺二寸八分，黄阴，云出，南黑北黄。当至不至，人足太阴脉虚，人多病痤疽泄。未当至而至，人足太阴脉盛，多病心胀闭症瘕。应在惊蛰。”郑注：“灾在鲁也。”

“秋分。风凉惨，雷始收，鸷鸟击，元鸟归，昌盍风至。晷长七尺二寸四分，白阳，云出，南黄北白。当至不至，草木复荣，人手少阳脉虚，多病温悲心痛。未当至而至，人手少阳脉盛，多病胸胁鬲痛。应在春分。”郑注：“心气盛，故兄胁鬲痛。灾期在周。”

“寒露。霜小下，秋草死，众鸟去。晷长八尺二寸，正阳，云出如冠缨。当至不至，来年谷不成，六畜鸟兽被殃，人足厥阴脉虚，多病疝瘕、腰痛。不当至而至，人足厥阴脉盛，多病痛心中热。应在清明。”郑注：“灾在秦也。”

“霜降。候雁南向，豺祭兽，霜大下，草禾死。晷长九尺一寸六分，太阳云出，上如羊，下如磻石。当至不至，万物大耗，来年多大风,人足厥阴脉虚,多病腰痛。未当至而至,人足厥阴脉盛,多病喉风肿。应在谷雨。"郑注:"灾期在赵。"

"立冬。不周风至,始冰,荠麦生,宾爵入水为蛤。晷长丈一寸二分,阴云出接。当至不至,地气不藏,立夏反寒,早旱晚水,万物不成。人手少阳脉虚,多病温心烦。未当至而至,人手少阳脉盛,多病臂掌痛。应在立夏。"郑注:"灾期在魏。"

"小雪。阴寒,熊罴入穴,雉入水为蜃。"郑注:"雉入水亦为蜃蛤。"接着说:"晷长丈一尺八分,阴云出而黑。当至不至,来年五谷伤,蚕麦不为,人心主脉虚,多病肘腋痛。未当至而至,人心主脉盛,人多病腹耳痛。应在小满。"郑注:"灾期在鲁。"

"大雪。鱼负冰,雨雪。晷长丈二尺四分。长(阴)云出黑如介。当至不至,温气泄,夏蝗,生大水。人手心主脉虚,多病少气,五疸水肿。未当至而至,人手心主脉盛,多病痈疽肿痛。应在芒种。"郑注:"灾期在卫。"

第二章 《易》纬(中)

一 商周之事

《易》纬颇据易以言古事。《坤灵图》托孔子说云:“丘序曰:《天(易)经》曰:‘乾。元亨利贞。’爻曰:‘飞龙在天,利见大人。’故德配天地,天地不私公位,称之曰帝。故尧,天之精阳,万物莫不从者。故乾居西北,乾用事,万物蛰伏。致乎万物蛰伏,故能致乎万人之化。《经》曰:‘用九。’《经》曰:‘震下乾上,无妄。’天精起。”郑注:“起,独立。乾为天,震为长子。天生长子,圣人立为天子。天下之人各得所,天所获无妄也。”接着说:“帝必有洪水之灾,天生圣人使杀(救)之,故言乃统天也。丘括义,因象助类。辞曰:‘天无云而雷,先王以茂对,时育万物。’”郑注:“茂,勉也;对,遂育长也。天之将雨,先必兴云而后雷。今乾在上,下无坎而有震,是以雷行天下,无云而雷。洪水之时,人苦雨之多,故尧于是茂勉,遂其教令,以养万物。以是众庶艰食,得以糊口焉。”接着说:“《经》曰:‘乾下艮上,大畜,(利贞)。’天灾将至,预畜而待之,人免于饥,故曰元亨。上下皆通,各载其性,故曰利贞。至德之萌,五星若连珠,日月若合璧,天精起,斗口有位,鸡鸣斗运,行复始,莫敢当之。黄星第于北斗,必以戊己日,其先无芒,行文元武动,事莫之敢距。”这里值得注意的是,所谓“至德之萌”云云,已非仅言尧时之事,特别是所谓“黄星第于北斗”云云,则是在叙述武王伐纣之事。《尚书·牧誓》说:“时甲子昧爽,王朝至于商郊牧野,乃誓。”利簋铭文说:“武王征商,唯甲子朝。岁鼎,克闻(昏)夙有商。辛未,王在阑师,赐右史利金,用作檀公宝尊彝。”是伐纣在甲子日。后七日辛未,利得到武王赏赐而作簋。而此所谓“戊己日”,则是戊辰己巳,即甲子后四五日。时“黄星第于北斗”以庆之;“其先无芒,行文元武动,事莫之敢距”,是此前甲子,正武王伐纣之事。

《易传·系辞下》说:“《易》兴也,其当殷之末世,周之盛德邪?当文王与纣之事邪?”故《易》纬托孔子言多说商周之事。《乾凿度》卷上说:“孔子曰:‘既济九三,高宗伐鬼方,三年克之。’高宗者武丁也,汤之后有德之君也。九月之时,阳失正位,盛德既衰,而九三得正下阴,能终其道,济成万物,犹殷道中衰,王道凌迟,至于高宗,内理其国以得民心,扶救衰微,伐征远方,三年而恶消灭,成王道。殷人高而宗之。文王挺以校易劝德也。”又说:“孔子曰:‘泰者,正月之卦也。’阳气始通,阴道执顺,故因此以见汤之嫁妹能顺天地之道、立教戒之义也。至于归妹,八月卦也,阳气归下,阴气方盛,故复以见汤妹之嫁,以天子贵妹而能自卑,顺从变节,而欲承阳者以执汤之戒,是以因时变一用见帝乙之道,所以彰汤之美,明阴阳之义也。孔子曰:‘自成汤至帝乙。’帝乙,汤之玄孙之孙也。此帝乙即汤也。”

《易》纬尤具体说文王之事。《乾凿度》卷上说:“孔子曰:‘升者,十二月之卦也。’阳气上升,阴气欲承,万物始进。譬犹文王之修积道德,宏开基业,始即升平之路,当此时也,邻国被化,岐民和洽,是以六四蒙泽而承吉,九三可处王位,享于岐山,为报德也。明阴以显阳之化,民臣之顺德也,故言无咎。”又说:“孔子曰:‘益之六二,或益之十朋之龟,弗克违,永贞吉。王用享于帝,吉。’益者,正月之卦也。天气下施,万物皆益,言王者之法天地,施政教,而天下被阳德,蒙王化,如美宝莫能违害。永贞其道,咸受吉化,德施四海，能继天道也。王用享于帝者，言祭天也。”又说：“孔子曰：‘随上六，拘系之，乃从维之，王用享于西山。’随者，二月之卦，随德施行，藩决难解，万物随阳而出，故上六欲待九五，拘系之，维持之，明被阳化而阴欲随之也。譬犹文王之崇至德，显中和之美，拘民以礼，系民以义。当此之时，仁恩所加，靡不随从，咸悦其德，得用道之王，故曰：‘王用享于西山。’”

《易》纬还说文王作易而武王周公皆用之。《乾元序制记》说：“乾，元亨利贞。道之用也。微明所接，德由备也。文王比隆兴，始霸，伐崇作灵台，受赤乌丹书，称王制命，示王意。序录著卦，科合谋。言道深微幽虚恢，乾一言纠图俟，神烂天气塞。”郑注：“序录，叙王录。著卦为六十四卦，经科设王令之卦。深微幽虚，言纯精无形。恢，大也。此一言乾一守。纠，犹正。俟，要终也。塞，满。言乾之神明烂然，满天地之间也。”接着说：“文王用其不倦，武发修其质素，周公用其节序。三圣首乾德，各就乾元，利贞每(毋)遗，夕惕若厉，惧后戒。”郑注：“言三圣俱守乾德，而所有同异，厚当为亨。文王自朝至于日昃，不遑暇食，是乾乾不倦。武王承而行之，不敢有加，是乾之质素。周公制礼作乐，光文武之业，是乾之节厚。”接着说：“是类摘表，甄符应，合命精克，慎不合。”郑注：“甄绝三圣，俱知天命，能挺兴衰之表象及瑞之所应合。明天命精微之道极，慎不合道也。”接着说：“钩效记录，兴亡授度。天子必思易，先知万世，为国著柄。”郑注：“效，验。言天能钩验五精，记其次第兴亡，天人皆受法度，(受)或为授。柄，本要也。”所谓“天子必思易”，很值得注意。

二　《河图》《洛书》

《是类谋》说：“天以变化，地以纪州，人以受图。三节共本，同出元苞。乾建度，坤据谋，人育治，八卦交通以闿舒。”郑注：“变化，谓见妖异；纪州，别所兴之地；受图书。三节，天地(人)，同出元苞，谓太极混沦之义也矣。建度，立法度；拒亦法。坤为土，土姓智，故谋属焉。生则育法，谓宰礼正也。事故见为乾法度，六子则生其事而行之。”回到《河图》《洛书》上来，接着说：“皇象承帝，撢思王伦图圣，乾考神摘，且受文，师哲仁，祖《洛书》，假驱掇渐霸，考龟兴之，物瑞□□。”郑注：“象承，谓承天以政教。撢犹秉持也。言五帝秉持黄道而思行之。伦，理。圣，通。三王理国之言，而通乾污考其神之王录，敛以帝将兴之期。守承世之君，上不及圣人伦图之义，故师哲仁之人，祖《洛书》之言以为法。假驱，谓在际之代间若秦者。掇渐，言皆有国录，不能纯耳。各繇在尧《河》《洛》，穆公授白雀之书是霸，若因之齐桓。考龟者，谓有名在《洛书》，□□独踟蹰，言将兴之人皆有瑞应，无苟然者也。”接着说：“皇观钩堂，考房斗能。帝视河洛纬合谋，王察可错，一角九尾，众善入都，假类隶浮耀，害类孽，霸维经象，卒明绝(本终期)；转移，涣碟(鱼异)之符。”郑注：“钩、堂、房、斗、能，皆星名。言三皇观此宿而动作，五帝则视河洛五纬而合谋。一角，(谓麟)，众善，百端及休征。入都，入所归。谓及麟，有九尾狐有因及人所归。三王尽察可异之物，谓若武王东至孟津，诸侯不召而至。又白鱼谷鸟之异，皆思而行之，是谓谷见也。假见净耀日月五星之众，害叛于此孽生，经象天道常兴衰之数，若周文王之旅尽霸者，在武王之穆也。本终者言霸者之兴，所修王者之轨，明其王者之期也。天精之则，转而更移，若苍精衰而赤帝起，鱼异之符，谓次当起也。”接着说：“踵察(际)督迹，巽艮土期，震兑扶合化，离坎招嬉，集节繶纬，动视在拣(神)昴，街门五侯。”郑注：“踵，后。际谓上精所移之人，督迹，循理之人。巽当升初之末，艮时止则止，时行则行，故吐期。震为雷，震万物；兑为泽，泽以说之，故卦立附合其作化。离为日，坎为月，故主摸而嬉之兴。集节为进止之期，存察神昴。街门五候皆明王进止，慎五纬而候之，又察四宿之兴。"接着说："摄提招纪，格如别甲子寅岁，离枢推以却步，历试自苞者。"郑注："摄提招纪，天元甲寅之岁，离当历枢卒却步，谓之推来岁之数，识自苞在其中矣。"接着说："候终以季月入，日考经纬用事之气，不效，立五德蔀之期，算其节，以吹律卜名，以纠胥必视荧惑所在，以知亡象，所次失之，到逆荧见，乱相屠。"郑注："候将亡之气，季月亦四时之终月，入者闭阴数，经纬震兑离坎，考下之气以为准。苍盖候之于春，赤盖候之于夏，白盖候之于秋，黑盖候之于冬。断之以五德更王之二十蔀之期，千五百二十岁，历终之数，亦所当之节。吹律以定其名，□俯仰蒙孙者。纠相视荧惑所在，观其宿，是以知其亡绝之象及所次失之也。到逆，谓荧惑到逆其度，乱为威，其占非一，举一隅以示人。"接着说："图未发，徼幸谋，朦气错，风箕千里惊动，负老趋，山崩，涌泉，地裂，主有所贵，王侯元德，天下归邮。"郑注："图书也，发（河）出图。未由者，圣人未兴，此轨未尽者。图、书之出皆当其轨，然后圣人起而奉行之。徼幸之人不知天命，则欲谋，故天为变异焉。朦昏不相错，冒干太阳，风飘剽，箕星好风，千里惊动，逆雒争负，趣避兵乱，山者泉漏地裂，阴见天为此者，有欲所溃败耳。据土之候为元，暴之正者受其祸，天下亦归之邮然也。"接着说："心有所维，意有所虑，未发颜色，莫之渐射出，天地灾，捉挺患，无刑之外，准萌纤微之初，先见吉凶，为帝演谋，忽之可也，勿之无也。"郑注："主天道之精微，人事之善恶，乃在其心。常未见于颜色，而莫朦昧之渐，以射出见也。天地为吐灾，有变怪之挺出患祸，无形之外，纤微之初，皆为事未形之象兆，而先吉凶之象。天道为帝王豫谋也，勿谓不急用也可也。未便有凶祸，天之谓发之无忘之矣也。"接着说："建世度者戏，重瞳之新定录图，有白帝颛顼纪世谶，别五符，元元之威，冥因灾。”郑注：“建世度，谓五世之法度，虙戏氏始作八卦，以为后世。轩黄帝之表重瞳定录图，黄帝始受《河图》而定录。白帝颛顼有为世谶，别五帝之符，异精元冥，又因著众灾也。颛顼氏水标德，王天下，于五帝次冥，故言有由者矣。”接着说：“甄机立功者尧，放德之名者虞，与同射放，赤黄配枢，乾坤合斗，七(十)以分治。”郑注：“甄，纪机也。尧纪璇玑玉衡，以齐七政。继成其德，与同，谓尧舜。射犹应也。却期俱出，尧赤而舜黄，尧受天精，舜应地德，在中安(央)配枢星也。十，天地之终始也。尧舜祖乾水(坤)而行北斗，天地数而以治。十或为七也。”接着说：“候应之，表孟月，七月合八，岁填所居。日之营，月之昴，横耀溢，提含珠，河龙洛图龟书，圣人受道德图者也。必提起，天下扶。”郑注：“孟月，亦四时之始，故候兴之焉。七月，用阳数也。七月合八，岁星填星所居，将兴则聚。今日之营，月之昴，孟春七月也”，“耀溢、含珠皆谓光明，是明河出图，洛出书，圣人受命得道图也。(言)图书必显起者之姓名及所出之地，天下之扶而助之者矣”。接着说：“在主骥用，接兴维，辟虽不昧，道辅公晓思，守鼎之足，掘天能持斗，辅堂藩信，毋堕怠，图不限，世录可却期，在主所由。”郑注：“在主，存世之主。彊骥用，庶几用图书。接兴衰之居，维思而行之也。辟虽不昧，谓凡平君不能思用图书，其存亡则由于辅公之晓愚耳。守鼎之足，言任重。接掘能持斗，辅正之要。堂当为尚，言辅公任重，秉图之正，尚秉藩忠信之道，不可以堕怠。能然则《河图》不限其正，三录复却期，明臣当辅，不限君之过，则可度有文也，由淡者也。”接着说：“有文之王，四乳是舒，出岐鄗东，抚州也。子乙世配丑子，予姬昌赤丹雀书也。演恢命，著纪元苞。”郑注：“有文之王，周文王。文王之表四乳是舒也。岐鄗，邑名。子乙乙阳，阳世为无道，故天以其王命予文王也。文王受丹赤雀书而演，谓作《易》。以大夫命著纪其元苞。苞，本也。”接着说：“德之所耀焕孳，震之煌煌，知命者与神嬉，不知圣人姓在邹。”郑注：“后君能知天命，修德以度际于会，则可与神嬉。嬉，兴。若元知者，将有圣人之姓邹。邹，孔子父叔梁纥所治邑也矣。”接着说：“触耀世出，师旷枢推音算历，如以度知且。集纪攸录，括要题记，备命者孔丘。”郑注：“师旷者得圣人之一体，故触耀而生，其人能知历数枢机之事，有能推五音之清浊，算律之长短，以知将来之事也。攸，远。远三十五君之王录，垂要法须记。须其录之所记，故备天命。孔子以自上，至德在文。”接着说：“玉演斗佮之世，卯金刀用治，谟修六史，宗术孔书。”郑注：“玉演，赤雀之书言也。斗佮，太平。卯金刀谓汉。用治，以为政教。六代之书，谓今书，汉兴，伏生得焉。宗尊术，修孔所定之书也。”

《乾凿度》卷下说：“初世者，戏也。姬通纪，《河图》龙出，《洛书》龟予，演亦八者，七九也。始仓甄节，五七受命。”郑注：“伏羲、文王皆仓精也。始次言易之法度，而五七三十五，君位在后爻，受文始甄纪也。”接着说：“数运不俗，守录以次第相改，七九度变命失宝。”郑注：“俗犹从也，顺之。后世之君子不顺从易道。次第，有名录也者，将起代变，满七九六千三百，则其王命也。”接着说：“合七八八名，毕升渐喜。六十四精，圣性象有录第，以所变承动动。”郑注：“毕犹悉令也。八八六十四之人于有天命者也。”接着说：“日者提，不者殆易；物之慎，命不在。”郑注：“怠于正也，此言卦也。虽有录图所当王，必待日旁有气提之者，乃复可起也。无此气者，且当止。”接着说：“仵者霸，横者拒命，历掘执并投者上，契辅摘，推失排绌者，咸名纪所错，中与用材毁苴。”郑注：“‘仵’与‘横’与‘错’者三，皆旁气名。摘投亡排绌，盖为叏气投夭役力之属，摘亡征也。排绌，纳也”，“苴始毁者，当任用贤才之臣”。接着说：“五行旋代出,辅运相拒,与更用事,终始相讨,期其从至,有余运有托除要有知衔,合七八,以视旋机审矣。"郑注:"接距相错之言也。或作拒讫。除衔,言命长短在改之也。"又说:"《易历》曰:阳纪天心,别序圣人,题录兴亡,州土名号,姓辅叐符。"郑注:"易犹象也。孔子以历说易,名曰象也","言孔子将此应之,而作谶三十六卷"。接着说:"亡殷者纣,黑期火代,苍精受命,女正昌,效纪承余,以著当。"郑注:"火,戊午部也。午为火,必言火代者,木精将生,为之将粗(相)代土也","动效承余以著所当,文王所出云"。又说:"孔子曰:丘按录谶论国定符,以春秋西狩,题刘表命。予亦握嬉,帝之十二,当兴平嗣,出妃妾,妾得乱。"郑注:"十世,孝明字也。"接着说:"不勤竭承,维表循符,当至者塞,政在枢,害时,失命,鞅寿,以符瑞伏代灾,七录握藉,成年剡衰。期凶,敕候修身,练鞅邮专兑,兑德始克,免延期。自然之谶,推引相拘沮,思俞知命,不或世帝思图也。"

《是类谋》又说:"录图世谶,易尝丧责。帝逢臣,有可以道消,力政敕德行,仁义藏,去世淫嬉,佞谄勿行。"郑注:"注易,何也。丧,亡也。录图谶之言,何尝可法致诚也。味思孔子,能思孔子所作谶书之修以责己,帝王逢依此道,则可以自正也。"接着说:"仓世顺,脱诞之声。赤世顺,蒙孙之详,触名是工。黄世填,顿诈吉凶。白世慎,讨吾之名。黑世慎,嘿沉。皆所以危亡之象也。"郑注:"脱诞、蒙孙,仓、赤之孽名号。触,推工官也。推求亡者之名及其氏姓官号为也。顿诈、讨吾、嘿沉,黄白黑孽君之名。"接着说:"或名好字号及党官邦,喜好不同,杜阏悉去,斥堕望贵侯,得幸之臣萌,抑期反刚,同哲之良,牧州误放,乃知常道。赤世遭斯,蒙孙当冲,卒贵大嬉,道主之游。灾孽屡出,归辜徙桀移陵。黄世之责,咎主康。月珥指房,四方烦苦,以土之功。不知在心,幸灭淫名,曰即白之黑,无报详。帝世者,必省敕,维躬是类,参当以阙,则乾坤定,五德九拱明。"郑注:"乾坤定,不为灾。五德,五行。九之,王录明衰之也。"

三 天降嘉瑞

《乾凿度》卷下说:"孔子曰:天之将降嘉瑞应,河水清三日,青四日。青变为赤,赤变为黑,黑变为黄,各各三日。河中水安井,天乃清明,图乃见,见必南向,仰天言。"郑注:"嘉,善美也。应者,圣王为政治平之所致。水色每变,其为所长一明,时治平,无相胜害之者。乾为水为寒。《河图》将出,故先清,南向天者,龙也。图有受而言,谓乎兴者也。"安井,《广雅·释言》:"井,静也",安井,即安静。接着说:"见三日,以三日;见六日,以六日;见九日,以九日;见十二日,以十二日;见十五日,以十五日;见皆言其余日。"郑注:"误'余'字也,当为'陵之'。圣王闻河清知天,必下美德于己前,齐往受焉。龙乃以图授之,其时不闻,则不知往期,龙则至陵而受焉。陵,平地。河水变日,以备龙图。当以月三日时无受之,则后三日龙至陵。当以一月六日龙见日,无受之者,则后六日龙至陵,自此为期验,故著之云陵日。"接着说:"孔子曰:帝德之应,洛水先温九日,寒五日,变为五色玄黄,天地之静,书见矣,负图出午。"郑注:"坤主处暑之气,洛水出焉。后寒,俱降嘉应,效乾也。安静由安井。午者,龟畏人,今而一人,故以午言。"接着说:"圣人见五日以五日,见十日以十日,见十五日以十五日,见二十日以二十日,见二十五日以二十五日,见三十日以三十日。"郑注:"亦谓洛水变日以备而无受之者,龟六日见就龙陵而受焉,期之意,与上同也。"接着说:"君子亦于静,若龙而无角。河二日清,二日白,二日赤,二日黑,二日黄。"郑注:"君子次圣德者,又降嘉瑞应,河水亦为变其日,从其应之与见于清静,若龙无角,神蛇也。"接着说:"蛇见水中用日也。一日辰为法。以一辰二辰,以三辰,以四五辰,以六七辰,以八九辰,以十辰,以十一辰,以十二辰。”郑注:“以言河水为蛇将出而变,变而已备,而无受之者。蛇不出水,就陵而受之。君子之德,不能不致于此期。从不用日十二为数者,不累日也。而当见而无受者,以一日辰为法,谓用其明日期也。一日十二辰为一丑辰,而无受者,明日丑辰见,蛇亦见水中,此有其期明验也。”接着说:“夜不可见,水中赤煌煌如火英,图书蛇皆然也。”郑注:“英犹华也,光、龟之见水中同耳,于是水中言之者二,皆应且便也。”

十二消息卦及四正卦指示受命圣人。《乾元序制记》说:“瑞应之至,圣人杀龙。圣人兴起,《河图》出之者。复姓角名宫,赤黄色,长八尺一寸,三十六世。临姓商名宫,黄白色,长八尺三寸一分,七十二世。泰姓商名宫,黄白色,长七尺六寸,三十六世。复姓角名宫,赤黄色,长八尺一寸,三十六世。大壮姓商名角,苍白色,长七尺三寸九分,百三十一世。(缺夬)。姤姓角名商,苍白色,长六尺三寸,二十八世。遁姓宫名商,黄白色,长五尺九寸八分,五十六世。否姓宫名商,黄白色,长五尺六寸一分,七十二世。观姓宫名角,苍白色,长五尺三寸二分,百三十世。剥姓商名宫,黄白色,长五尺九寸九分,百二十世。圣人兴起必乾土,故大人动得中,君子受命,法地蛇。乾姓商名商,白色,享国百二十。坤姓商名宫,黄色,享国百二十。震姓角名□□,苍色,享国七十二。巽姓角名角,苍色,享国六十四。离姓徵名徵,赤色,享国六十四。兑姓商名商,白色,享国六十四,坎姓羽名羽,黑色,享国七十二。艮□□名宫,黄色,享国七十二。”圣人姓名以宫商角徵羽五音组合代指,五音可配黄白苍赤黑五色,故圣人亦关五色。乾坤及四正卦色,皆当国之所尚也。乾坤外十消息卦皆有圣人身高。各卦皆有圣人享国年数。《乾元序制记》接着又云:“复始祖受命而王,子孙入其元百六岁，当阳旱不生，贤子继世而立，有灾方来，豫畜而待之，此所谓转祸为福。天灾虽至，万民无饥寒之色。”

《河图》《洛书》所授圣人，其外表形象，《乾凿度》卷下按十二消息卦说之，云：“孔子曰：‘复表日角。’”郑注：“表者，人形体之章识也。名复者，初震爻也，震之体在卯，日于出焉。又初应在六四，于辰在丑，为牛。牛有角。复，人表象。”接着说：“临表龙颜”，郑注：“名临者，二爻而互体震。震为龙，应在六五，六五离爻也，体南方为上，故临。人表在颜也。”颜，额，脸色。接着说：“泰表载干。”郑注：“干，楯也。名泰者，三爻也而体艮，艮为山，山为石体”，“云应在上六，于人体值头。泰，人表载于干上也”。接着说：“大壮表握诉，龙角大辰”，郑注：“艮卦至大壮而立体，此为乾，其四则艮爻。井艮为手，握诉者艮也，井二则坎为水，有唇，《诗》云：‘置之河之唇。’四名卦而震为龙，故大壮，人之表其象也。”接着说：“夬表升骨履文”，郑注：“名夬者，五立于辰，在斗魁所指者。又五于人体当艮卦，于夬亦手，体成其四，则震爻也为足。其三犹艮爻，于十十次，值本于坼，七耀之行起焉。七者属文，北斗在骨，足履文，夬，人之表象明也。”接着说：“姤表耳参漏”，郑注：“姤初爻在巽，巽为风，风有声而无形也。九窍之分，目视形，耳听声，八卦属坎，坎为水，水为孔穴象，消卦，其道五事曰听，耳而三漏，听之至。”接着说：“遁表日角连理”，郑注：“名遁者，以离爻也。离为日，消卦。遁主六月，于辰未，未为羊有角。离，南方之卦也，五均南方为衡，人之眉上曰衡，衡者平也。连理或谓连珠者，其骨起衡之遁，人表亦少少。”接着说：“否表二好文”，郑注：“细或为之时，名否卦者三也。三在五，体艮之中，艮为木多节，否人之表，二时象之，与三艮卦体五坤，坤为文，故性亦好文也。”接着说：“观表出准虎”，郑注：“名观者，亦在五，艮之中而位上，艮为山泽，山通气，其于人体则鼻也。艮有门阙,观谓之阙,准在鼻上而高显,观人表出之象。艮为禽喙之属而当兑之上,兑为口,虎唇又象焉。”接着说:“剥表重童,明历元。”《春秋元命苞》:“舜重瞳子。”郑注:“名剥者,五色也。五离爻,离为日,童,目子。六五在辰,又在卯,卯酉属也。剥离人表重焉,五月卦体在艮,终万物,始万物,莫盛乎艮。历数以有终始,剥人兼之,性自然。”

四 即位之卦(期),五德之日

《稽览图》卷下说:“甲寅伏羲氏至无怀氏五万七千八百八十二年,神农五百四十年,黄帝一千五百二十年,少昊四百年,颛顼五百年,帝喾三百五十年,尧一百年,舜五十年,禹四百三十一年,殷四百九十六年,周八百六十七年,秦五十年。已上六万三千六百一十二年。”《乾凿度》卷下说:“元历无名,推先纪曰甲寅。求卦主岁术曰:常以太岁纪岁,七十六为一纪,二十纪为一部首,即积部首岁数加所入纪岁数,以三十二除之,余不足者,以乾坤始数二卦而得一岁,末算即主岁之卦,即置一岁”,“今入天元二百七十五万九千二百八十岁,昌以西伯受命入戊午部,二十九年伐崇侯,改正朔,布王侯于天下,受录应《河图》”。张惠言《易纬略义》注:“入天元二百七十五万九千二百八十岁,以元法除之,六百有五元,凡二百七十五万八千八百岁。太岁复于甲寅岁。甲日甲子元四百八十年,以三统法七十六岁为蔀除之,六蔀四百五十六年,蔀首甲子癸卯壬午辛酉庚子己卯,次戊午蔀为第七蔀。入第七蔀二十四年又五年为二十九年。以甲子法求之,六八四百八十年。岁在癸酉,又五年在戊午。文王受命七年而崩,即位五十年,则戊午为四十八年,癸酉为四十四年。入天元二百七十五万九千二百八十算,以卦法除之,九大周除二百六十万六千五百六十又四千一百四十七周,余算十六卦，得咸恒，是文王四十四年受命之卦。”

《稽览图》又说：“推之术，置天元甲寅以来，至受命，以三十二除之，余不足除者，从乾坤始数算外，主卦而取世阴阳断之，世阳从阳，世阴从阴，阳从九除，阴从六除，商得数阳，以三乘之；阴，以二乘之，因而半之，即是期耳，每取卦月乘之。”后人注：“推世之所属阴卦者，假令即位之年得遁卦，七月申也。遁六月二阴爻，阴爻二十四，以六除之得四，以二乘之得八，因而半之得四，则即位之期也。能过此者，所乘八岁之中期也，复能过此者，三乘所半，十二岁终矣。阴得正位，增六于所乘，为三十六年终矣”，“推世之所属阳卦者，假令即位之年得贲卦，十月亥也。贲初阳爻三十六，以九除之得四，以三乘之得十二，因而半之则得六，则是即位之期也。能过此者，如所乘得一十，则中期也。复能过此者，三乘所半六，得十八年终矣。阳得正位，增九以所乘，为五十四”①。

《乾凿度》卷下说：“孔子曰：至德之数，先立母金水火土德，合三百四岁，五德备，凡一千五百二十岁，大终复初。其求金木水火土德之法，道一纪七十六岁，因而四之，凡三百四岁。以一岁三百六十五日四分乘之，凡为十一万一千三十六；以甲为法除之，余三十六，甲子始数立。立算皆为甲，旁算亦为甲，以日次次之，母算者，乃木金水火土德之日也。德益三十六，五德而止，六日名，甲子，木德，主春，春生，三百四岁；庚子，金德，主秋成收，三百四岁；丙子，火德，主夏长，三百四岁；壬子，水德，主冬藏，三百四岁；戊子，土德，主季夏致养，三百四岁。六子德四正，四正子午卯酉也，而期四时，凡一千五百二十岁终一纪。五德者所以立尊号，论天弗(常)志长久。”

---

① 赵在翰：《七纬》，中华书局，2012 年版，第 102 页。

五 日以卦用事

《乾凿度》卷下说:"帝王始起,河洛龙马皆察其首,蛇亦然。其首黑者人正,其首白者地正,其首赤者天正。谨其叐生之甲乙丙丁戊己庚辛壬癸,各居应其国中,以动静逆顺,此天地神灵佐助之期,吉凶之应。亦叐所生岁三百六十五日四分日之一,以卦用事,一卦六爻,爻一日,凡六日。初用事:一日,天王诸侯也。二日,大夫也。三日,卿。四日,三公也。五日,辟。六日,宗庙。爻辞善则善,凶则凶。"郑注:"辟,天子也。上既曰叐,见日之起者也。所以于国矣。又本察叐所生发,于卦用事六日七分之中,以知起者之事,来诸侯,受其吉凶者,惟天子而已。天子之吉凶,皆仿此者也。"

上章说到,《易》纬将四正卦外六十卦按五卦一组分为十二组,每月一组,五卦为辟、侯、公、卿、大夫诸卦,辟卦为消息卦。四正卦,卦七十三分;六十卦,卦六日七分。这里先要说的是,《易》纬多言消息卦,而又分消息卦为太阳和太阴,太阳指泰、大壮、夬、乾、姤、遁;太阴指否、观、剥、坤、复、临;消息卦外为杂卦,其附于太阳者为少阳,附于太阴者为少阴。

用事情况。就太阳,《稽览图》卷上说:"太阳用事,而少阴卦之效也,一辰其阳也,尽日。"郑注:"太阳,谓消息也。从泰卦至遁为太阳。杂卦六三,行于太阳之日中,效微寒。一辰其余,皆当随太阳为温效,尽六日七分也。"又说:"太阳一二以上自雷,雷声。"郑注:"太阳谓一月大壮,一二者,阳爻在上,雷声盛闻于人,得自雷。其卦中是消息,臣强君弱,雷从解起。"解,大壮前一卦。接着说:"当雷不雷,太阳弱";"不当雷而雷,太阳弱"。郑注:"春分之后,当雷不雷,君弱于道德也;秋分之后,不当雷而雷,此君弱于度,诛罚不行,邪臣跋扈于下,阳气放泄,则雷冬行乱,冬伤阳也。"附太阳有少阳,《稽览图》卷上接着说:“少阳为雷,上侵之比也。先白乃当雷。”郑注:“离卦九三而雷,臣欲侵其君之否也。至秋分,日色先白,则知秋分后必当雷,不雷者刺其君。春分之后雷;秋分之后不当雷,若反雷,必逆也。”接着说:“降阴下迎,阴起合和而阳气用,上薄之则为雷。雷有声,名曰雷;有光,名曰电。迎阴独起,阳上薄之,其电炎炎也,漫漫也,其雷淳淳也。”郑注:“此君臣不和之象也。”接着说:“阴阳和合,其电耀耀也,其光长而雷殷殷也。”郑注:“此君臣道和,谓三气合也。三气者,降气下迎,阴气起,风气上薄之,和合电为之雷,空虚,有贤人之当其实者,故曰殷殷也。”

就太阴,《稽览图》卷上说:“太阴用事,如少阳卦之效也。一辰其阴效也,尽日。”郑注:“太阴,谓消息也。自否卦至临卦为太阴。杂卦九三为少阳之效。杂卦九三,行于太阴之中,效微温。一辰其余,皆当随太阴为寒,其阴效也。‘尽日’谓杂卦六三,行于太阴之中,尽六日七分也。”又说:“太平之时,太阴用事。”郑注:“谓从否至临也。”与少阳相比较,《稽览图》卷上接着说:“而少阳卦当效时至,则于效分上一时。”郑注:“杂卦用事,至于三爻三初,九三上六决温,九三上九微温,临分上辰也。”接着说:“非太平,以其卦分效则可。”郑注:“以其六日七分,一分效则可矣。”又言少阴,与太阳相比较,《稽览图》卷上说:“未可责时至立效也,太阳用事,少阴卦爻亦如之。”郑注,太阳“谓从泰至遁。杂卦用事,效六三、上九决寒,六三、上六微寒,亦如效少阳也”。

不仅消息卦,所重视及于六十四卦气。《稽览图》卷上说:“诸卦气温寒清浊,各如其所。”郑注:“诸卦,谓六十四卦也。气谓用事所当效气,温寒清浊各如其所者,九三、上九清浊微,九三、上六当温,其微白浊,故各如其所也,寒则当白浊,则净消,此四时气候也,各当得其正也。”又说:“消息及四时卦,当尽其日。卦下效弱也,四时卦下效为兵,左为右,前为后。”郑注:“寒温之气,消息尽六日七分,四时七十三分也”,“以寒侵,为兵气所起,兵所致也。以温为夷狄相攻之道也。东方为左,西方为右,南方为前,北方为后”。当然消息卦最重要。接着说:“小畜乾位比,然息之卦当胜杂卦也。”郑注:“比九三阳爻,故言比。九三俱当温,乾之温当有不效者,至冲事发矣,盛气行也。何以夷狄来朝?消息效、四时效,乃来朝也。”《乾元序制记》说:“辟卦温气不效,六卦阳物不生,土功起。三卦阳气不至,疾伤,日蚀既。六卦不至,震水涌。”郑注:“六卦谓泰卦、大壮也,夬、乾、姤、(遁)也。盛阳时,温气不效,故阳物不生,土功起也。三卦谓泰、大壮、夬,此阳气盛息,其候决温,其气不至,故辟忧疾,日蚀既矣。其上三卦不效,后三卦又不效,于是阴乘其阳,故地震水涌也。”接着说:“寒气不效,六卦不至,冬荣,实物不成,夏寒伤身,冬温伤成,日月不明,四时失序,万物散去。”郑注:“六卦谓否、观、剥、坤、复、临。盛阴用事,而寒气不效,万物冬荣,实物不成,其冲必有大寒,伤生物者也。”接着说:“辟卦七十三日八十分之四常风,乱先王之法度。”郑注:“常风,每卦用事有暴风也。”《稽览图》卷上说:“侵消息者,或阴专政,或阴侵阳。”郑注:“温卦以温侵,寒卦以寒侵。阳者君,阴者臣。”

六 卦气之验

《通卦验》卷上说:“虙(羲)方牙苍精,作易无书,以画序。验曰:矩衡神,五钤兴象,出亡征应。后执期,仲之岁,有人侯,牙,渠仓驱(姬)演步,有鸟衡,雌始感,龙风兴,昌光提亡,鸟龟排。”郑注:“矩,法也。钤,犹要也。虙戏时质道朴,作易以为政令而不书,但以画见其事之形象而已矣。执期者,五期三名也。有人侯,牙眉牙肩之表,必为侯者也。是谓文王演易,而步之行也。时有赤鸟衔丹书受之。(排),相推移也,鸟南方之象,龟北方之象。"接着说:"坎气逆乎阳,衡晦象昧,见斗旬,斗鸡谁。谋者水宰之臣,冰妖效,七九摘亡,行之名合蒙孙。其谋争也,代者起东北,名有水。"郑注:"此谋者土精之人也,东北艮卦也。艮属土,又万物之所始终成也。"接着说:"离气乱,祸蜚石,黄神盛类黑而圣。法曰:艮四季之势,纽斗机,孤南角奎而观之,其行明,其表知,兴雷气感,上钩钤跃,季气逆于奎,群入庶桀争,狼斗牛连,龙怪见,大臣反,阳摇不静,代者起西北,以木为姓。"郑注:"木胜土也。"接着说:"亡行之名合,四卦气乱也。提白者强圣杀仓,乃见谋正也,其世式视。法曰:兑其握规矩,化土候授,兴星感纪,亡五残尤旗,枉矢见,震气(逆)于昴。震系苍精,泄鸟祥之妖,入效不义也。乱起势多,亡行之名合胡谁。代起者东南,若房其谋。何谋也,执明之臣反,气乱假杀,赤乃至。法曰:坎其表执纪,其精信,其行道,权含宝。坎失命,乱在土地之长。"郑注:"坎体互有震艮,震者动山,艮为山动,高如山,土地之长之象也。"接着说:"兴月感,亡则地裂山沦,鬼夜哭将顾。"郑注:"坎为月,黑帝将兴,其母感于丁月而生之。"接着说:"一角期偶,水精得括考备,据谁授赤戴胜。"郑注:"一角谓麟也。文王得赤鸟书而演易,孔子获麟而作彖象及系辞以下十篇,故谓麟应期而来。鸟,赤鸟也。水精者,孔子也。得获括考备者,易道也。赤为汉也。汉火精,高帝之表戴胜,自虑戏方牙记此。"接着说:"法曰:乾其表握,合元斗,执机运,元为灵根,其德挺文,其理持义,招神布节建君,君道应因,秉命权巽布震。"郑注:"乾为君,君不亲执事,臣言之则应,臣行之则因,震与巽为乾,是后秉权也。震为长子。"接着说:"易故君,道德庆,荷皇瑞出,龙见岱宗,名辅主。"郑注:"岱,东岳也。名乾德纯,或传贤不与子,黄龙见岱宗。震人将兴也,人有俊才曰名。"

《通卦验》卷上说:“河出龙图授帝,戒曰:帝迹述感,其与(兴)候房精谋。”郑注:“震为足,故苍帝之兴多以迹感,后稷之生则然。其起委曲为诸侯,金水及火据土也,其征又五星聚房。”接着说:“亡茀刿心斗,日之宿巽。巽气逆,风于乾,大臣文宰谋事,成日虹,皆金妖之变亲。七九摘亡,名合晚诞,代者赤,兑姓。兑姓有金,其人谋谪,明机七,杰仁出,黄佐命,苍辅术。”逆,即迎。郑注:“此赤帝者,谓汉高帝也。代周苍,故为赤。赤,火色也。黄者火之子,故佐命,张良是也。苍,火之母,故辅术也。”接着说:“震气乱,石陨山亡,长人出。庶胜东南,巽气杀自金,帝详而发,乾道失君,上之变一,而五德异节。法曰:离其表握衡,合提翼,太微理天题,赤兑宣体,坎候野,十刃之鱼四射,七九摘亡,名合讨吾,代者起西南,以火为姓。气逆火变,放杀黄而起,天下静。”郑注:“西南坤卦也。坤为土,以火姓似误。北方之宜为土。”接着说:“法曰:坤文演曰:牝马之贞,信神形。黑白系名,摇命子据其题,由乾成黄赤苍,道之贞。”郑注:“贞犹信。黄赤苍,谓木火土之君者,信遵不系于一,其王天下也,其当录位即得与子孙,不当即禅位。”接着说:“黑南,故曰狼相为听。”郑注:“听犹治也。”接着说:“知命卜符于名人。”郑注:“此又卜安贞之事。此符谓天子之命录也”,“知天命卜符,以有所与者,要于号名人耳,谓贤圣也。震离艮兑而五行备矣,著(蓍)六法则以乾为始,坤为终”。

《是类谋》说:“《洛书灵准听》曰:‘类萌枢,提纪时,黄牙出子,十运检期也。’”郑注:“类,五精之类。枢,枢星位乾,故五精之萌皆于之。摄提值巽,故王绝纪。黄牙出子,谓复卦所在。检法子出,王道之始。十则运为之法则。岁星亦曰摄提也。”接着说:“阳孽有七妖,阴怡有八灾。布命九六,机衡维持(准时),经持(维持)错序,七九通符。”郑注:“阳孽,调(谓)复至夬之世;阴怡,调(谓)姤至剥之世。七八阴阳之象，妖灾之数，起于七八九六，受而行之。枢机玉衡有时，其进退之节，经以七八为象，九六为爻，明其通者著之。”接着说：“征王亡，一曰震气不效。仓帝之世，周晚之名，曾之候在兑。鼠孽食人，菟群开，虎龙怪出，彗守大辰，东方之度，天下亡。”郑注：“候苍帝亡征。震气不效，又有此名号与之相当。”曾，增，相对参考，下同。接着说：“二曰离气不效。赤帝世，属轶之名，曾之候在坎。女讹诬，虹蜺数兴，石飞山崩，天拔刀，蛇马怪出，天下甚危。”郑注：“属轶亦亡主人名号”，“是将去赤精之命，蛇马南方之虫，故必乱则为主也”。接着说：“有能改之之质，石蜚，复蛇马女讹之凶，多卒贵巅，将悔知师，缘出反善，可今章衙滑。”郑注：“能改者存，五帝皆然。孔子生苍之际，应为赤制。”接着说：“三曰坤气不效，黄帝世，次迟之名，曾之候在艮。名水赤，大鱼出，斗拨纪，天下亡。”郑注：“坤为兆，兆姓重，迟亡为名号，亦候其灾于其行。名水，河洛。大鱼，鲸。土精乱，不能伏水，故今为坎为血为水。而河洛位在中，故土里则土水，土有成，故大鱼出，斗再拨纪，臣不如常法也。”接着说：“四曰兑气不效。白帝世，讨吾之名，曾之候在震。曚气错，昼昏地裂，大霆横作，天下亡。”郑注：“亦又候气冲也。曚气亦谓曚于太阳，故昼昏。兑为金，金性清明，故乱则昏也。土者金之母，故乱则裂。又大霆横作，亦不制，木之异者也。”接着说：“五曰坎气不效。黑帝世。胡谁之名，曾之候在离，五角禽出，山崩日既，为天下亡。”郑注：“亦候之于其冲。北方禽牛，土数五，五角禽出，土将灭水之象。山崩，亦土为灾。水精为月，月者日之妃”，“日既为月既也”。接着说：“六曰巽气不效。霸世之主名箍喜，曾之效在乾。大水，名山移，霸者亡。”郑注：“喜若于放曰及以名号者。巽为风，□动万物之类也，亦候之于其冲。”接着说：“七曰艮气不效。假驱之世，若檐柔之比，曾之以候在坤，长人出，星亡陨石，怪辞之主亡。”郑注:“艮为七,性安,皆为荒子央逸,比为小人,若以为名号者也,候之亦如其冲。长人出者,象天下将有圣人起也。星阴类陨,而兴在天光,犹诸侯盗行天子之政,名类验之。主将亡者,皆星亡石陨。”接着说:“八曰乾气不效。天下耀空,将元君,州每王,雌擅权,国失雄。陪孽领威,君若赘流。”郑注:“乾为天,而其气也不效,故有光耀者空”,“乾为君,其气不致,故将元君,明元之雌臣雄君擅,故因知其朽君也。陪臣,孽,庶子”。接着说:“曾之候在巽。众变立,地陷,斗机绝绳,玉衡拨,摄提亡。”郑注:“众变,地其千三百日变立见,地陷沦下,绝绳及机,皆谓拨不如常亡见之也。”

七 正验之道

《通卦验》卷上说:“虙羲作易,仲命德,维纪衡。”郑注:“仲谓四仲之卦,震兑坎离也。命德者震也,则命之曰木德;兑也,则命之曰金德;坎也,则命之曰水德;离也,则命之曰火德。维者,四角之卦,艮巽坤乾也。纪犹数也;衡犹当也。”接着说:“周文增,通八八之节,转序三百八十四爻,以系王命之瑞,谋三十五君,常其一也。兴亡殊分,各有其祥。”郑注:“八八之节,六十四卦于节气各有王也。”又说:“八卦以推七九之微,录图准命,略为世题萌表试,故十二月十二日政,八风二十四气其相应之验,犹影响之应人动作言语也,故正其本而万物理,失之毫厘,差以千里。正此之道,以日冬至日始,人主不出宫,商贾人众不行者五日,兵革伏匿不起,人主与群臣左右从乐五日,天下人众亦在家从乐五日,以迎日至日之大礼。人主致八能之士,或调黄钟,或调六律,或调五声,或调五行,或调律历,或调阴阳,政德所行,八能以备。人主乃纵八能之士,击黄钟之钟,人敬称善言以相之。乃权水轻重,释黄钟之公,称黄钟之重,然(后)击黄钟之磬。公卿大夫列士,以德贺于人主。乃使八能之士击黄钟之鼓。鼓用马革，鼓员径八尺一寸。鼓黄钟之琴，瑟用槐木，瑟长八尺。吹黄钟之律，间音以竽补，竽长四尺二寸者。”郑注：“火数七，于冬至之时吹之，冬至水用事，水数六，六七四十二，竽之长盖取之。”接着说：“天地以和应，黄钟之音得，蕤宾之律应，则公卿大夫列士以贺于人主。因诸政所请行五官之府，各受其当声调者，诸气和，则人主以礼赐公卿大夫列士。五日仪定，地之气和，人主公卿大夫列士之意得，则阴阳之晷如度数。夏日至之礼，如冬日至之理。舞八乐，皆以肃敬为戒。黄钟之音调，诸气和，人主之意慎，则蕤宾之律应；磬声和，则公卿大夫列士诚信，林钟之律应。此谓冬日至成天文。夏日至成地理，鼓用黄牛皮，鼓员径五尺七寸，间音以箫，长尺四寸。”郑注：“鼓必以牛皮者，夏至离气，离为黄牛。径五尺七寸者，取于十乘蕤宾之律也。此律必以九与十者，天地数终焉。瑟用桑木者，(桑)柳槐(丑)条，取其垂，象气下也。箫亦以管形似鸟翼，鸟为火禽，火数七也。于此与夏至之时改之，火用事。数又有二，(二)七(十)四，箫之长由此。”接着说：“故曰冬至之日立八神，树八尺之表，日中视其晷之如度者，则岁美，人民和顺。晷不如度者，则其岁恶，人民为讹言，政令为之不平。……是故邪气数至，度数不得，日月薄食，列星师其次，而水旱代昌。谗谀日进，忠臣日亡；万物不成，诸神不享。终不变之，则殃祸日章。谨候日，冬至之日，见云送迎，从下(其)乡来，岁美，人民和，不疾疫；无云送迎，德薄岁恶。故其云青者饥，赤者旱，黑者水，白者为兵，黄者有土功。诸从日者送迎，此其征也。是故人主动而得天地之道，则万物之精尽矣。”

《通卦验》卷下接着说：“凡易八卦之气验应，各如其法度，则阴阳和，六律调，风雨时，五谷成熟，人民取昌，此圣帝明王所以致太平法，故设卦观象以知有亡。夫八卦缪乱，则纲纪坏败，日月星辰失其行,阴阳不和,四时易政;八卦气不效,则灾异气臻,八卦气应失常。”八卦气验,在月弦日。接着说:“夫八卦(气)验,常不在望,以今入月八日,不尽八日,候诸卦气,各以用事时气,著明而见。”郑注:“入月八日,不尽八日者,月弦日也。”冬至始,八卦各四十五日,周年循环。接着说:“冬至四十五日,以次周天三百六十五日,复当卦之气,进则先时,退则后时,皆八卦之效也。”郑注:“卦气进则先时,谓见其时之前,乾气见于冬至之分是也,退则后时,谓见于其时之后也。”接着说:“夫卦之效也,皆指时卦当应他卦气,及至其灾,各以其冲应之,此天所以示告于人者也。”

八 卦气消息

八卦之所当,《通卦验》卷下接着说:“乾西北也,主立冬。人定,白气出直乾,此正气也。气出右,万物半死;气出左,万物伤。乾气不至,则立夏有寒,伤禾稼,万物多死;人民疾疫,应在其冲。乾气见于冬至之分,则阳气火盛,当藏不藏,蛰虫冬行。乾为君父,为寒为冰为金为玉,于是岁,则立夏早蛰,夏至寒。乾得坎之蹇,则夏雨雪水冰。乾气退,伤万物。”郑注:“谓见于秋分之分也。”接着说:“坎北方也,主冬至,夜半黑气出直坎,此正气也。气出右,天下旱;气出左,涌水出。坎气不至,则夏至大寒,雨雪,涌泉出,岁多大水,应在其冲。坎气见于立春之分,则水气乘出,坎为沟渎,于是岁多水灾,江河决,山水涌出。坎气退则天下旱。”郑注:“谓见于立冬之分。”接着说:“艮,东北也,主立春,鸡鸣,黄气出直艮,此正气也。气出右,万物霜;气出左,山崩,涌水出。艮气不至,则立秋山陵多崩,万物华实不成,五谷不入,应在其冲。艮气见于春分之分,则万物不成。艮为山,为止,不止则气过山崩。艮气退,则数有云雾霜。”郑注:“谓见于冬至之分。”接着说:“震,东方也,主春分,日出青气出直震，此正气也。气出右，万物半死；气出左，蛟龙出。震气不至，则岁中少雷，万物不实，人民疾热，应在其冲。坎气见于立夏之分，雷气盛，万物蒙而死，不实，龙蛇数见，不云而雷，冬至乃止。震气退，岁中少雷，万物不茂。”郑注：“见立春之分。”接着说：“巽，东南也，主立夏。食时青气出直巽，此正气也。气出右，风橛木；气出左，万物伤，人民疾湿。巽气不至，则岁中多大风，发屋扬沙，禾稼尽，应在其冲。巽气见于夏至之分，则风，气过折木。坎气退则盲风至，万物不成，湿伤人民。”郑注：“谓见于春分之地。”接着说：“离，南方也，主夏至，日中，赤气出直离，此正气也。气出右，万物半死；气出左，赤地千里。离气不至，则无日光，五谷不荣，人民病目病，冬无冰，应在其冲。离气见于立秋之分，则岁大热，兵革，大旱。离气退，则其岁日无光，阴必害之。”郑注：“谓见于立夏之分也。”接着说：“坤，西南也，主立秋，晡时黄气出直坤，此正气也。气出右，万物半死；气出左，地动。坤气不至，则万物不茂，地数震，牛羊多死，应在其冲。坤气见于秋分之分，则其岁地动摇，江河水乍存乍亡，坤气退，地分裂，水泉不泯。”郑注：“谓见于夏至之分。”接着说：“兑，西方也，主秋分，日入白气出直兑，此正气也。气出右，万物不生；气出左，则虎害人。兑气不至，则岁中多霜，草木枯落，人民疥瘙，应在其冲。兑气见于立冬之分，则万物不成，虎狼为灾，在泽中。兑气退则泽枯，万物不成。”郑注：“谓见于立秋之分。”

年四季，季三月，共十二月；当十二消息卦，为候卦气。《通卦验》卷下接着说：“春三月，候卦气比不至，则日食无光，君失政，臣有谋，期在其冲。白气应之，期百日二旬。臣有诛者，则各降。”郑注：“上既著八卦之得失，此又重以消息之候，所以详易道。天气春三月，候卦气者泰也，大壮也，夬也，皆九三上六。实气决温不至者,君不明之征也,故日为之变。期本在冲,白气应之。金沴木,则更位。”兑白气。接着说:“夏三月,候卦气比不至,则大风折木发屋,期百日二旬,地动应之,大风,期在其冲。”郑注:“夏三月,候卦气者乾也,姤也,遁也,皆九三上九,实气微,赤气应之,有兵期三百二十日,此冬三月卦也。各以其冲为兵期。”离赤气。接着说:“秋三月,候卦气比不至,则君私外家,中不慎刑,臣不尽职,大旱而荒,期在其冲。青气应之,期百日二旬。”郑注:“秋三月,候卦气者否也,观也,剥也,皆六三上九,实气决寒而不至,当君倒赏之征。君之赏宜先远,今私外家,是其倒也。臣不尽力于其职,私外家使之然。大旱时,有赏赐也。”巽青气。接着说:“冬三月,候卦气比不至,则赤气应之,期在百二十日,内有兵,日食之灾,期三日六旬也。三公有免者,期在其冲,则已无兵。”郑注:“冬三月,候卦气者坤也,复也,临也,皆六三上六,实气微寒而不至者,君政荼缓之征也,而火沴之,百二十日,内有兵,臣下欲试之兵也。闻有日食,则君灾。兵远,故期更远也。日食之后,卦气不至之征,大臣之谋觉之,故即以无兵免,故咎除无兵。”

比不至,即接连不至。接着《通卦验》卷下分说一卦不至,二卦不至,三卦不至,云:“春三月,一卦不至,则秋早霜;二卦不至,则雷不发蛰;三卦不至,则三公有忧在八月。夏三月,一卦不至,则秋草木早死;二卦不至,则冬无冰,人民病;三卦不至,则臣内杀,三公有缞绖之服,崩以三月为期。秋三月,一卦不至,则中臣有用事者,春下霜;二卦不至,则霜著木,在二月;三卦不至,则臣专政,草木春落,臣有免者则已。冬三月,一卦不至,则夏雨雪;二卦不至,则水;三卦不至,则涌水出,人君之政所致之。”

同时考虑其他。旬有十日,各见云不同,《通卦验》卷下接着说:“各以其卦用事候之。甲日见者青,乙日见者青白,丙日见者赤，丁日见者赤黑，戊日见者黄，己日见者青黄，庚日见者白，辛日见者赤白，壬日见者黑，癸日见者青黑。各以其气候之，其云不应，以其事占吉凶。假令坎气不至，艮而见，坎乘艮，山上有水之象也。其用事时日甲八也。其卦事，坎乘艮，其比类也。”郑注：“是章之事与上相依，象似写者得异家并存于此耳。又卦气各有色，不用甲八，亦进于平错也。余下皆放之次类也。”回头说八卦气应：“不顺天地，君臣职废，则乾坤应变。天为不放，地为不化，终而不改，则地动而五谷伤死，上及君位。不敬宗庙社稷，则震巽应变。飘风发屋折木，水浮梁，雷电杀人，此或出人暴应之也。不改，入山泽不顺时卦，失山泽之礼，则艮不(兑)应变。期云不出，则山崩。恩泽不下，灾则泽涸，物枯槁不生，夫妇无别，大臣不良，则四时易。政令不行，白黑不别，愚智同位，则日月无光，精见五色，此离坎之应也。皆八卦变之效也。故曰八卦变象，皆在于己。多死臣，黑气应之。”郑注：“己，人君也”，“黑气应之，水沴火也。凡气黑者为臣，死者，君无辅之咎也矣”。接着说：“欲求其日期，阴与阳相应，不三之，三六十八，百八十。阳与阳相应，下阴应上阳，七其阳，八其阴，以为日数。下阳应上阴，九其阳，六其阴。”

九　轨数享国推灾

1　轨数

《稽览图》卷下说：“轨术曰：阳爻九七，阴爻八六。假令乾六位老阳爻九，以三十六乘六爻得二百一十六。少阳爻七，以二十八乘之六爻，得一百六十八。已上二数合得三百八十四，因而倍之有七百六十八。假令坤六位老阴爻六，以二十四乘六爻得一百四十四，少阴爻八，以三十二乘之六爻得一百九十二。已上二数合得三百三十六，因而倍之有六百七十二。乾坤二轨数合，有一千四百四十。凡阳爻用六十四为法乘得倍之，凡阴爻用五十六为法乘得数倍之。”如是则二屯蒙，屯七百四，蒙七百四，合一千四百八；三需讼，需一百九十二，讼一百九十二，合三百八十四；四师比，师六百八十八，比六百八十八，合一千三百七十六；五小畜履，小畜七百五十二，履七百五十二，合一千五百四；六泰否，泰七百二十，否七百二十，合一千四百四十；七同人大有，同人七百五十二，大有七百五十二，合一千五百四；八谦豫，谦六百八十八，豫六百八十八，合一千三百七十六；九随蛊，随七百二十，蛊七百二十，合一千四百四十；十临观，临七百四，观七百四，合一千四百八；十一噬嗑贲，噬嗑七百二十，贲七百二十，合一千四百四十；十二剥复，剥六百八十八，复六百八十八，合一千三百七十六；十三无妄大畜，无妄七百三十六，大畜七百三十六，合一千四百七十二；十四颐大过，颐七百四，大过七百三十六，合一千四百四十；十五坎离，坎七百四，离七百三十六，合一千四百四十；十六咸恒，咸七百二十，恒七百二十，合一千四百四十；十七遁大壮，遁七百三十六，大壮七百三十六，合一千四百七十二；十八晋明夷，晋七百四，明夷七百四，合一千四百八；十九家人睽，家人七百三十六，睽七百三十六，合一千四百七十二；二十蹇解，蹇七百四，解七百四，合一千四百八；二十一损益，损七百二十，益七百二十，合一千四百四十；二十二夬姤，夬七百五十二，姤七百五十二，合一千五百四；二十三萃升，萃七百四，升七百四，合一千四百八；二十四困井，困七百二十，井七百二十，合一千四百四十；二十五革鼎，革七百三十六，鼎七百三十六，合一千四百八；二十六震艮，震七百四，艮七百四，合一千四百八；二十七渐归妹，渐七百二十，归妹七百二十，合一千四百四十；二十八丰旅，丰七百二十，旅七百二十，合一千四百四十；二十九巽兑，巽七百三十六，兑七百三十六，合一千四百七十二；三十涣节，涣七百二十，节七百二十，合一千四百四十；三十一中孚小过，中孚七百三十六，小过七百四，合一千四百四十；三十二既济未济，既济七百二十，未济七百二十，合一千四百四十。此皆见于《稽览图》卷下。

2 一轨享国

《乾凿度》卷下说："孔子轨（曰）以七百六十为世轨者，尧以甲子受天元为推衍；以往六来八、往九来七为世轨者，文王推爻数，乃术数。"郑注："甲子为部，起十一月朔日。每一部者七十六岁，如是世积一千五百二十岁后复，然则七十六岁之时，十一月朔旦甲子。尧既以此为一阴一阳而中分，推以为轨度也。易有四象，文王用之焉，往布六于北方以象水，布八于东方以象木，布九于西方以象金，布七于南方以象火，如是备为一爻，而正为四营而成，由是而生四八、四九、四七、四六之数。爻倍之，则每卦率得七百六（二）十岁。言往来者，外阳内阴也。"此亦涉及上述轨数计算。《乾凿度》卷下接着说："孔子曰：以爻正月为享国数，存六期者天子。"郑注："'正月'，误字，当正云'一轨'。国之法，其术意如此，乃终存六期者，谓与符厄所遭者，言天子者不为四位之人也。"又说："一轨享国之法，阳得位以九七，九七者，四九、四七者也。阴得位以六八，六八者，四六四八也。阳失位三十六，阴失位二十四。"此又涉及上述轨数计算，郑注："四九为三十六，四七为二十八，合得六十四；四六为二十四，四八为三十二，合得五十六。此文王推爻，为一世凡七百二十岁。岁轨是其居位年数也，得位者兼彖变而已，有德者重也，故轨七百二十岁。"《乾凿度》卷下接着说："子受父母之位，行父母之事，年而谓之数，然自勉（厄）于轨，即位不如爻数，即不勉（厄）于轨，中厄纪（绝）。"郑注："此谓受命之君享国之时，当其轨年之初，其子孙亦相承，位六爻之初，位次数；然有功德之继体守文君，则厄于轨，谓竟之。其受命之君享国之时，不当其轨年之初，其子孙承君值后，不如爻之数，则有不能(不)之政，则不厄于轨，谓不能竟之”，“中，犹遭也，不能之君遭厄则绝，死不嗣也”。

3 推灾

《乾凿度》卷下说：“欲求水旱之厄，以位入轨年数除轨，芐尽，则厄所遭也。甲乙为饥，丙丁为旱，戊己为中兴，庚辛为兵，壬癸为水，卧算为年，立算为日。”郑注：“此衍谓之意，先置今所复值轨卦消息，君六，天子之轨数，乾也则七百六十八，复也六百八十八，坎则七百(四)，以作入轨年数除之者，阳爻则除其(六)十四，阴爻则除其五十六，从初至上如是。再如轨意矣，每除识其数于侧，至于求时而上，则厄之所遭耳。芐者为轨，余年不足，复除所识卧芐与立，皆年数也。今所求者主于日，不用，故分别之。”又说：“必除先入轨年数，水旱兵饥得矣。”郑注：“先入轨数，乾代值之，轨除其入年数者七百二十岁。四十二岁者，大周(三)万三(二)百四十岁，以除灭上九，上九咸自处，其余一，欲得除一，帝卦者以次除之，数有多少，欲得除日求之也。”接着说：“如是乃救灾度厄矣。阳之法。”郑注：“言阳，推法术之将有求厄而为之备也。”《稽览图》卷下说：“推厄法：以入位年数除之，轨合数算尽，厄也。甲乙为饥，丙丁为旱，戊己为中兴，庚辛为兵，壬癸为水。”唐人推算玄宗开元九年云：“父相甲寅，景云元年庚戌积六万四千三年算上，至开元九年辛酉，加上十一年算上，以三十二除之，不尽三，名入位年，合入需，轨卦阴爻二十四，以六除之，商得四，二乘之得八，因而半之四是忌(期)。需卦轨合数一千四百七十二，以入位年三，至甲寅，加四算七，除需合数除二。从父相庚申，命之得辛兵，推子厄，用父轨。凡子受位，但不得别立轨，乃可救灾耳。甲寅先天元年壬子，积六万四千五年算，上至开元九年辛酉，加九算，上三十二除之，余五。十(不)尽五，合入小畜轨卦。阳爻三十六，以九除之，商得四，以三乘之，十二，因而半之得六忌(期)。”①

十　帝王易姓

《是类谋》说：“《乙录》：摘亡去恶，降灾，变动七九，斗衡谋。”郑注：“《乙录》者，著三十五君之王录。摘其辟君，为恶君之名。去恶，原其为恶者之亡征。降灾，亦灾祸之期，变动七九，则所谓七九通符者，有北斗七衡之星，以知其谋也。”接着说：“税象断命，六千三百，天纪邮，八八错效，考纪提昴。”郑注：“税犹提。见象八卦之断命，断其吉凶灾异，星其数六千三百，七九之维。”接着说：“易姓代出，辅左应期。”郑注：“易姓者，四十二姓更王代出。”接着说：“房心招拒，虚张合持。”郑注：“房心招拒，东西宿名；虚张，南北角名。”接着说：“轩辕挺变，文昌理时。太微合诚，紫极合苞。”郑注：“太微，五精之官。紫极，紫微。书言太微五帝，合其诚信，紫微北极，则东平也。”接着说：“钩钤持纽，候五纪灾，能提无乖猥狐谋。”郑注：“无为之正立者，谋，兵谋去。”接着说：“纬缩合宿，毁日月珥，浮气怪出，彗第蚩尤。”郑注：“纬，五纬。缩行进退。合，聚。毁，散。珥，日月傍气，诸以光气为怪者。彗第，妖星；蚩尤，妖星。”接着说：“孔子演曰：天子亡征九，圣人起有八符。”郑注：“九八亦阳爻阴象之数也。”接着说：“运之以斗，税之以昴，五七布舒，河出录图，洛授变书。”郑注：“运之以斗，则上类萌枢及机衡准时也。税之以昴，则上所谓视在拣星，七五三十五，有名以第录。王受命之时，亦河出图，洛出书，受之以王录。”

《乾凿度》卷下说：“孔子曰：三万一千九百二十岁，录图受命，易姓四十二，纯德有七，其三法天，其四法地，王有三十五。半圣人

---

① 赵在翰：《七纬》，中华书局，2012 年版，第 100 页。

君子。消息卦纯者为帝,不纯者为王。六子上不及帝,下有过王。故六子虽纯,不为乾坤。”乾轨数七百六十,乘以四十二,则三万一千九百二十岁。又说:“孔子曰:推即位之术,乾坤三,上中下,坤变初六复。曰:正阳在下为圣人,故一圣、二庸、三君子、四庸、五圣、六庸、七小人、八君子、九小人、十君子、十一小人、十二君子、十三圣人、十四庸人、十五君子、十六庸人、十七圣人、十八庸人、十九小人、二十君子、二十一小人、二十二君子、二十三小人、二十四君子、二十五圣人、二十六庸人、二十七君子、二十八庸人、二十九圣人、三十庸人、三十一小人、三十二君子、三十三小人、三十四君子、三十五小人、三十六君子、三十七圣人、三十八庸人、三十九君子、四十小人、四十一圣人、四十二庸人。”大约皆以所当乾坤两卦位正之情况而定。一至六为乾卦,七至十二为坤卦;十三至十八为乾卦,十九至二十四为坤卦;三十一至三十六为坤卦;三十七至四十二为乾卦。郑注:“三(四)十二君率阳得正为圣人,失正为庸人。阴失正为小人,得正为君子。”《稽览图》卷下又将所谓圣人、庸人、君子、小人与消息卦及六子卦配搭起来,云:“复,一、十三、二十五;临二、十四、二十六;泰三、十五、二十七;大壮四、十六、二十八;夬五、十七、二十九;乾六、十八、三十;姤七、十九、三十一、遁八、二十、三十二、否九、二十一、三十三;观十、二十二、三十四;剥十一、二十三、三十五;坤十二、二十四、三十六。震三十七,巽三十八,坎三十九,离四十,艮四十一,兑四十二。”帝王居世之长短,看所在消息卦。《乾凿度》卷下说:“孔子曰:‘极至德之世,不过此。’乾三十二世消,坤三十六世消。代圣人者仁,继之者庸,(小人)世淫,庸世貇。”“复,十八世消,以三六也。临,十二世消,以二六也。泰,三十世消,以二九、二六也。大壮,二十四世消,以二九、一、五也。夬,三十二世消,以三九、一、四也。”郑注:“皆以爻正为之世数也。复及临不以一九数者，复初九无据。二正，正数中，自泰以上则卦数壮矣。”又说：“孔子曰：姤，一世消，无所据也。遁，一世消，据不正也。否，十世消，以二五也。观，二十世消，以二五、四、六也。剥十二世消，以三四也。”郑注：“复，变数也。更以爻位变相发，姤、遁变一爻世、二爻世，阴少故也。”

十一　他纬

《易》纬不仅言《河图》《洛书》，还涉及《河图》纬及《洛书》纬。《辨终备》说：“孔子表《河图皇参持》。”《河图皇参持》为《河图》纬。《通卦验》卷上说：“河出龙图授帝，戒曰：帝迹述感，其与(兴)候房精谋。”此“戒曰”亦应为《河图》纬。《乾凿度》卷下说：“《洛书摘六(亡)辟》曰：‘建纪者，岁也。’成姬仓有命在河，圣孔表雄德，庶人受命，握麟征。”《通卦验》卷上说：“孔子表《洛书摘亡辟》曰：‘建纪者，岁也。’成姬仓有命在河，圣孔表雄德，庶人受命，握麟征。”《乾凿度》卷下说：“《洛书灵准听》曰：‘气五，机七，八合提九，爻结，八九七十二，录图起。’”郑注：“气五，寓之五行。机七，二十七里也，二十八宿以存焉。二者用事以卦相提，得一岁俱终。而太一行九宫，及位游相接，每宫如卦之日，则参差矣。八九相乘七十二岁，而七百二十岁复于冬至，甲子生，象其数以为轨焉，故曰录图起之。”《是类谋》说：“《洛书灵准听》曰：‘类萌枢，提纪时，黄牙出子，十运检期也。’”郑注：“类，五精之类。枢，枢星位乾，故五精之萌皆于之。摄提值巽，故王绝纪。黄牙出子，谓复卦所在。检法子出，王道之始。十则运为之法则。岁星亦曰摄提也。”此皆《洛书》纬。

十二　谶言

《是类谋》说：“太山失金鸡，西岳亡玉羊。”《春秋说题辞》说：

"玉羊,狼星也。金鸡,箕星也。"《太平御览・天部五》引《易》纬"亡玉羊",下云:"太山失金鸡者,箕星亡也。箕者,风也,风动鸡鸣。今箕候亡,故鸡亦亡也。西岳亡玉羊者,狼星在未,未为羊。"[①]《乾凿度》说:"代者赤兑,黄佐命。"宋衷注:"此赤帝者,谓汉高帝也。黄者火之子,故佐命张良是也。"《运期谶》说:"言居东,西有午,两日并光日居下。其为主,反为辅。五八四十,黄气受,真人出。"《三国志》卷二注:"'言午','许'字;'两日','昌'字。汉当以许亡,魏当以许昌,今际会之期在许,是其大效也。"又说:"鬼在山,禾女连,王天下。"《三国志》卷二注:"闻帝王者,五行之精,易姓之符,代兴之会,以七百二十年为轨。有德者过之,至于八百;无德者不及,至四百载。"

① 赵在翰:《七纬》,中华书局,2012年版,第626—627页。

第三章　《易》纬(下)

此章专门叙述《乾坤凿度》内容。《乾坤凿度》卷上简称卷上，《乾坤凿度》卷下简称卷下。

一　释乾坤凿度

卷上说："庖氏先文乾凿度，敕天门以为名，古有先文，未析真冥。"又说："乾凿度，圣人颐，乾道浩大，以天门为名也。乾者天也，川也，先也。川者倚竖天者也。"注："圣智画卦为三，三象川形，川倚立，其天亦为天川。"接着说："乾者，乾天也，又天也。乾，先也。"注："圣文先天之名，故乾道天之名。于后，古天一前曰天"，"今一大为天字"。接着说："乾训健，壮健不息，日行一度。凿者开也，圣人开作度者。度，路，又道。圣人凿开天路，显彰化源。大天氏云：一大之物目天，一块之物目地，一炁之蔀名混沌。一气分万霸，是上圣凿破虚无，断气为二，缘物成三，天地之道不滆。"《易》纬有《乾凿度》在先，此既释庖氏先文《乾凿度》，又释先《乾凿度》。所谓混沌，是历来说易者讨论的话题，东汉王充《论衡·谈天篇》说："说易者曰：'元气未分，混沌为一。'"

卷下说："坤凿度者，太古变乾之后，次凿坤度，圣人法象，知元气隤委，固甲作捍颢，孕灵坤地，圣人断元，偶然成地。积土形，不骞绷。太极有，地极成，人极灵。如履薄厚，如资长极。天有太极，地有太疆。"此释庖氏先文《坤凿度》，注："天极高远，地极迷远。"接云："黄帝曰：天地宜尽阖，地道距水澈。女娲断定足，其隤一址，坤母运轴,而后大央氏、百庭氏、大元氏立坤元,成万物,度推其理,释译坤姓,生育百灵,效法之道矣。”此亦言凿,即所谓“次凿坤度”;又说“黄帝曰‘天地宜尽阖’”,亦不无解释所谓乾凿度之意。

这里所谓“乾训健,壮健不息”,“坤元”,都是《易传》里的话。

二 太易,太极,圣人作《易》

卷上说:“黄帝曰:太古百皇,辟基文籀,遽理微萌。始有熊氏,知生化柢,晤兹天心,念虞,思慷反,虑万源无成。既然物出,始俾太易者也。太易始著,太极成。太极成,乾坤行。”注:“有熊氏,庖羲氏,亦名苍牙也。与天同生,知化之本柢,晤,晓也。天垂万化之心,令万物不息。柢,本也。圣人知化万源不成,其流慷慨,尽圣与智,设几教门,源流之性大行。大易,天地未分,乾坤不形也。太易无也,太极有也。太易从无入有,圣人知太易有理未形,故曰太易。”又说:“黄帝曰:圣人索颠作天,索易以地,俯仰而象,远近而物,浩而功,然而立。”注:“古圣人有巢氏求索颠危之意,若天之悬远;求平易之理,若地之顺道。又庖羲氏中圣,始画八卦,错文字契,仰观其乾象,俯察其地理,用器远近,配物画卦,立文书,垂训后晚。浩大之功成,然者容易之,立不失其德位。”接着说:“太古断元,圣人法地,极先生而设位,物成而丽诸形,错编以文,改茹以鱼,虞兽以韦,上齿以前,法物以后,析葀以策,运蓍以数,王天下者也。”注:“以太古断元,有巢氏以前,元气已断为天。又圣人法物以地,有巢氏之法地物用”,“以后圣人者庖羲氏,错煸以文智(字),杂采煸烂,合成籀文,非篆非绨也。云以鸟迹,非也。改茹血毛成田渔,猎狩革皮,为冠皮服。上齿,古太老先以前,未及甲历岁纪,人老以齿,为前长老民,法物以后者也。今万物作法而成渔猎也”。接着说:“太易变,教民不倦。太初而后有太始,太始而后有太素。

有形始于弗形，有法始于弗法。极先元，见□辙。”又说：“圣人曰：乾坤对，太易兴，设法□，坏而息。智之易，八卦变，策象数，庶物老，天地限，以为则。”注：“凡言圣人，庖羲氏云圣人也，大道坏亦息”，“太易行于乾坤，乾坤作用于太易，八卦变万汇，随卦爻之用，尽天地之老，代限古极也。易理顺时变化，不著一方，故曰智之易，变易变神也”。

三　八卦：卦画为象，内外上下，四门四正

1　卦画为象

伏羲作八卦，名乾坤离坎巽震艮兑，各有所象，卷上“大象八”节说：“天乾，地坤，日离，月坎，风巽，雷震，山艮，兑泽。”重要的是，所象皆与卦画有关。卷上又说：“黄帝曰：观上古圣，驱駉元化，劈楷万业，徒得为懋，训究体译。元肇颐浚澳，作沐悬心，轮薄不息，以启三光，上飞籥风雨，下突奔河沱，得元气，澄阴阳，正易大行，万汇生。上古变文为字，变气为易，卦画为象，象成设位。”注：“庖氏画卦，变文为卦字也。”接着分别说：“☰，古文‘天’字，今为乾卦。重，圣人重三而成立，位得上下，人伦王道备矣，亦川字覆万物”；“☷，古‘埅’，‘地’字，附于乾，古圣人以为坤卦”；“☴，古‘风’字，今巽卦。风散万物，天地气脉不通，由风行之，逐形入也”；“☶，古‘山’字”；“☵，古‘坎’字”；“☲，古‘火’字，为离”；“☳，古‘雷’字，今为震，动雷之声形，能鼓万物，息者起之，闭者启之”；“☱，古‘泽’字，今之兑，兑泽万物”，“象断流，曰泽”。

2　内外上下

三画倍之而六，分内外。卷上说：“昔者庖羲圣人见万象弗分，卦象位拗，益之以三倍，得内有形而外有物，内为体，外为事，八八

推荡,运造纵横,求索觅源,寻颐究性,而然后成。"所谓"八八推荡",即八卦重为六十四卦,见下。关于内外上下,说艮云:"外阳内阴,圣人以山含元气。"说坎云:"水情内刚外柔,性下不上,恒附于气也。"说离云:"内弱外刚,外威内暗,性上不下,圣人知炎光不入于地。"说兑云:"上虚下实,理之泽万物。"

3 四门四正

卷上有"立乾坤巽艮四门"节,云:"乾为天门,圣人画乾为天门,万灵朝会众生成,其势高远";"坤为人门,画坤为人门,万物蠢然,俱受荫育,象以准此,坤能德厚迷远,含和万灵,资育人伦,人之法用。万门起于地利,故曰人门,其德广厚,迷体无首,故名无疆";"巽为风门,亦为地户";"艮为鬼冥门,上圣曰:一阳二阴,物之生于冥昧,气之起于幽蔽"。卷上又有"立坎离震兑四正"节,云:"月,坎也";"日,离";"震,日月出入门,日出震,月入于震";"兑,日月往来门,月出泽,日入于泽"。又总说云:"庖羲氏画四象,立四隅,以定群物。发生门,而后立四正。"至少自《易传·说卦》开始,即注重八卦方位,以坎北离南震东兑西,乾西北坤西南巽东南艮东北。西汉以前者为四正,后者为四维。孟喜以四正配节气,《易乾凿度》以四正四维配月,实则皆与方位关系不大;而《乾坤凿度》以乾坤巽艮为四门,特别是以离日坎月出入震兑,皆与八卦方位关系密切。

四 筮法

卷上说:"圣人设卦以用蓍。生圣人,度以虚实,英草与天齐休。《万形经》曰:蓍生地于殷,凋殒一千岁。一百岁方生四十九茎,足承天地数。五百岁形渐干实,七百岁无枝叶也,九百岁色紫如铁色,一千岁上有紫气,下有灵龙神龟伏于下。《轩辕本经》曰:紫蓍之下,五龙十朋伏隐,天生灵菥,圣人采之而用四十九。运天地之数,万源由也。”此极言蓍草之灵。《易传·系辞上》说:“大衍之数五十,其中四十有九。”卷上有“天地合”节,说“所用法,古四十九,六而不用,驱之六虚”,是五十五而六不用,所以五十有五,乃是天地合数,见下。关于具体筮法,又说:“四营十八策,多少兼云,而成其位。天道圣智,垂训神谋,及尔子孙,教授不坠者焉。”又“乾策二百一十六”节云:“一策三十六,策满六千九百一十二”;“坤策一百四十四”节云:“一策二十四,策满四千六百八”;又“八策”节云:“万一千五百二十。”

五　六十四卦象;上下经;卦数,爻数

1　六十四卦象

八卦所象为乾天,坤地,巽风,艮山,坎水,离火,雷震,兑泽,但又另有所象。卷上有“配身”节,说:“乾为头首,坤为胃腹,兑口,离目,艮手,震足。”卷下说:“上山增艮,定风尌信(巽),立雷(震)作威,水火成济。”济,既济,未济;既济水上火下,未济火上水下。此已涉及八卦外五十六卦,亦各有所象,具体说来,卷上又有“取象法用”节,云:“养身法颐,匹配法咸,造器设益,聚民以萃”;有“裁形变文”节,云:“顺天文为,设人文夬,参鸟文离,象兽文革”;有“取物制度”节,云:“亲疏噬嗑,御难设豫,服牛马随,物败以剥”;有“法天地宜”,云:“鼎象以器,苑阁法观,天市噬嗑,文昌六局夬,羽林法师,法渐地利,室法家人,法定主屯”;卷下有“圣人法物”节,云:“争而后讼,和而后解,不通而否,大通而泰,乖而后睽。”这些皆于注经解辞有助。

2　上下经

卷上有“圣人索象画卦”节,总括说:“配身,取象,裁形,取物,

法天地宜,分上下属",所谓分上下属,即易经分上下篇。又有"分上下属"节,说:"圣人画卦,制度则象,取物配形,合天地之宜。索三女三男六十四象,以上下分之,阳三阴四,法上下分位。"注:"三十卦象阳用,三十四属阴用。"

3 卦数,爻数

卷上有"卦数"节,云:"三千八百四(十),又位大二十二万八千二(百)四十卦数。"此皆卦八倍数,后者为八象大数。接着有"爻数"节,云:"三百八十四通二万二千八百二十四",三百八十四为六十四卦爻数,二万二千八百二十四为六(爻)倍数。前者二十二万八千二百四十,后者二万二千八百二十四,十倍而相通也。又有"八象大尽数"节,云:"二百二十八万二千四百。"注:"尽",是于八象大数又十倍也。

六 五行天地数

卷上说:"运五行,先水,次木生火,次土及金。木仁,火礼,土信,水智,金义。"《易传・系辞上》说:"天一,地二;天三,地四;天五,地六;天七,地八;天九,地十","天数二十有五,地数三十,凡天地之数五十有五"。卷上"天数"节说:"一,九,二十五。"注:"一者无也,用之为九,数成为用,尽二十五。"接着说:"三万九千七百五十五。"注:"太极之数,群物由此大数。"二十五之尽为五,三万九千七百五十五为五之倍数,断为"太极之数,群物由此大数"。又"地数"节说:"二,六,三十。"注:"二者偶也。"接着说:"八万六千四百二十。"注:"地极之大数,物满由此。"三十之尽为十,八万六千四百二十为十之倍数,断为"地极之大数"。

《尚书・洪范》排列五行:"一曰水,二曰火,三曰木,四曰金,五曰土。"《易传・系辞上》说:"天数五,地数五,五位相得而各有合。"

此所谓合，则可以是天一与地六合，地二与天七，天三与地八合，地四与天九，天五与地十合。卷上说："天本一而立，一为数源，地配生六，成天地之数。合而成性，天三地八，天七地二，天五地十，天九地四。"五行排列序数仅五，此所谓"合而成性"，则是以天地合数入五行序数，而成五行之数。"合而成"下注"水"，"天三地八"下注"木"，"天七地二"下注"火"，"天五地十"下注"土"，"天九地四"下注"金"。

八卦配五行。卷上说："坎也，水魄"，"离，火宫"，"雷木震"，"泽金水，兑"。

七　坤元十性，三体

如前所说，先仅有《乾凿度》，此则有所谓《坤凿度》，乃多依古说以补充之。其具体内容卷下有所谓"坤元十性"节，云："坤为人门。"注："以坤之万物门户。"又说："坤德厚。"注："薄不载群物，重厚可以匹天，迷远可以尽极。"又说："坤有势。"注："土德生而顺其性，有冈阜崎壑之势，天高西北势上，地势下东南，斯也有理。出《万形经》说。"又说："坤多利。"注："阴极则杀，阴和则利，利者土地滋泽。"又说："坤元有信。"注："生物倍出，故曰有性，元有信也。"又说："易平，坤道平易。"注："北荒平易，万里连均。"今亦有"躺平"之说也。又说："坤有大策。"注："已在上文爻数也。"卦数为阳，爻数为阴。又说："坤纯阴正。"又说："坤法为人腹。"又说："坤道有闭。"注："闭塞源脉，性不发泄，万物不化，名之括包。坤闭之时，物不植，圣贤不产，大林不立，大道将败，名曰道匿。"所谓"坤元"，前已涉及。易有"乾元"，此所谓"坤元"亦非指单卦坤，而是指与"乾元"相对者也。

坤有三体。卷下有"坤性体"节，注："性与体殊，前论性有十，后说体有三。”三体是“一刑杀,二默塞,三沉厚。一刑者,阴体好杀,刑罚如此;默者充静,充塞不动;沉者势不自举,体沉也”。有“坤有变化”节,云:“一虚,二简顺,三洁凝。”注:“体包万物,能通其气虚,虚也;简不违万物,易承顺于乾,顺也;反体塞而洁凝,固重也。”

八 坤有八色

上论坤,主要以坤为阴为地。按五行,则坤属土。卷下有“坤属”节,云:“一离火,二巽风(木),三兑金。”又说:“火为坤母,巽为离父,金乃坤孙,以坤为圣人则之象也。”“火为坤母”,即火生土;“巽为离父”,即木生火;“金乃坤孙”,即土生金。坤既属土,则四方土有八种情况,土有色,所谓“八色”。卷下有“坤有八色”节,云:“东下,西上,北黑,南轻,中殷甘滋,厥土厚肌。东咸,西淡,南污,北荒。”东低西高,是东下西上。注:“南土轻浮,中土甘甜,下土污泽。东卤恶,西淡,土味辛;北黑,北荒多坚实也。坤□剥产,万物衰少,不成厚。”

九 坤象变理

指六画坤变、三画坤与其他三画卦之组合而生之易理。卷下说:“庖羲氏画坤卦,有四象变理:和荡为美,淩荡为恶,杂配不和,德配成正,互体反交,形体不同。”所谓四象,一是“德匹成正”,即“惠位”。谦(䷎),云:“正,坤来山附,地兼山谦。”注:“圣人曰:西南得朋,东北丧朋,乃终得正,谦道不进也。升位可让,德无违众,名曰谦,此变理。惠,正也。”坤(䷁),曰:“西南得朋,东北丧朋。”二是“互体反交”,即“复反本”。否(䷋),云:“天地否。”注:“万物不通化源塞,天地群物俱蔽厄(也)。”又泰(䷊),云:“地天泰。”注:“天地交，万汇和，敕圣天元，顺物更通，复泰道也。”三是“和荡”，即“荡配”。晋(䷢)，云：“火下有地晋。”注：“圣人日明而顺，日新其德，通进而有亨，顺荡也。”四是“淩荡为恶，杂配不和”，即“凌配”。明夷(䷣)，云：“地下有火，明夷。”注：“反体淩荡，圣人不愈。”又剥(䷖)，云：“山附地剥。”注：“落下也。剥道，圣人淩犯相推荡，象若不和，万物不为美也。”

十　坤四道

卷下说：“天有九道。”注：“天有九道，日月恒经历之道也。”又说：“坤有四道。”注：“冥象化气成。”又说：“易有二道。”注：“吉凶。”

坤四道，首先是“冥”。云：“坤四道者，上冥运。”上，第一，尚。“冥运”，不显露。接着有“冥运道”节，云：“上冥运，物性包蔽，不显其源，出处不知，潜隐罔差忒。”注：“圣人若潜之初，又不显隐默也。坤之初，道冥运塞，源同乾初也。”乾(䷀)初九：“潜龙勿用。”其次是“象”，有“象道”节，云：“生曰象，又假生曰寓，化象物邪，象正体远。”注：“《含灵孕》曰：天造群物，地成大象，万物立由象，圣人设象，象而自立，物因象有，象自物生，若植石玉出，舒鱼龙出，匠蓏味窒，植蓏望甘，窒若不可食，由象化。”再次是“化气”或“气化”，云：“坤气不和，物出不遂，气滞终沮，气满终，气化不永。坤之元体存，气化存。存元气。”注：“存，气在也。元气不斁产之”，“斁，训败恶”。最后是“成”，有“物成坤化”节，云：“坤道成”，注：“以元气不侵害，万物自彰。”

十一　坤与乾

卷下说：“坤大軵，上发乃应。”注：“軵者辅也，乾先而后坤，不敢事物，物先辅赞于乾，上发乃应也。”接着说：“庖氏曰：坤軵于乾，顺亨贞。辅依乾而行,乾一索而男,坤一索而女,依乾行道。乾为龙,纯颢气,气若龙,坤为马。”乾一索,阳爻;坤一索,阴爻。接着说:“乾为父,坤为母,皆辅顺天道,不可违化。乾君坤臣,乾称德三,坤以奉六,故成乾九。乾二十五,坤辅三十。乾位爻六,坤承奉六,右乾覆坤。乾元三,含两坤,乾大策,含坤小策,大含小,下辅上,圣人裁以天地,膊辅而养万源,正其道。”数皆见前,所谓“乾称德三,坤以奉六”,“乾元三,含两坤”,以三画卦乾三而坤六也。

十二 数例

卷上有“总释二十九卦数例”节,主要解释卦爻辞中的数字,称数例,可见对数的重视。二十九卦次序,如通行本,通行本据说出东汉费直易。卷上首云:“屯(䷂),‘(女子贞不字),十年乃字’。”注:“六二。何不以七年与五年?”王弼注:“志在乎五,不从于初”,“志在于五,不从于初,故曰‘女子贞不字’也。屯难之世,势不过十年者也。十年则反常,反常则本志斯获矣,故曰‘十年乃字’”。初、五皆阳位,尚五。反,回。反常,回归正常。卷上注之问,或意在提示王注,或王注因此而发? 下同。次云:“需(䷄),‘(入于穴,有不速之客)三人(来,敬之,终吉)’。”注:“上六。三阳。”王注:“上六处卦之终,非塞路者也。与三为应,三来之已,乃为已援,故无畏害之辞,而乃有入穴之固也。三阳所以不敢进者,须难之终也。难终则至,不待召也。已居难中,故自来也。处无为之地,以一阴而为三阳之主,故必敬之而后终吉。”第三云:“讼(䷅),(人)三百户,(无眚),(或锡之鞶带,终朝)三递(之)。”注:“不言二百一百,象中有数。”九二“三百户”,故“不言二百一百”,乾上,故“三递之”。第四云:“师(䷆),(王)三锡(命)。”注:“何不言九锡?”三锡,见《礼记·曲礼上》,据郑注,一锡,赐爵;二锡,赐衣服;三锡,赐车马。九锡,见班固《汉书·武帝纪》，名目繁多，说者不同。师六五："长子帅师"，适合车马也。第五云："比(䷇)，(王用)三驱，(失前禽)。"注："何不言二驱与五驱?"王弼注："夫三驱之礼，禽逆(迎)来趋己则舍之，背己而走则射之，爱于来而恶于去也，故其所施，常失前禽也。"此只涉二端，故历来有疑，解释很多，实则禽立于前而驱赶之，是为三驱也。三，承前第三种方式也。此为九五爻辞，五与二应，故又有二驱、五驱之问。第六云："同人(䷌)，(升其)高陵，三岁(不兴)。"注："九三。何不二年，五六年？何以三岁?"王弼注："升其高陵，望不敢进，量斯世也，三岁不能兴者也。三岁不能兴，则五道亦以成矣，安所行焉?"九五应于三。第七云："蛊(䷑)，(先甲)三日，(后)甲(三日)。"注："繇(卦)辞。何不二日五日?"郑注："甲者，造作新令之日。甲前三日，则改过自新，故用辛也；甲后三日，取丁宁之义，故用丁也。"王弼注："甲者，创制之令。用创制之令以治于人，人若犯者，未可即加刑罚，以民未习；故先此宣令之前三日，殷勤而语之，又如此宣令之后三日，更丁宁而语之，其人不从，乃加刑罚也。"第八云："临(䷒)，(至于)八月(有凶)。"注："阳尽。"王弼注："八月阳衰而阴长，小人道长，君子道消也，故曰'有凶'。"临十二建丑，至于否(䷋)，七月建申，八月。第九云："复(䷗)，(反复其道，)七日(来复)，(至于)十年(不克征)。"注："爻(卦)辞，何不五日来复？又上六，何不九年?"王弼注："阳气始剥尽至来复时，凡七日。"坤(䷁)阳气剥尽，至复阳气渐复，隔一卦。卦六日七分，约为七日。上屯卦，王弼注："十年则反常。"第十云："剥(䷖)"，注："九月阳尽。"建九月。第十一云："颐(䷚)，十年(勿用，无攸利)。"注："六三。何不三年?"同上王弼注："十年则反常。"第十二云："坎(䷜)，(樽酒)簋二，三岁(不得)。"注：(脱)。第十三云："晋(䷢)，(康侯用锡马蕃庶，昼日)三接。"(彖曰："晋，进也。明出地上，顺而丽乎大明，柔进而上行。")注："繇(卦)辞。以柔进授，合不五接终日?"王弼注："康，美之名也。顺以著明，臣之道也。柔进而上行，物所与也，故得锡马而蕃庶。以讼受服，则终朝三递，柔进受宠，则一昼三接也。"第十四云："明夷(䷣)，君子于行，(三日不食)。"注："繇辞。何不言五日二日不食?"三为成数。第十五云："睽(䷥)，(象曰)二女同居，(上九：睽孤，见豕负涂，载鬼)一车。"注："长(中)女，少女。何不言三车?"睽，离上兑下，《说卦》："离，中女；兑，少女。"王弼注："处睽之极，睽道未通，故曰睽孤。已居炎极，三处泽盛，睽之极也。""豕而负涂，秽莫过焉。至睽将合，至殊相通，恢诡谲怪，道通为一。""恢诡谲怪，道通为一。"第十六云："解(䷧)，(九二：田获)三狐。"注："何不二狐，何以三狐?"孔颖达疏："狐是隐伏之物，三为成数，举三言之，搜获备尽。"第十七云："损(䷨)，二簋(可用享)。(六三：)三人(行则损)一人，(一人行则得其友)。(六五：或益之)十朋(之龟)。"注："繇辞。(二簋)何不用三?(三人)，少与多。圣人淳一。何不以八朋七朋?"王弼注："二簋，质薄之器也，行损以信，虽二簋而可用享。"孔颖达疏："损者减损之名，此卦明损下益上，故谓之损"，"行损之礼，贵夫诚信，不在于丰。既行损以丰，何用丰为?二簋至约，可用享祭矣"。又王弼注："损之为道，'损下益上，其道上行'，三人，谓自六三以上三阴也。三阴并行，以承于上，则上失其友，内无其主，名之曰益，其实乃损。"孔颖达疏："上一人，谓上九也；下一人，谓六三也。"又疏："朋，党也。"马、郑皆案《尔雅》云："十朋之龟者，一曰神龟，二曰灵龟，三曰摄龟，四曰宝龟，五曰文龟，六曰筮龟，七曰山龟，八曰泽龟，九曰水龟，十曰火龟。"第十八云："益(䷩)，(或益之)十朋(之龟)。"注："六二。数尽。大损益道皆反。"第十九云："夬(䷪)，繇(象)辞。(柔乘)五刚。"注："五阳。"第二十云："萃(䷬)，(若号)，一握，(为笑)。(勿恤，往无咎)。"注："初六。

默言一握，近远意。”号，自号，自比。王弼注：“一握者，小之貌也；为笑者，懦劣之貌也。己为正配，三以近宠，若安乎卑退，谦以自牧，则勿恤而往无咎也。”第二十一云：“困(䷮)，三岁(不觌)。”注：“何不二岁、五岁?”三，成数。第二十二云：“革(䷰)，(革言)三就。”注：“二就又何如?”王弼注：“己处火极，上卦三爻，虽体水性，皆从革者也。自四至上，从命而变，不敢自违，故曰革言三就。”第二十三云：“震(䷲)，(跻于九陵，勿)逐，七日(得)。”注：“何不八日、三日？何不言五日得?”王弼注：“虽复超越陵险，必困于穷匮，不过七日。”第二十四云：“渐(䷴)，(鸿渐于陵，妇)三岁(不孕)。”注：“九五。何不五岁?”王弼注：“陵，次陆者也。进得中位，而隔乎三四，不得与其应合，故妇三岁不孕也。各履正而居中，三四不能久塞其途者也，不过三岁，必得所愿矣。”第二十五云：“丰(䷶)，三岁(不觌)。”注：“上六。何不二岁?”王弼注：“三年，丰年之成。治道未济，隐犹可也；既济而隐，是以治为乱者也。”第二十六云：“旅(䷷)，(射雉)一矢，(亡)。”注：“六五。小。”第二十七云：“巽(䷸)，(先庚)三日，(后庚)三日。”注：“九五。何不言五日?”王弼注：“申命令谓之庚。夫以正齐物，不可卒也；民迷固久，直不肆也。故先申三日，令著之后，复申三日，然后诛而无咎怨也。甲、庚皆申命之谓也。”第二十八云：“既济(䷾)，(高宗伐鬼方)，三年(克之)。”注：“九三。”孔颖达疏：“高宗者，殷王武丁之号也，九三处既济之时，居文明之终，履得其位，是居衰末，而能济者也。”第二十九云：“未济(䷿)，三年(有赏于大国)。”注：“九四。何不一年、二年?”王弼注：“虽履非正位，志在乎正”，“处文明之初，始出于难，其德未盛，故曰‘三年’也。五居尊以柔，体乎文明之盛，不夺物功者也，故以大国赏之也”。此数例颇有影响，王应麟《困学纪闻》有“易中多举数为义”节。

第四章 《尚书》纬

历来辑录《尚书》纬篇章不少，但《后汉书·樊英传》李贤注只取《尚书璇机钤》《尚书考灵曜》《尚书刑德放》《尚书帝命验》及《尚书运期授》五篇。辑录的所谓《尚书中候》，《尚书琁机钤》说"孔子求《书》，得黄帝玄孙帝魁之书，迄于秦穆公，凡三千二百四十篇。断远取近，定可以为世法者，百二十篇，以百二十篇为《尚书》，十八篇为《中候》"，似凡《尚书》纬都称《中候》。但历来认为，此十八篇另具篇名篇章，大略为《敕省图》《握河记》《运衡》《考河命》《题期》《立象》《义明》《苗兴》《契握》《洛予命》《稷起》《我应》《洛师谋》《合符后》《摘洛戒》《霸免》《准谶哲》《觊期》。所谓《考河命》《题期》《主象》，《尚书帝命验》云："顺尧考德，题期立象。"魏宋均注："尧巡省于河洛，得龟龙之图书。舜授禅后，习尧礼，得之演以为考河命，题五德之期，立将起之象，凡三篇，在《中候》也。"现存《中候》十八篇语多零落，颇不完具。杨乔岳辑《纬书》，列《尚书大传》入《尚书》纬，未见有取者，此亦不取。

《尚书》多言天文地理，《尚书》纬及众纬亦复如此；《尚书》主要是历史著作，《尚书》纬亦多载传说历史，言天人之际。《尚书》纬对《尚书》有不少具体解释，此先述之。所引有具体篇名者，前面均省略"尚书"二字；具体篇名不详者，通称《尚书纬》。

一 解释《尚书》

1 解题、说作者

《琁机钤》说:"《尚书》,篇题号,尚者上也。上天垂文象布节度书也。书者如也,如天行也。"又说:"书务以天言之,因而谓之书,加尚以尊之。"又说"孔子求《书》,得黄帝玄孙帝魁之书,迄于秦穆公,凡三千二百四十篇,断远取近,定可以为世法者,百二十篇,以百二十篇为《尚书》",甚至以《尚书》为孔子作。《考灵曜》说:"丘生仓际,触期稽度,为赤制,故作《春秋》以明文命,缀纪撰书,修定礼义。"仓际,苍帝之际;赤制,周制。此所谓"书"或即《尚书》。

2 解文

《尚书》纬有不少对《尚书》的具体解释。《尧典》说:"曰若稽古,帝尧曰放勋,钦明文思安安。"《考灵曜》引之,《尚书纬》说:"曰若稽古,帝尧。稽,同也。古,天也。"《尚书·顾命》说:"《河图》,在东序。"书纬亦多言《河图》。《尚书》多言天文历法,《尧典》说:"乃命羲和,钦若昊天,历象日月星辰,敬授民时。分命羲仲,宅嵎夷,曰旸谷。寅宾出日,平秩东作。日中星鸟,以殷仲春。厥民析,鸟兽孳尾。申命羲叔,宅南交。平秩南讹,敬致。日永星火,以正仲夏。厥民因,鸟兽希革。分命和仲,宅西,曰昧谷。寅饯纳日,平秩西成。宵中星虚,以殷仲秋。厥民夷,鸟兽毛毨。申命和叔,宅朔方,曰幽都。平在朔易。日短星昴,以正仲冬。厥民隩,鸟兽氄毛。帝曰:咨!汝羲暨和,期三百有六旬有六日,以闰月定四时,成岁。允厘百工,庶绩咸熙。"《考灵曜》说:"主春者鸟星,昏中可以种稷,主夏者心星,昏中可以种黍,主秋者虚星,昏中可以种麦,主冬者昴星,昏中则入山可以斩伐,具器械。王者南面而坐,视四星之中者,而知民之缓急,急则不赋力役,故敬授民时。"《帝命验》说:"春夏民欲早作,故令民先日出而作,是谓寅宾出日;秋冬民欲早息,故令民候日入而息,是谓寅饯纳日。春迎其来,秋送其去,无不顺。"又说:"禺铁在辽西,近出日,故敬宾出之。"

二 天文

1 北斗七政

《尚书纬》说:"璇机斗魁四星,玉衡拘横三星,合七。"《考灵曜》说:"在旋机玉衡,以齐七政。旋机未中而星中是急。急则日过其度,月不及其宿。旋机中而星未中是舒,舒则日不及其度,夜月过其宿。璇机中而星中为调,调则风雨时,风雨时则草木蕃庶而百谷熟,万事康也。"郑氏注:"天者纯阳,清明无形,圣人则之,制璇机玉衡,以度其象。"《考灵曜》说:"七政曰:日月者,时之主也。五星者,时之纪也。"《尚书纬》说:"又州国分野,年命莫不政之,故为七政。"

2 九天二十八宿,四表

《考灵曜》说:"天有九野,九千九百九十九隅,去地五亿万里。何谓九野?中央钧天,其星角亢。东方皞天,其星房心;东北变天,其星斗箕。北方玄天,其星须女;西北幽天,其星奎娄。西方成天,其星胃昴;西南朱天,其星参狼。南方赤天,其星舆鬼柳;东南阳天,其星张翼轸。"角亢房心斗箕须女奎娄胃昴参鬼柳张翼轸二十八宿,分属所谓九野,说出《吕氏春秋·有始》《淮南子·天文训》。《考灵曜》又说:"二十八宿之外上下东西,各有一万五千里,是为四游之极,谓之四表。"又说:"二十八宿,周天三百六十五度四分度之一。"

3　周天三百六十五度四分度之一

《考灵曜》说："周天三百六十五度四分度之一"，"一度二千九百三十二里千四百六十一分之三百四十八，周天百七(十)万一千里"。

4　日月星辰之行

(1) 日行一度，月行十三度

《刑德放》曰："日月东行。"陈立《白虎通疏证·日月》注："纬书言东行，犹言右行也。"周天三百六十五度四分度之一，《考灵曜》说："日行一度，月行十三度十九分度之七。"

(2) 日道上下

《考灵曜》说："日道出于列宿之外万有余里。"又说："正月假上八万里，假下一十万四千里。"郑玄注："夏，日道上与四表平，下去东井十二度为三万里，夏至日与表平，冬至之时，日下至于地八万里，上至于天十一万三千五百里也。"

(3) 日行九道

《考灵曜》说："日，万世不失九道谋。"九道，指黄道一，青道二，赤道二，白道二，黑道二。郑玄注："日春，东从青道；夏，南从赤道；秋，西从白道；冬，北从黑道。"所谓青赤白黑，与东南西北方位有关。

(4) 日月星辰出入房

《运期受》说："房，四表之道。"房宿有四星，是谓四表，中有三道。宋均注："四星间有三道，日月五星所从出也。"《晋书·天文志》说："房四星"，"又为四表，中间为天衢，为天关，黄道之所经也；南间为阳环，其南曰太阳；北间曰阴间，其北曰太阴。七曜由乎天衢，则天下平和"。中间、南间、北间为三道。七曜即日月和五星。

(5) 日出入十二辰

《考灵曜》说:“春一日,日出卯,入酉,昴星一度中而昏,斗星十二度中而明。仲夏一日,日出寅,入戌,心星五度中而昏,营星十度中而明。秋一日,日出卯,入酉,须女四度中而昏,东井十一度而明;仲冬一日,日出辰,入申,奎星一度中而昏,氐星九度中而明;卯酉阴阳交会,日月至此为中道,万物盛衰出入之所,故号二八之门,以当二八月也。”又说:“仲春仲秋日出于卯,入于西(酉)。仲夏日出于寅,入于戌。仲冬日出于辰,入于申。”

(6) 星辰四游

《考灵曜》说:“春则星辰西游,夏则星辰北游,秋则星辰东游,东则星辰南游。”

5 日光、日景、日蚀

(1) 日光

《考灵曜》说:“日有九光,光照四极”,“日光隆照,四十万六千里”。又说:“日照四极九光,东日日中,南日日永,西日宵中,北日日短,光照四十四万六千里。”

(2) 日景

《考灵曜》说:“日永景一尺五寸,日短景尺三寸,日景于地千里而差一寸。”郑氏注:“日之行,冬至之后渐差向南,日差大分六、小分四。大分六者,分一寸为十分。小分四者,分一寸为十分。一寸千里,则差六百四十里。”又说:“夏至之景尺有五寸,谓之地中。”

(3) 日蚀

《琁机钤》说:“北斗第一星变色,数赤不明,七日内日蚀。”又说:“北斗第一星变色,微赤不明,六日而日蚀。”

6 五星,五行(精)

《考灵曜》说:“岁星木精,荧惑火精,填星土精,太白金精,辰星水精也。”《帝命验》说“土者金之父也”，是土生金。

三　历法及大地

1　历法

(1) 年三百六十五日四分日之一日；日三十六顷；月二十九日余

《考灵曜》说：“周天三百六十五度四分度之一而日，日行一度，则一期三百六十五日四分日之一。”期，年。又说：“分周天为三十六顷，顷有十度九十六分度之十四，长日分于寅，行二十四顷；入于戌，行十二顷，短日分于辰，行十二顷；入于申，行二十四顷。”地球自转一周为一日，故此周天为地球自转一周，而非所谓三百六十五度四分度之一之周天；既以地球自转一周为周天，则分三十六顷，顷有十度九十六分度之十四。长日昼自寅始，行二十四顷；夜自戌始，行十二顷。短日昼自辰始，行十二顷；夜自申始，行二十四顷。《考灵曜》又说：“凡九百四十分为一日，二十九日与四百九十九分为月。”月二十九日余，所余者以九百四十分为一日，则得四百九十九分，是半日略多。又说：“日入三刻为昏，不尽三刻为明”，“当日则光盈，近日则明近”。

(2) 四时

岁分春夏秋冬四时，上已有所涉及。《考灵曜》又说：“鸟星为春候，火星为夏期，专阳相助，同精感符。虚星为秋候，昴星为冬期，阴气相佐，德乃弗邪，子助母收，母合子符。”注：“虚星，北方宿也。昴星，西方宿也。阴称母也。”

(3) 冬至

冬至为岁始。《考灵曜》说：“冬至，日月在牵牛一度，求昏中者取六顷，加三旁蠡顺除之。”郑氏注：“尽行十二顷，中正而分之，左右各六顷也。蠡，犹罗也。昏中在日前，故言顺数也。明中在日后，故言却也。”又说：“斗三十二度无余分。冬至在牵牛所起。”又说：“天地开辟，曜满舒光，元历纪名，日月首甲子，冬至日月五星俱起牵牛初，日月若悬璧，仰观天形如车盖，五星若编珠，青龙甲子摄提格，孳。”注：“青龙，岁也。岁在寅曰摄提格，孳犹生也。”

(4) 二十四气，十二月

《尚书纬》说：“北斗居天之中，当昆仑之上，运转所指，随二十四气，正十二辰，建十二月。”

(5) 建用皇极

《考灵曜》说：“建用皇极。”宋均注：“建，立也。皇，大。极，天也。皇极，大中也。”又说：“日合天统，月合地统。”《汉书·律历志》说：“三辰之合于三统也，日合于天统，月合于地统，斗合于人统。”

(6) 测量

《考灵曜》说：“分寸之晷，代天气生以制方员，方员以成，参以规矩，昏明主时，乃命中星，观玉仪之游。”晷，日晷；方员，器形；中星，二十八宿运行于天之中者，或七宿居中者。又说：“玉仪之制，昏明主时。”郑氏注：“以玉为浑仪，故曰玉仪。昏明主时，为昼夜漏刻。”又说：“昼夜漏三十六顷。”昼夜漏百刻，每刻仍大略相当现代十五分钟。昼夜长短不同，各占刻数不同。天之昼夜以日出入为分，人之昼夜以昏明为限。日未出前二刻半为明，日入后二刻半为昏。《尚书纬》说：“刻为商”，《毛诗正义·东方未明》疏：“郑作《士昏礼目录》云：‘日入三刻为昏’，举全数以言耳。其实日见之前、日入之后，距昏明各有二刻半。”

2 大地

(1) 天圆地方

《考灵曜》说：“天从上临下八万里，天以圆覆，地以方载。”

(2) 地有四游

《考灵曜》说:"地有四游,冬至地上,北而西三万里;夏至地下,南而东复三万里;春秋二分,则其中矣。"又说:"地与星辰四游,升降于三万里之中。"郑氏注:"地盖厚三万里,春分之时地正当中。自此,地渐渐而下。至夏至之时,地下游万五千里,地之上畔与天中平。夏至之后,地渐渐向上,至秋分,地正当天之中央。自此,地渐渐而上,至冬至,上游万五千里,地之下畔与天中平,自冬至后,地渐渐而下。"

(3) 地恒动不止

《考灵曜》说:"地恒动不止,人不知,譬如人在大舟,中闭牖而坐,舟行而人不觉也。"

(4) 四海

《考灵曜》说:"七戎六蛮,九夷八狄,形类不同,总而言之,谓之四海,言皆近海,海之言,昏晦无所睹也。"

四 传说历史

1 五帝三王

《刑德放》说:"帝者,天号也。王者,人称也。天有五帝以立名,人有三王以正度。天子,爵称也。皇者,煌煌也。"以帝属天,天有五帝;人世三王,或称三皇。三皇或指伏羲、神农、燧人,或指伏羲、女娲、神农;有时甚至指天皇、地皇、人皇。后来,人王亦称帝,有所谓五帝,曰黄帝、颛顼、帝喾、尧、舜。

2 尧

《刑德放》说:"尧知命,表稷、契,赐姓子、姬。"《尚书纬》说:"初,尧在位七十载矣,见丹朱之不肖,不足以嗣天下,乃求贤以巽于位，至梦长人见而论治。"《琁机钤》说："禅让之首，至周五代，一意故耳。"《尚书纬》说："禅者，除地为墠。"

3 舜

《帝命验》说："姚氏纵华感枢。"注："纵，生也。舜母握登感枢星，生舜重华。枢，如虹也。"又说："虞舜，圣。在侧陋，光曜显都，握石椎，怀神珠。"注："椎，读曰锤；神珠，喻圣性。"又说："西王母于大荒之国得益地图，慕舜德，远来献之。"

4 西王母

《帝命验》说："王母之国在西荒，凡得道授书者，皆朝王母于昆仑之阙。"

5 禹

《刑德放》说："禹姓姒氏，祖昌意以薏苡生。"《帝命验》说："禹白帝精，以星感修纪，山行见流星贯昴，意感栗然，生姒戎，文命禹。"注："星，金精。栗然，感貌。姒，禹氏，禹生戎地，一名文命。"又说"有人大口，两耳参漏，足文履已，首戴钩钤，胸怀玉斗，分别九州，随山浚川，任土作贡"，是禹也。《刑德放》说："禹长于地理，水泉九州，得括地象图，故尧以为司空。"《琁机钤》说："禹开龙门，导积石，决岷山，治九贡。"又说："禹开龙门，导积石，玄圭出，刻曰：延喜玉受德，天赐佩。"

6 夏桀

《帝命验》说："桀无道，夏出霜。"又说："夏桀无道，杀关龙逢、绝灭皇图，坏乱历纪，残贼天下，贤人逃遁，淫色嫚易，不事祖宗。"又说："桀失其玉镜，用其噬虎。"郑玄注："玉镜喻清明之道，噬虎喻暴虐之风。"

7 殷

《刑德放》说:“殷姓子氏,祖以玄鸟子生也。”

8 姬周

《刑德放》说:“周姓姬氏,祖以履大人迹生也。”

9 姜太公

《中候》说:“太公钓于磻溪,夜梦北斗神告以代纣之章。”

10 武王灭商

《帝命验》说:“太子发渡河,中流,火流为乌,其色赤。”郑氏注:“以鱼燎于天,有火自上复下,至于王屋,流为乌。”《琁机钤》说:“火者阳也”,火赤。

11 周穆王、厉王

《刑德放》说:“周穆王以吕侯为相。”《尚书纬》说:“艳妻为厉王之妻。”

五 受图受命

《尚书纬》说:“三皇无文字。”《琁机钤》说:“三皇百世,计神玄书,五帝之世受箓图。”所谓“三皇百世,计神玄书”,应该还是“无文字”的意思,只是到五帝时情况不同了,应该是有文字了。所谓箓图,应该是有文字符号的。所谓箓,来源于录。甲骨文、金文里都有“录”字,是个象声字,与水有关,象辘轳从井里打水的声音。声音历历,故又演变为一一可数之意,进一步有记录之意。最早的记录每刻在木头上,所以叫木录。《说文》说:“录,刻木录录也。”既然可以刻在木头上,当然也可以刻在竹片上,这大概是所谓箓的起源。当然也可以刻在金属青铜上,因而又有所谓录(録)。总之都是记录的意思。后来所谓绿是指颜色，但不能排除当初有记录在丝帛上的意思，故绿又指符箓。至于所谓碌，则无记录在石之意，象声，回到录最初的本意上去了。所谓箓，后来专指符命。总之强调其神秘性。《璇机钤》所谓箓图，强调其包含文字符号，故用来与计神玄书相对。作为符命的箓图，经常出于黄河，故又称为《河图》。《尚书》早有《河图》之说，《璇机钤》又说："《河图》，命纪也。图天地帝王始终存亡之期，录代之矩。使帝王受命。"似乎认为《河图》也涉及天帝始终存亡之期，其实《河图》主要指人世帝王。由于《河图》是符录，加上每绿底赤字，故又称绿图。

受图即受命。受命即位，《帝命验》说："自三皇以下，天命未去，飨善。使一姓不再命。"又说："天道无适莫，常传其贤者。"或受命从事，如禹受命治水。但受命不皆有图，也可以有其他方式，如姬昌受丹书玉璜之类。历来情况如下。

1 黄帝

《璇机钤》说："五帝出，受箓图，帝喾以上朴略难传，唐虞以来，焕炳可法。"《中候》说："黄帝东巡至洛，龟书成赤文以授轩辕。"轩辕即黄帝。

2 唐尧

《考灵曜》说："五百载圣纪符，四千五百六十岁，精反初，握命人起，河出图，圣受思。"郑氏注："圣谓尧也。天握命人当起者，河乃出图，尧受而思之，以受历数也。"《中候苗兴》说："尧受图书"，《中候立象》说："尧得图书。"具体记载，《中候握河纪》说："尧率群臣，东沉璧于洛，退候于下稷，赤光起，元龟负书出，背甲赤文成字，止坛。又沉璧于河，黑龟出，赤文题。"又说："修坛河洛，仲月辛日，礼备，至于日稷，荣光出河，休气四塞，白云起，回风摇，龙马衔甲，赤文绿地，临坛止霁，吐甲图而蹲。”又说：“尧受《河图》，帝立坛，磬折西向。伯禹进迎，舜、契陪位，稷辨护。”《琁机钤》说：“用吾道述尧理代，平制礼，放唐之文，化洽作乐名斯在。”

3 虞舜

《中候考河命》说：“舜沉璧于河，至于下稷，荣光休至，黄龙负卷，舒图出水，坛畔，赤文绿错。”《帝命验》说：“舜受命，蓂荚孳。”又说：“舜受终，赤凤来仪。”

4 禹

《中候握河纪》说：“尧使禹治水，禹辞：天地重功，帝钦择人。帝曰：出尔命，图示乃天。伯禹曰：臣观河有白面长人鱼身出，曰：吾河精也。表曰：文命治淫水，授臣《河图》。蹲入渊。伯禹拜辞。”

5 成汤

《中候洛予命》说：“天乙在亳，东观于洛，黄鱼双跃，出济于坛。黑鸟以洛，随鱼示上，化为黑玉，赤勒曰：玄精天乙受神福，命之子伐桀命克，子商灭夏天下服。”《琁机钤》说：“汤受金符帝箓，白狼衔钩，入殷朝。”商尚白。

6 姬昌

受命不必在河洛。《中候我应》说：“文王如丰，将伐崇，受赤乌。”又说：“周文王为西伯，季秋之月，甲子，赤雀衔丹书入丰镐，止于昌户。乃拜。稽首受。最曰：姬昌苍帝子，亡殷者纣也。”《帝命验》说：“季秋之月甲子，赤雀衔丹书入于酆，止于昌户，其书云：敬胜怠者吉，怠胜敬者灭，义胜欲者从，欲胜义者凶，凡事不强则枉，不敬则不正，枉者废灭，敬者万世，以仁得之，以仁守之，其量百世。以不仁得之，不仁守之，不及其世。”《中候洛师谋》说：“王即回驾水畔，至磻溪之水，吕尚钓其涯，王下趋，拜曰：望公七年矣，乃今见，光景如斯。尚立,变名答曰:望钓于渭滨,鱼腹得玉璜,刻曰:姬受命,吕佐。旌德合,昌来提撰尔,洛钤报在齐。"《帝命验》说:"季秋之月甲子,赤雀衔丹书入酆,止昌户,昌拜稽首。至于磻溪之水,吕尚钓涯,王下趣,拜,曰:公望七年,乃今见光景于斯,答曰:望钓得玉璜,刻曰姬受命,吕佐旌。遂置车左,王躬执驱,号曰师尚父。"又说:"季秋之月甲子,赤雀衔丹书止于昌户,民逾山穿穴,老幼相扶,归者八十万户。"

7 武王

《中候洛师谋》说:"渡于孟津,太子发升于舟,中流受文,命待天谋。白鱼跃入王舟。王俯取鱼,鱼长三尺,赤文有字。题目下名。授右曰:姬发遵昌。授右之下犹有一百二十余字。王维退写,成以二十字。鱼文消。"《琁机钤》说:"武得兵钤,谋东观。白鱼入舟,俯取鱼以燎也。"(据《文选·封禅文》注正)又说:"八百诸侯,顺同不谋,鱼者视用,无足翼从,欲纣如鱼乃诛。"(《仪礼·有司彻》疏引作"鱼无足翼,纣如鱼,乃诛之"。)顺同不谋,即不谋而合。《中候洛师谋》说:"武王观于河洛,沉璧礼毕,且退。至于日昧,荣光并塞。河沉璧,青云浮洛,赤龙临坛,衔玄甲之图,吐之而去。"

8 周公、成王

武王卒,周公摄政,营洛邑,曰成周,七年还政成王。《中候擿洛戒》说:"周公践阼理政,与天合志,万序咸得,休气充塞,藩臣陪位,群公皆就立如舜,周公差应,沉璧于河,至于日昃。荣光泊河,白云起。青云浮至,青龙仰。玄甲临坛,上济图滞。周公视三公视其文,言周世之事,五百之戒与秦汉事。"《中候擿洛戒》又说:"成王观于洛,沉璧,礼毕。王退。有玄龟青纯苍光,背甲刻玉,上跻于坛。赤文成字。援笔以写之。"

9 秦

《中候觊期》说："维天降纪，秦伯出，狩于咸阳，天震大雷，有火流下，化为白雀衔录丹书集于公车，曰秦伯霸也。"《考灵曜》说："赵王政以百璧沉河，有黑公从河出，谓政曰：'祖龙来，授天宝，开，中有尺二玉牍。'"

10 汉

《考灵曜》说："卯金出轸，握命孔符。《河图》子提期，地留赤用藏，龙吐珠也。"郑氏注："卯金，刘字之别。轸，楚分野之星，符，图书。刘所握天命，孔子制图书。《河图》子，刘氏而提起也。藏，秘也。珠，宝物，喻道也。赤汉当用天之秘道，故河龙吐之。"《琁机钤》说："有帝汉出德洽，作乐名予。"

六 瑞应

《尚书》纬多言瑞应，瑞应有天象，有玉圭，有五灵，有朱草嘉禾、甘露醴泉。《考灵曜》说："帝起受终，五纬合轸。"《尚书纬》所谓"五灵"，赵在翰注："《左氏叙》：'麟凤五灵，王者之嘉瑞。'正义云：'麟、凤、龟、龙、白虎为五灵。其五灵之文，出《尚书纬》。'"[①]《中候》说："(齐)桓公欲封泰山，管仲曰：今比目之鱼，凤凰麒麟不至，未可封也。"《考灵曜》说："灾谓土不稼穑。晚熟曰稚，诗曰：植稚菽麦。五政谓四时及季夏之政也。通天文者明，审地理者昌。明者，天之时也；昌者，地之财也。明王之治，凤凰下之。"《中候》说："凤凰巢阿阁，欢树。"

历来情况，《中候》说："尧即位七十年，景星出翼，凤凰止庭。"

---

① 赵在翰：《七纬》，中华书局，2012年版，第233页。

郑玄注:"景,大也,明也,翼,朱鸟宿也。"《中候握河纪》说:"帝尧即政七十载,景云出翼,凤凰止庭,朱草生郊,嘉禾孳连,甘露润液,醴泉出山。"《中候》说:"禹治水,天赐玄珪,告厥成功也。"又说:"文武成德,俊乂在官,朱草生郊。"又说:"太子发以纣存三仁附,即位不称王。渡于孟津中流,受文命,待天谋。白鱼跃入王舟,王俯取,鱼长三尺,赤文有字,题目下名授右。有火自天出于王屋,流为赤乌,五至以谷俱来。"郑玄注:"三仁,箕子、比干、微子也。右,助也,天告以伐纣之意,是其助也。流,行也。五至犹五来。"《璇机钤》说:"乌有孝名,武王卒父业,故乌瑞臻。赤者,周之正色也。"又说:"乌以谷俱来","谷记后稷之德"。《诗·思文》疏:"稷好农稼,今乌衔谷,故云记之也。"《中候擿洛戒》说:"曰若稽古,周公旦钦。惟皇天,顺践阼,即摄七年,归政于成王,太平制礼作乐而治,鸾凤见,蓂荚生,嘉禾茎长五尺,三十五穗。"

七 天人之际

1 日月五星

《考灵曜》说:"天失日月,遗其珠囊。"注:"珠,五星也。遗囊者,盈缩失度也。"又说:"岁星得度,五谷孳;荧惑顺行,甘雨时;填星得度,地无灾;太白出入,当五谷成熟,人民昌。太白经天,水决江。"

2 春夏秋冬帝行

帝宫在房、心,《尚书纬》说:"东方春,龙房位。"《考灵曜》说:"心,火星,天王也。其前星太子,后星庶子也。"又有所谓三公,《尚书纬》说:"三公,司徒、司马、司空也。"《刑德放》说:"稷为司马,契为司徒,禹为司空,圣帝即位,三公象三能矣。"

《尚书纬》说："东方春，龙房位，其规仁，好生不贼。"注："五灵东方曰苍龙，五均东曰规，五性曰仁也。"又说："其帝青，表圣明，行趋德。"注："表德也。春好生，故曰德。"《考灵曜》说："春佩苍璧，乘苍马以出游，发令于外，春行仁政，顺天之常，以安国也。"注："苍佩玉，以象德也。"又说："西方秋虎，秋纪太白，是谓大武，用时治兵得功；气在于冬，其纪辰星，是谓阴明。"又说："春发令于外，行仁政，从天常，其时衣青；夏可以毁金，销铜，使备火，敬天之明，其时衣赤；中央土，举有道之人，与之虑国，可以杀罪，不可起土功，犯地之常，其时衣黄；秋无悔金铜，犯阴之刚，用其时持兵，宜杀猛兽，其时衣白；冬无使物不臧，毋害水道，与气相报，其时衣黑。"又说："时五纪，气在于春纪，可以观农桑，禁斩伐，以安国家，如是则岁星得度，五谷滋矣；政失于春，星不居其常。"又说："岁星为规，荧惑为矩，填星为绳，太白为衡，辰星为权，权衡规矩绳，并皆有所起，周而复始，故政失于春，岁星满偃，不居其常；政失于夏，荧惑逆行，政失于季夏，填星失度；政失于秋，太白失行，出入不当；政失于冬，辰星不效其乡。五政俱失，五星不明，年谷不登。春政不失，五谷孳；夏政不失，甘雨时；季夏政不失，地无灾；秋政不失，人民昌；冬政不失，少疾丧。五政不失，百谷稚熟，日月光明。此则日月五星，共为七政之道，亦名七耀，以其星光耀连行也。"又说："气在初夏，其纪荧惑，是谓发气之阳，可以毁销金铜，与气同光，使民备火，皆盛以瓮，是谓敬天之明，必勿行武，与夏季相辅。初是夏之时，衣赤，与季夏同期，如是则荧惑顺行，甘雨时矣。气在于季夏，其纪瑱星，是谓大静，无立兵，立兵命曰犯命。夺人一亩，赏以千金，杀人不当，赏以长子，不可起土功，是谓犯之常、灭德之光；可以居正殿安处，举有道之人，与之虑国人以顺式，时利以布大德，修礼义；不可以行武事，可以赦罪人，与德相应，其礼衣黄，是谓顺阳阴，奉天之常也。

如是则填星得度，其地无灾。”

《尚书纬》说：“春夏相与交，秋冬相与互，谓之母成子，子助母。”

3 象天之刑

《刑德放》说：“皋陶典刑，不表姓，言天任德远刑。”又说：“大辟之属二百，象天之刑”；“劓属千象七政，日月五星，应政变易；髌象七精宿变易，即气色生也”；“涿鹿者，竿人头也”；“黥者，马羁竿人面也；髌者，脱去人之髌也，髌法之属五百，象七精；宫者，女子淫乱，执置宫中，不得出也；割者，丈夫淫，割其势也。”郑玄注：“涿鹿、黥，皆先刺刀芒伤，入墨布其中，故后世谓之墨土民也；七宿，昏中变易节气之精也。”又说：“当赦而不赦，月为之蚀。”又说：“五刑当轻反重，虐酷忽，月蚀消既。行失绳墨，大水淫，枯旱，其救之也，惟敬五刑，以成三德。”又说：“大辟象天刑，罚赎之数三千，应天地人。”

4 帝亡之象

《考灵曜》说：“黑帝亡，二日并照”；“黑帝亡，狼弧张也。”又说：“荧惑反明，白帝亡。”《运期受》说：“白帝之治六十四世，其亡也，枉矢射参。”又说：“仓帝亡也，大乱，彗东出；黄帝亡也，黄星坠；赤帝亡也，五郡陷；白帝亡也，五残出。”《尚书纬》说：“黄帝将亡，则地裂。”又说：“枉矢流，天射王。”

5 其他异象

《尚书纬》说：“栋星亡，罪深重诛。”栋星，大角星。《琁机钤》说：“鬼哭山鸣。”郑氏注：“鬼哭，诛无辜也；山鸣，听不聪之异也。”《考灵曜》说：“流星色青，赤地雁，其所坠处，兵起；青赤天雁，军甲之精华也。”又说：“王良策马，狼狐张，咄咀害，血将将。”

6 尊天重象

《帝命验》说："帝者承天，立五府以尊天重象。五府，五帝之庙，苍曰灵府；赤曰文祖；黄曰神斗；白曰显纪；黑曰玄矩。唐虞谓之五府，夏谓世室，殷谓重屋，周谓明堂，皆祀五帝之所也。"《尚书》纬说："天子社，东方青，南方赤，西方白，北方黑，上冒以黄土。将封诸侯，各取方土，苴以白茅，以为社。"《考灵曜》说："微式出冥，惟审其形。"

八 谶言

《运期授》说："《河图》曰：'仓帝之治八百二十岁，立戊午蔀。'"注："周文王以戊午蔀二十九年受命。"《考灵曜》说："秦失金镜，鱼目入珠。"宋均注："金镜，喻明道也。鱼目入珠，言伪乱真也。庄襄王纳不韦之妻，生始皇也。"《帝命验》说："天鼓动，玉弩发，天下惊。"注："秦有枉矢西流，枉矢即弩星也，兵精主，天下见之而惊，西流，秦灭也。"又说："贱类出，高将下。"注："贱类，谓秦始皇也。吕不韦之妻任身，而秦襄王纳之，生始皇，高谓丞相赵高也。始皇出，赵高下，言天生之也。贱或为贼。"

《帝命验》说："贼起蜚，卯生虎。"注："贼起蜚，始皇立也。卯，刘字之别也。皇立而刘生虎，仁号高祖。"又说："有人雄起，戴玉英，履赤茅，析旦失籥，亡其金虎。"郑玄注："赤矛，瑞星名；析，白也，谓之秦也。旦失籥，户将开；金虎，兽之长，喻于秦君。"又说："东南纷纷注精起，昌光出轸，已图之。"注："纷纷，动扰之貌。注星之精起，谓刘氏也。谓火星当起翼轸之野。"

第五章 《诗》纬

诗起源很早。郑玄《诗谱序》说，神农黄帝时代是否有诗，不见典籍记载；《尚书·尧典》明确言诗，但很难以为初始在此。后来文献确实记载了不少远古诗歌。殷商以来至春秋中叶诗歌，在孔子时代编为诗三百，典礼合乐外，多用于列国外交应对。此时已有不少解说研究，这些解说研究，后来形成家法流派。历战国至汉初，先是有鲁国申培所传《鲁诗》、齐国辕固生所传《齐诗》、韩国韩婴所传《韩诗》，所谓三家诗；后来又得见鲁国人毛亨所传诗，此经赵国人毛苌再传，史称《毛诗》。三家诗西汉影响很大，皆立于学官，西汉末年刘歆表彰《毛诗》，亦得立于学官。《毛诗》经东汉末郑玄笺注，终取三家诗而代之，通行于今。三家诗魏晋以来逐渐亡佚，南宋至清代以来，颇辑遗佚。

《齐诗》亡佚最早，一般认为，它们在《诗》纬里仍有保留。这当然不是说《诗》纬里就没有其他思想。《诗》纬篇章不富，大约有《含神雾》《泛历枢》《推度灾》诸篇，具体篇名不详者，通称《诗纬》，此从之。

一 天地圣人王者

1 天地

《含神雾》说："天地东西二亿三万三千里，南北二亿一千五百里，天地相去一亿五万里。"《推度灾》说："上清下浊，号曰天地。"《含神雾》说："天不足西北，无有阴阳；故有龙衔火精，以照天门中也。”又说：“阳气终，白露为霜。”宋均注：“白露，行露也。阳终，阴用事，故曰白露凝为霜也。”

2 圣人王者出生

《含神雾》说：“大迹出雷泽，华胥履之，生庖羲。”宋均注：“雷泽，泽名。华胥，伏羲母。”又说：“大电光绕北斗枢星，照郊野，感附宝而生黄帝。”又说：“瑶光如蜺贯月，正白，感女枢，生颛顼。”注：“星光如虹蜺，往贯月也。”又说：“庆都与赤龙合婚，生赤帝伊祈，尧也。”又说：“握登见大虹，意感而生舜于姚墟。”又说：“大禹之兴，黑风会纪。”注：“黑，力黑；风，风后，皆黄帝臣。禹，伯禹，当其至也。”又说：“汤之先为契，无父而生。契母与姊妹浴于玄邱水，有燕衔卵堕之，契母得，故含之，误吞之，即生契。”又说：“汤母扶都见白气贯月，意感而生汤。”又说：“太任梦长人感己，生文王。”又说：“执嘉妻含始生刘季。”又说：“含始吞赤珠，刻曰：玉英，生汉皇。后赤龙感女媪，刘季兴也。”注：“刻，刻镂也，有玉英之文也。”

3 嘉瑞

《含神雾》说：“五纬合，王更纪。”《诗纬》说：“五纬聚房，为义者受福，行恶者亡。”又说：“天下和同，天瑞降，地符升。”《含神雾》说：“尧时嘉禾七茎，连三十五穗。”又说：“王者德化充塞，照洞八冥，则鸾臻。”

4 王者受命，封禅

《泛历枢》说：“王者受命必先祭天，乃行王事。《诗》曰：‘济济辟王，左右奉璋’，此文王之郊也。”《含神雾》说：“圣人受命必顺斗，张握命图，授汉宝。”宋均注：“圣人谓高祖也，受大命而王，必顺旋衡法，故张良受兵钤之图命以授汉为珍宝也。”《含神雾》说：“五岳视三公，岱宗为之长，封禅往焉。”

二 五行神，干支，王者布德制法

1 五行神

《诗纬》说："木神则仁，金神则义，火神则礼，水神则信，土神则智。"《含神雾》说："木之精。"

2 十干

甲，《推度灾》说："甲者押也。春则开也，冬则阖也。"《泛历枢》说："甲，押者也。春则闿，冬则阖，春下种，秋藏谷，万物权舆出萌。"乙，《推度灾》说："乙，抽也。"陈乔枞《诗纬集证》："乙者抽也，是《推度灾》文。《文选》陆士衡《文赋》'思乙乙其若抽'注云：'乙，抽也。'与《诗》纬义同。"又说："乙者，轧也。"注："春时万物皆解孚甲，自抽轧而出也。"丙，《推度灾》说："丙者，柄也。"宋均注："物之生长，各执其柄。"丁，《推度灾》说："丁者，亭也。"注："亭犹止也，物之生长，将应止也。"戊，《推度灾》说："戊者，贸也。"注："生长既极，极则应贸易前体也。"《泛历枢》说："戊者贸也。阴贸阳，柔变刚也。"己，《推度灾》说："己者，纪也。"注："物既始成，有条纪也。"《泛历枢》说："己者纪也，阴阳造化，臣子成道。"庚、辛，《推度灾》说："庚者更也，辛者新也。"注："谓万物成代，更改复新。"《泛历枢》说："庚者更也，阴代阳也。辛者新也，万物成熟，始尝新也。"壬、癸，《推度灾》说："壬者任也，癸者揆也。"注："阴任于阳，揆然萌芽于物也。"《泛历枢》说："壬者任也，阴任事于上，阳任事于下，阴为政，民不与；阳持为政，王天下，故其立字，壬似土也"，"揆者揆也，度息阳持法者则也；度阴当消灭时，可施法则者"。

3 十二支

子，《推度灾》说："子者孳也。"注："阳气既动，万物孳萌。"《泛历枢》说:“子者孳也。天地台郁,万物蕃孳,上下接体,天下治也。”丑,《推度灾》说:“丑者纽也。”注:“纽者系也,续萌而系长也。故曰孳萌于子,纽牙于丑。”《泛历枢》说:“丑者好也。阳施气,阴受道,阳好阴,阴好阳,刚柔相好,品物厚,制礼作乐,道文明也。”寅,《推度灾》说:“寅者移也。”注:“物牙稍吐,引而申之,移出于地也。”《泛历枢》说:“寅者移也。阳气动从内戏,盍民执功,天兵修。”卯,《推度灾》说:“卯者,冒也。”注:“物生长大,覆冒于地也。”《泛历枢》说:“卯者,冒也。阴质阳。”辰,《推度灾》说:“辰者,震也。”注:“震动奋迅,去其故体也。”《泛历枢》说:“辰者震也,雷电起,而万物震。”巳,《推度灾》说:“巳者,已也。”注:“故体洗去,于是已竟也。”《泛历枢》说:“巳者已也,阳气已出,阴气已藏,万物出,成文章。”午,《推度灾》说:“午者仵也,亦云咢也。”注:“仲夏之月,万物盛大,枝柯咢布于午。”《泛历枢》说:“午,仵也。阳气极于上,阴气起于下,阴为政,时有武,故其立字,十在人下为午。”未,《推度灾》说:“未者,昧也。”注:“阴气已长,万物稍衰,暧昧也。故曰暧昧于未。”《泛历枢》说:“未者昧也,昧者盛也。”申,《推度灾》说:“申者,伸也。”注:“伸犹引也,长也,衰老引长。”酉,《推度灾》说:“酉者老也,亦云熟也。”注:“万物老极而成熟。”《泛历枢》说:“酉者老也,万物衰,枝叶槁。”戌,《推度灾》说:“戌者灭也,杀也。”注:“九月杀,极物皆灭也。”亥,《推度灾》说:“亥者核也,阂也。”注:“十月闭藏万物,皆入核阂。”《泛历枢》说:“亥者核也。”

4 王者布德制法

《推度灾》说:“王者布德于子,治成于丑。”又说:“庚者,更也。子者,滋也。圣人制法,天下治平。”赵在翰注:“此孔门弟子尊师之记也。天命元圣庚子日生,元圣作述,垂法万世,天下以治平焉。传《春秋》者,谨志圣人生卒年月。传《诗》者,谨推生日之义,应运之理。其文殊,其旨一也。”①

《推度灾》说:“如有继周而王者,虽百世可知。以前检后,文质相因,法度相改。三而复者,正朔也;二而复者,文质也。”《诗纬》说:“齐数好道,废义简礼。”宋均注:“简犹阙也。”《含神雾》说:“孔子歌云违山十里,蟪蛄之声,犹尚在耳。政尚静而恶哗也。”歌见刘向《说苑·政理》。

三　诗者持也,诗与天文、地理及乐

1　诗者持也

《含神雾》说:“孔子曰:诗者天地之心,君德之祖,百福之宗,万物之户也。刻之玉版,藏之金匮。”又说:“故诗者持也,上以风化下,下以风刺上,主文而谲谏,言之者无罪,闻之者足以戒。颂者,王道太平,功成治定而作也。治世之音温以裕,其政平;乱世之音怨以怒,其政乖;诗道然也。”

2　诗与天文

《推度灾》说:“邶,结蝓之宿;鄘,天汉之宿;卫,天宿斗衡;王,天宿箕斗;郑,天宿斗衡;魏,天宿牵牛;唐,天宿奎娄;秦,天宿白虎,气主玄武;陈,天宿大角;桧国,天宿招摇;曹,天宿张弧。”宋均注:“结蝓之宿,谓营宫室;天汉之宿,天津也。”又说:“月,三日成魄,八日成光。蟾蜍体就,穴鼻始萌。”宋均注:“穴,决也。乾决鼻,兔也。”

3　诗与地理及乐

《含神雾》说:“齐地处孟春之位,海岱之间,土地污泥,流之所

① 赵在翰:《七纬》,中华书局,2012年版,第237页。

归，利之所聚；律中太蔟，音中宫角。陈地处季春之位，土地平夷，无有山谷；律中姑洗，音中宫徵。曹地处季夏之位，土地劲急；音中徵，其声清以急。秦地处仲秋之位，男懦弱，女高臁，白色秀身；律中男吕，音中商，其言舌举而仰，声清以扬。唐地处孟冬之位，得常山太岳之风；音中羽，其地硗确而收，故其民俭而好畜，外急而内仁。此唐尧之所起。魏地处季冬之位，土地平夷。邶鄘卫王郑，此五国者，千里之城，处州之中，名曰地轴。”《泛历枢》说：“乐者非谓金石之声、管弦之鸣，谓阴阳和顺也。”

四　解《诗》，《诗》无达诂

1　解《诗》

《周南·关雎》，《推度灾》说：“《关雎》知原，冀得贤妃主八嫔。”注：“嫔，妇也。八嫔正于内，则可以化四方矣。”《召南·鹊巢》，《推度灾》说：“复之日，鹊始巢。”又说：“鹊以复至之月始作室家，鸤鸠因成事，天性如此也。”又说：“复之日，雉雊鸡乳。”《召南·驺虞》，《泛历枢》说：“彼茁者葭，一发五豝。孟春献肥，草短之后也。”《秦风·蒹葭》，《泛历枢》说：“《蒹葭》秋水，其思凉，犹秦西风之变乎。”《豳风·七月》，《泛历枢》说：“天霜，树落叶而鸿雁南飞。”又说：“立秋，促织鸣，女工急促之候。”又说：“蟋蟀在堂，流火西也。”

《小雅·采薇》云：“昔我往矣，杨柳依依，今我来思，雨雪霏霏。”《泛历枢》说：“梅柳惊春。”《小雅·十月之交》，《推度灾》说：“十月之交，气之相交，周十月，夏之八月。”李大瑛注：“周幽王六年乙丑建酉之月，辛卯朔，辰时，日食。是此言周正十月为酉月，非亥月也。”[①]又说：“及其食也，君弱臣强，故天垂象以见征。辛者，正

① 赵在翰：《七纬》，中华书局，2012年版，第239页。

秋之王气。卯者，正春之臣位。日为君，辰为臣，八月之日，交卯食辛矣。辛之为君，幼弱而不明，卯之为臣，秉权而为政，故辛之言新，阴气盛而阳微生，其君幼弱而任卯臣也。”又说：“百川沸腾众阴进，山冢崒崩人无仰。高岸为谷贤者退，深谷为陵小临大。”

《大雅·灵台》云：“经始灵台，经之营之。”《泛历枢》说：“灵台，候天意也。经始灵台，天下附也。”《含神雾》说：“作邑于丰，起灵台。”《大雅·生民》云：“诞置之隘巷。”《泛历枢》说：“羊牛来暮。”

《周颂·敬之》云：“佛时仔肩，示我显德行。”《泛历枢》说：“圣人事明义著，以炤耀其所闇，故民不陷，诗云：‘示我显德行。’”

2 《诗》无达诂

《泛历枢》说：“《诗》无达诂，《易》无达言（占），《春秋》无达辞。”董仲舒《春秋繁露·精华》说：“所闻《诗》无达诂，《易》无达占，《春秋》无达辞。”

五 诗三期，四始，五际

1 阳生酉仲，阴生戌仲

《推度灾》说：“阳生酉仲，阴生戌仲。”十二支值十二月，月分孟仲季，是酉仲八月中，戌仲九月中。又说：“阳本为雄，阴本为雌，物本为魂。”宋均注：“本即原也。变阴阳为雌、雄，魂也，亦言未有形也。皆无兆朕，故谓之气。”又说：“雄生八月仲节，号曰太初，行三节。”宋均注：“节犹气也，太初者，气之始也。必知生八月仲者，据此时荠麦生以为验也。阳生物行三节者，须雌俱行，物乃著也。”陈乔枞《诗纬集证》注：“此三节在一月中，则节各十日，行三节者，由八月仲节而至九月仲节也。”《推度灾》又说：“雌生九月仲节，号曰太始，雄雌俱行三节”，“俱行起自戌仲至亥”。又说：“雄雌俱行三节，而雄合物魂，号曰太素，三气未分别，号曰浑沦。”

2 诗三期

《泛历枢》云：“凡推其数，皆从亥之仲起，此天地所定位，阴阳气周而复始，万物死而复苏，大统之始，故王命一节为之十岁也。”以十二支值三百六十年，每支三十年，每支分孟仲季，各十年。起亥之仲。《后汉书·郎𫖮传》说：“汉兴以来三百三十九岁，于诗三期，高祖起亥仲二年，今在戌仲十年”，“戌仲已竟，来年入季”。是高祖元年即亥仲二年，高祖九年亥仲终；高祖十年至惠帝七年为亥季。高后元年至文帝二年为子孟，文帝三年至十二年为子仲，文帝十三年至后元六年为子季。至安帝延光三年至顺帝阳嘉二年，为戌仲十年。戌仲终而戌季起，接着而亥孟，而亥仲，开始新一轮。

3 四始五际

《含神雾》说，《诗》“集微揆著，上统元皇，下叙四始，罗列五际”。《泛历枢》说：“《大明》在亥，水始也；《四牡》在寅，木始也；《嘉鱼》在巳，火始也；《鸿雁》在申，金始也。”按五行，子水，故亥为水始；卯木，故寅为木始；午火，故巳为水始；酉金，故申为金始。重要的是，这里把诗和亥、寅、巳、申配搭起来，所谓《大明》在亥，《四牡》在寅，《嘉鱼》在巳，《鸿雁》在申。不仅如此，《泛历枢》又将卯、酉、午和诗配搭起来，云：“卯，《天保》也；酉，《祈父》也；午，《采芑》也。”如一统排列，则是亥《大明》，寅《四牡》，卯《天保》，巳《嘉鱼》，午《采芑》，申《鸿雁》，酉《祈父》。其中《大明》属大雅，写文王有明德，天复命于武王。其他皆属小雅。《四牡》，写文王时使臣归来而劳之。《天保》，写臣下作诗，歌君之美。《嘉鱼》，写周公成王时，君子乐与在野有贤德者共立于朝。《采芑》，写宣王南征。《鸿雁》，写宣王起兴，安集众民。《祈父》，批评宣王用祈父不得其人。

《泛历枢》说："建四始五际而八节通，卯酉之际为革正，午亥之际为革命，神在天门，出入候听。"又说："亥为革命，一际也。亥又为天门，出入候听，二际也。卯为阴阳交际，三际也。午为阳谢阴兴，四际也。酉为阴盛阳微，五际也。"亥涉二际，历来不无困惑，因为总共只有四际。《齐诗内传》说："五际，卯、酉、午、戌、亥也，阴阳终始际会之岁，于此则有变改之政。"可见戌为一际。《泛历枢》说："亥，《大明》也。然则亥为革命，一际也。"是诗与五际配搭。上述《泛历枢》同时已将卯、午、酉与诗配搭。与戌际对应诗，清代迮鹤寿《齐诗翼氏学》据翼奉说定为小雅《十月之交》。是著诗分八部，将大、小雅诗一百十一篇与五际配搭，成一系统，循环不已。

《诗》纬本出西汉末，后来颇有人将四始五际说与所谓诗三期相联系，以论高祖以来历史。

六 天庭北斗，星宿所主

《含神雾》说："北极天皇大帝，其精生人。"宋均注："称皇者，皆得天皇之气也。"又说："紫宫主出度。"又说："五精，星坐。其东，仓帝坐，神名灵威仰，精谓青龙之类是也。"又说："七政：天斗上，一星天位，二主地，三主火，四主水，五主土，六主木，七主金。"又说："杓为天狱，主天杀。"《泛历枢》说："贱人牢，一曰天狱。"《诗纬》说："枪三星，棓五星，在斗杓左右，主枪人棓人。"又说："司命执刑行罚。"

《含神雾》说："荧惑司实。"又说："荧惑，司过也。"《推度灾》说："黄龙在内，正土职也。一曰陈陵，一名权星，主雷雨之神。"《泛历枢》说："大角为天栋，正纪纲。一曰大角为火，以其赤明也。"又说："大角一曰帝筵，成统理。"又说："房为天马，主车驾。"宋均注："房既近心，为明堂，又别为天府及天驷也。"又说："箕为天口，主出气。

尾为逃臣，贤者叛，十二诸侯列于庭。”李大瑛注：“十二诸侯属女宿。”[①]又说：“织女内正纪纲。”又说：“参为大辰，霸者持正咸席之覆。”又说：“狼星为野将”，郑氏注：“狼星主羊”，宋均注：“狼星为羊角。”《含神雾》说：“四角主，张。”

《含神雾》说：“日月扬光者，人君之象也；风云列势者，将帅之气也，声容具之。”《推度灾》说：“上出号令而化天下，震雷起而惊蛰，睹旗鼓动，三军骇，观其前动化，而天情可见矣。”

七 异象

《泛历枢》说：“七政星不明，各为其政不行。”《推度灾》说：“逆天地，绝人伦，则二日出相争。”又说：“日蚀，君伤；月蚀，大臣刑。”《含神雾》说：“日之蚀，帝消。”

《诗纬》说：“岁星无光，进退无常，此仁道失类之应。”又说：“贤者退，小人进，而谗言侈；阴贼行，而天下昏。荧惑数出，干主位，赤而芒为火兵，黑而圆为水丧，止舍为其邦，疾则事急，留则殃重。”《推度灾》说：“荧惑黑圆为水丧。”又说：“大臣戮亡，荧惑环铁锁。”《诗纬》说：“填星华，此奢侈不节，王政之失。”《含神雾》说：“东方有乱者，彗守箕，海水溢”，“彗星守味，南夷将为乱”。味，柳宿。又说：“苍之亡，彗出房。”《推度灾》说：“奔星之所坠，其下有兵；列宿之所坠，灭家邦；众星之所坠，万民亡。”《泛历枢》说：“梗河中招摇为胡兵。”宋均注：“招摇星在梗河内。”《含神雾》说：“白之亡，枉矢流。”《推度灾》说：“枉矢流，天降丧乱。”又说：“逆天地，绝人伦，则天汉灭见。”又说：“奎为女令”，“天市主聚众”。又说：“建星动，劳未央。”劳，夺。未央，未尽。

① 赵在翰：《七纬》，中华书局，2012年版，第248页。

《推度灾》说："外规有云，内有如羊，而黄者京云也，百姓空虚，水泥鱼鳖不滋，五谷无收。"又说："挠弱不立，邪臣蔽主，则白虹刺日；为政无常，天下疑，则蜺逆行。"又说："逆天地，绝人伦，当夏雨雪。"《含神雾》说："烨烨震电，不宁不令，此应刑政之太暴，故震雷惊人，使天下不安。"《推度灾》说："逆天地，绝人伦，则蚊虻兴。"又说："(螟蝗，)伤苗食之贼也。"

八　神话、植物

《含神雾》说："从中州以东西四十万里，得焦侥国，人长尺五寸也。"又说："东北极有人长九寸。"又说："东注无底之谷。"又说："少室之山巅亦有白玉膏，得服之即得仙道，世人不得上也。"又说："太华之山，上有明星玉女，主持玉浆，得上服之，成仙。道险僻不通。"又说："马蹄自鞭其蹄，日行三百里。"又说："菖蒲益聪，茱萸耐老。"

九　传说

前所述圣人中有不少传说。又《含神雾》说："龙首，颜似龙也。"《诗纬》说："陈，王者所起也。"《文选·秋胡诗》注："秋胡仕陈。"又说："风后，黄帝师，又化为老子，以书授张良。"又《泛历枢》说："古者剑在左，刀在右，钩在前。"

十　谶言

《含神雾》说："代汉者，龙颜珠额。"

第六章 《礼》纬

礼起源极早，其意始敬而渐有仪节。于原始社会，先是在部落及本身之血缘关系，而后乃是祭鬼神而敬天地，此在考古上有很多证据。先民社会所成之礼，文献有大量记载，对后来影响极为深远。专门典籍，西周有《周官》，后称《周礼》；春秋中期又编成《仪礼》；西汉初则辑周礼及相关礼说而成《礼记》，总称三礼，即群经中的《礼》经。依傍于《礼》经的《礼》纬，主要在礼，亦言其他，此与各纬无大异。《礼》纬所存，有《含文嘉》《稽命征》《斗威仪》等篇，具体篇名不详者统称《礼纬》。其说天文历法极简略，且先述之。

一 天文历法

《含文嘉》说："计日月右行也。"《白虎通·日月》引，云："天左旋，日月五星右行。"《斗威仪》说："春斗为天关，轸为地梁；夏角为天关，参为地梁。"天关，天门。《史记·天官书》说："黑帝行德，天关为之动。"又说："苍帝行德，天门为之开。"《索隐》案："天门，即左右角间也。"《晋书·天文志》说："牵牛六星，天之关梁"，"角二星为天关，其间天门也"。《太公金匮》说："春三月斗星为天关。"地梁，或即地轴。

《含文嘉》说："推之以上元为始，起十一月甲子朔旦夜半，冬至，日月五星俱起牵牛之初。"郑氏注："上元，太素以来，至所求年。"所谓太素，乃是质之始。《稽命征》说："起于太素，十一月阏逢之月，岁在摄提格之纪，是云作乐制礼。"

二 传说历史

1 燧人

《含文嘉》说："燧人始钻木取火，炮生为熟，令人无复腹疾，有异于禽兽，遂天之意，故曰遂人也。"

2 伏羲

《含文嘉》说："伏者，别也，变也。羲者，献也，法也。伏羲始别八卦，以变化天下，天下法则，咸伏贡献，故曰伏羲也。"

3 神农

《含文嘉》说："神农，神者，信也；农者，浓也。始作耒耜，教民耕种，美其衣食，德信浓厚若神，故为神农也。"又说："神农作田道，就耒耜，天应以嘉禾，地出以醴泉。"

4 黄帝

《礼纬》说："黄帝以德行，蚩尤与黄帝战。"又说："黄帝修兵革以德行，则黄龙至，凤凰来仪。"

5 颛顼

《斗威仪》说："颛顼有三子，生而亡去，为疫鬼，一居江水，是为疟鬼，一居弱水，为罔两鬼，一居人宫室区隅，善惊人小儿，为小鬼。于是常以正岁十二月令礼官方相氏蒙熊皮，黄金四目，玄衣纁裳，执戈扬盾，帅百隶及童子而时傩，以索室而驱疫鬼，以桃弧、苇矢、土鼓且射之，以赤丸五谷，播洒之，以除疫殃。"

6 尧

《含文嘉》说："尧广被四表，至于龟龙。"又说："尧德非懈，醴泉出。"

7 舜

《斗威仪》说:“西王母献舜地图及玉玦。”《含文嘉》说:“舜损己以安百姓,致鸟兽鸧鸧,凤凰来仪。”

8 皋陶

《含文嘉》说:“皋陶马喙,是谓至诚,决狱明白,察于人情。”皋陶,舜臣,决狱。

9 禹

《礼纬》说:“禹母修已吞薏苡而生禹,因姓姒氏。”《含文嘉》说:“夏姒氏,祖以薏苡生。”又说:“禹耳三漏,是谓大通,兴利除害,决河疏江。”又说:“禹卑宫室,垂意于沟洫,百谷用成,神龙至,灵龟服,玉女敬养,天赐妾。”宋均注:“玉女,有人如玉色也,天降精,生女,使能养人,美女玉色,养以延寿也。”

10 汤

《礼纬》说:“契姓子氏者,亦以其母吞乙子而生。”又说:“祖以玄鸟生子”,“祖以履大迹而生”。《含文嘉》说:“汤臂三肘,是谓柳翼,攘去不义,万民番息。”

11 文王

《含文嘉》说:“文王四乳,是谓至仁,天下所归,百姓所亲。”《斗威仪》说:“周王得白马朱鬣。”《礼纬》说:“文王得白马朱鬣,大贝元龟。”《稽命征》说:“文王见礼坏乐崩,道孤无主,故设礼经三百,威仪三千。”

12 武王

《含文嘉》说:“武王望羊,是谓摄扬。盱目陈兵,天下富昌。”望羊,远视。《礼纬》说:“武王赤乌谷芒,应周尚赤用兵,王命曰为牟。

天意若曰须假纣五年,乃可诛之。武王即位,此时已三年矣,谷盖牟麦也,诗曰:‘贻我来牟。’”《含文嘉》说:“汤武顺人心,应于天。”

13 周公

《含文嘉》说:“周公背偻,是谓强劲,成就周道,辅于幼王。”幼王,成王。

14 成王

《斗威仪》说:“周成王治平,观于河,青云浮于河。”又说:“周成王观于河,沉璧而退,青云浮洛,青龙临坛,吐玄甲之图。”

15 孔子

《含文嘉》说:“孔子反宇,是谓尼丘。德泽所兴,藏元通流。”反宇,头顶凹陷。

三 灵台之礼

《斗威仪》说:“宫主君,商主臣,角主父,徵主子,羽主夫,少宫主妇,少商主政,是法北斗而为七政。七政之立,是礼迹所兴也。”宋均注:“声五而已,必加少宫少商者,以君臣任重,为设副也。”《斗威仪》说:“审候五色。”宋均注:“声五而已,必加少宫少商者,各应其星。”《含文嘉》说:“礼,天子灵台所以观天人之际,阴阳之会也。揆星度之验,征六气之瑞应,原神明之变化,睹日气之所验,为万物获福于无方之原,招大极之清泉以兴稼穑之根,仓廪实,知礼节,衣食足,知荣辱。”灵台即天文台,夏称清台,周称灵台。《礼纬》说:“天子有灵台,以候天地,诸侯有时台,以候四时。”《含文嘉》说:“天子得灵台之礼,则五车三柱明,制可行,不失其常,水泉川流,无滞寒暴暑之灾,陆泽山林,禾尽丰穰。”灵台每在辟雍,《含文嘉》说:“辟雍之礼得,穆穆皇皇,和服,则太微诸侯明也。”《礼纬》说:“天潢星明,天子寿昌,万民无疾疫灾殃。”

四　以礼治国

《斗威仪》说:“天运二十九万一千八百四十岁而反,太素冥茎,盖乃道之根也。”又说:“帝者得其根荄,王者得其英华,伯者得其附枝,故帝道不行,不能王;王道不行,不能伯;伯道不行,不能守其身。”《含文嘉》说:“从容中道,阴阳度行也。”《含文嘉》说:“礼者履也。”《礼纬》说:“有正经三百,动仪三千。”

1　禘郊,祖庙,明堂

《稽命征》说:“殷五年殷祭,亦名禘。五年殷禘。”《含文嘉》说:“殷授天而王,周据地而王,明堂所以通神灵,感天地,正四时,出教令,崇有德,章有道,褒有行。”又说:“明堂者八窗四闼,窗通八卦之气,布政之宫,在国之阳,面三室,四面十二,法十二月也。天子孟春,上幸于南郊,总受十二月之政,还藏于祖庙,月取一政,班于明堂也。诸侯以孟春之月朝于天子,受十二月之政,藏于祖庙,月取一政行之,闰月五常处,则阖门而居之。”

《稽命征》说:“礼:祭天,牲角茧栗;社稷,宗庙,角握;六宗五岳四渎,角尺;其余山川,视卿大夫。”又说:“三年一祫,五年一禘。以衣服,想见其颜色;三日斋,思亲志意,想见所好喜,然后入庙。”又说:“三年一闰,天气小备,五年再闰,天气大备。故三年一祫,五年一禘。禘之为言谛,谛定昭穆尊卑之义也。禘祭以夏四月,夏者阳气在上,阴气在下,故正尊卑之义也。祫祭以冬十月,冬者五谷成熟,物备礼成,故合聚饮食也。”《礼纬》说:“祭者,所以追养继孝也。”

2　天子冕旒

《含文嘉》说:“悬絖垂旒,为闲奸声,弇乱色,令不惑视听。”又说："冕而加旒，以蔽明也，加以黈纩，不听谗也。"又说："旒垂目，纩塞耳，王者示不听谗，不视非也。"

3 荐玉，执玉

《含文嘉》说："天子三公诸侯皆以三帛以荐玉。"宋均注："其殷礼，三帛谓朱白苍，象三正也；其五帝之礼，荐玉用一色之帛。"《稽命征》说："天子纯玉，尺二寸；公侯九寸，四玉一石；伯子男三玉二石；诸侯执珪。"

4 宫室

《含文嘉》说："大夫达棱，士首本。"注："谓斫为四棱，以达两端，士斫去木之首本，令细与尾头相应。"《穀梁传·庄公二十四年》说："礼，天子之桷，斫之砻之，加密石焉；诸侯之桷，斫之砻之；大夫斫之；士斫本。"房屋方形椽子曰桷。《礼纬》说："礼，天子外屏，诸侯内屏；大夫以帘，士以帷。"

5 笾豆

《礼纬》说："礼，六、十以上，笾豆有加。"《仪礼·有司彻》说："侑俎，羊左肩、左肫、正脊一、胁一、肠一、胃一、切肺一、载于一俎。"郑玄注："侑俎用左体，侑贱。其羊俎过三体，有肫，尊之，加也。"孔颖达疏："鼎俎数奇，今体数四，故云加。若《礼》纬云'礼六、十以上，笾豆有加'。"

6 旗帜

《含文嘉》说："天子旗九仞，十二旒曳地；诸侯七仞，九旒齐轸；卿大夫五仞，五旒齐较；士三仞，三旒齐首。"《稽命征》说："天子之杠（旗）高九仞，诸侯七仞，卿大夫五仞，士三仞。"又说："天子旗九仞，十二旒曳地；诸侯七仞，九旒齐轸；卿大夫五仞，七旒齐较；士三仞，五旒齐首。"《礼纬》说："牙旗者，将军所建也。"

7　九锡

《含文嘉》说："礼有九锡。一曰车马，二曰衣服，三曰乐则，四曰朱户，五曰纳陛，六曰虎贲，七曰斧钺，八曰弓矢，九曰秬鬯。皆所以劝善扶不能，四方所瞻，侯子所望。"

8　射侯

《含文嘉》说："天子射熊，诸侯射麋，大夫射虎豹，士射鹿豕。"

9　祈谷

《斗威仪》说："岁凶，年谷不登，君膳不祭肺，马不食谷。孟春之月，天子乃以元日祈谷于上帝，孟夏驱兽，无害五谷；仲夏之月，乃命百县雩祀百辟，以祈谷实；孟秋之月，农乃登谷，天子尝新，先荐寝庙。"

10　殡

《稽命征》说："天子饭以珠，含以玉；诸侯饭以珠，含以璧；卿大夫士饭以珠，含以贝。"又说："天子含用珠，诸侯用玉，大夫用璧，士用贝。"又说："天子舟车殡，诸侯车殡，大夫攒涂，士瘗。"《含文嘉》说："天子坟高三仞，树以松；诸侯半之，树以柏；大夫八尺，树以栾；士四尺，树以槐；庶人无坟，树以杨柳。"《稽命征》说："父子坟方一里，弟子各以四方奇木来植之。"

11　庙

《稽命征》说："唐虞五庙，亲庙四，始祖庙一；夏四庙，至子孙五；殷五庙，至子孙六；周六庙，至子孙七。"注："契为始祖，汤为受命王，各立其庙，与亲庙四，故六。"又说："夏无大祖，宗禹而已，则五庙；殷人祖契而宗汤，则六庙；周尊后稷，宗文王、武王，则七庙。自夏及周，少不减五，多不过七。"又说："天子之元士二庙，诸侯之上士亦二庙，中、下士一庙，一庙者，祖祢共庙。”又说：“诸侯之士一庙。”

12 封禅

《礼纬》说：“刑法格藏，世作颂声，封于泰山；考绩柴燎，禅于梁甫；刻石纪号，英炳巍巍，功平世教。”

13 称呼

《含文嘉》说：“嫡长称伯，庶长称孟”，“文家称叔，质家称仲”。

14 礼乐

《稽命征》说：“孔子谓子夏曰：‘礼以修外，乐以制内，丘已矣夫。’”

五 礼得之应

文昌星至太微间有三台。《含文嘉》说：“三台为天阶，太一蹑以上下，一曰天阶。君政尊而制命，日月贞明。”《稽命征》说：“礼之动摇也，与天地同气，四时合信，阴阳为符，日月为明。”动摇即作用。《含文嘉》说：“天子动容周旋中礼，则日月五星不敢纵横。”又说：“天子正珪瑁，则北辰列齐。”又说：“天子穆穆，诸侯皇皇，则少微有德星。”又说：“王者赐命诸侯，皆如其德，则阴阳和，风雨时，其九为钩曲直。”宋均注：“天之九星主珍异，令赐诸侯，亦所以显异之也。应于主珍之星，故为之曲有直者也。”又说：“天子至卿士，旗旒中礼，制度有科，物应以宜，则参旗弓行，正齐均平。”宋均注：“弓行者，参旗星行列纡曲似弓也。”又说：“天子崇有德，彰有道，显有功，褒有行，则太微七星明，少微处士有德星应。”宋均注：“太微，正教之宫也，七星。衣裳正礼，今施教布化，仪服应礼，故星明，今少微处士有德星应，则星皆有威仪矣。”又说：“王者得礼之制，不伤财，不害民，君臣和辑，草木昆虫各蒙正性，则三台为齐明，不阔不狭如其度。”

《含文嘉》说：“宫室之礼得，则虚危有德星应。”又说：“宫室之礼得，营室有德星见。”又说：“殡丧之礼各以其时，变制革礼之差，得制之宜，三台平正，有德星出入其间矣。”又说：“居丧以礼，则德星应在虚危。”又说：“居丧以礼，则德星应舆鬼。”又说：“五礼修备，则五诸侯星正行光明，不相陵侵，五禾五木应以大丰。”

《含文嘉》说：“三纲谓君为臣纲，父为子纲，夫为妻纲，敬诸父兄，六纪道行。六纪谓诸父有善，诸舅有义，族人有叙，昆弟有亲，师长有尊，朋友有旧，王者敬诸父有差，则大角光明以扬。”宋均注：“诸父，伯仲叔季也。角坚刚而居帝前，帝敬诸父，感天，故应之也。”又说：“诸舅有仪，则轩辕东西角大张。”又说：“族人有叙，则宗人倚文正明。”又说：“王者叙长幼各得其正，则房心有德心应之。”又说：“王者敬师长，有尊，则摄提如列，无则反折。”宋均注：“师者所以教人为君也，长者所以教人为长也，大角为帝席，摄提六星携纪纲以辅大角，师长象也，如列者，如鼎足俱东向。”又说：“朋友有旧，内外有差，则箕为之直，月至风扬。”宋注：“月至，月行以度至也。”

《含文嘉》说：“龙马金玉，帝王之瑞也。”《稽命征》说：“王者制礼作乐，改损祭器，得鬼神之助，则有白玉赤文象其威仪之状。”《含文嘉》说：“玉石得宜，则太白常明。”《稽命征》说：“制礼作乐，改损祭器，有鬼神之助，则龟负图。”又说：“刑杀当其罪，赏当其功，立事德，礼之宜利，龟负象载。”

《斗威仪》说：“得皇极之正气，含黄中之德，能苞万物。”《含文嘉》说：“山泽者，三皇五帝之感应也。”《斗威仪》说：“醴泉味甘，王政和可贵，故水甘也。”又说：“鸾，天下太平安宁则见，其音如铃，峦峦然也。周之文物大备，法车上缀以铃，如鸾之声也。”《稽命征》说：“父子君臣夫妇尊卑有别，凤凰至，飞翔集于明堂。”又说：“外内之制，各得其宜；四方之事，无有蓄滞，则麒麟游囿，六畜繁多，天苑有德星见。”《礼纬》说：“秬鬯之草”，“鬯草生庭”。《含文嘉》说：“绥五车，明五礼，则五禾应以大丰。”

六 五行而王，文质再复

1 五行而王

（1）水

《斗威仪》说：“君乘水而王，其政升平，则日黄中而黑晕。”又说：“君乘水而王，其政太平，则辰扬光。”又说：“人君乘水而王，其政和平，则景云见也。”又说：“君乘水而王，其政和平，则江海著其神象。龟龙被文而见。”宋均注：“神不见，但著象，龟龙，水物也。青黄赤白黑也。具有此色，见于水，故曰被。”又说：“君乘水而王，其政和平，则北海输白鹿。”又说：“君乘水而王，其民大头。”又说：“君乘水而王，其民黑色大耳。”

（2）火

《斗威仪》说：“君乘火而王，其政顺平，则黄中而赤晕。”又说：“王者乘火而王，其政升平，则祥风至。”宋均注：“即景风也，其来长养万物。”又说：“君乘火而王，其政平，梧桐为长生。”又说：“君乘火而王，其政颂平，则地生朱草。”又说：“君乘火而王，其政和平，楸梓为常生。”又说：“君乘火而王，其政颂平，南海输以文狐。”又说：“君乘火而王，其民锐头。”

（3）木

《斗威仪》说：“君乘木而王，其政升平，则日黄中而青晕。”又说：“其君乘木而王，其政象平，则江海不扬波。”又说：“君乘木而王，其政平，则松为长生。”又说：“君乘木而王，地生丹。”又说：“君乘木而王，其政升平，则福草生庙中。”宋均注：“庙中生草，盖福草也。即朱草之别名，可以染祭服，故应仁孝而生庙中。”又说：“君乘木而王，有人参生。”又说：“君乘木而王，其政升平，东海输以驳马。”注：“驳马者，黄赤色马也。”又说：“君乘木而王，其民长颈。”又说：“君乘木而王，为人美发。”

(4) 金

《斗威仪》说：“君乘金而王，其政象平，则日黄中而白晕。”宋均注：“象者，取象于镜，见仪表端正。”又说：“乘金而王，则太白扬光。”又说：“乘金而王，其政太平，则月多耀；政颂平，则赤明；政和平，则黑明；政象平，则白明；政升平，则清明。”又说：“君乘金而王，其政象平，则嘉雨时至。”又说：“君乘金而王，其政和平，则兰常生。”郑氏注：“主给调和也。”又说：“君乘金而王，其政颂平，芳桂常生。”又说：“君乘金而王，其政平，则黄金见深山。”又说：“君乘金而王，则紫玉见深山。”又说：“君乘金而王，则黄银见。”又说：“君乘金而王，其政象平，德至渊泉，则江海出明珠。”又说：“君乘金而王，其政荡平则海出大贝。”又说：“君乘金而王，其政象平，则麒麟在郊。”又说：“麟，木精也。”又说：“君乘金而王，其民洪白长大。”又说：“君乘金而王，其人美眉。”

(5) 土

《斗威仪》说：“君乘土而王，其政太平，则日五色无主。”宋均注：“五行之色，不主于一也。”又说：“君乘土而王，其政平，则月圆而多晕。”又说：“君乘土而王者，其政太平，则填星黄而多晕。又宫星黄大，其余六星辉光四起。”又说：“人君乘土而王，其政太平，则甘露降；君治政，则轩辕之精散为甘露。”又说：“君乘土而王，其政太平，则蒙水出于山。”宋均注：“蒙，小水也。出可溉灌，生无不植也。"又说:"君乘土而王,其政太平,则河濂。"宋均注:"河不灾溢也。"又说:"君乘土而王,其政太平,则河海夷晏。"宋均注:"海夷不扬波也。"又说:"君乘土而王,其政太平,黄真人游于后池。"宋均注:"黄,土色。游于后宫之池,则黄帝问道于玄女素女是也。"又说:"君乘土而王,其政太平,山车垂钩。"注:"山车者,自然之车也。垂钩,不揉治而自圆曲,故言垂钩。"又说:"君乘土而王,其政太平,簠竹紫脱为常生。"宋均注:"紫脱,北方之物,上值紫宫。凡言长生者,不死也。死则主当之。"又说:"人君乘土而王,其政太平,而远方神献其朱英紫脱。"又说:"君乘土德而王,其政太平,凤凰集于苑林。"

2 文质再复

《礼纬》说:"正朔三而改,文质再而复。三微者,三正之始,万物皆微,物色不同,故王者取法焉。十一月时,阳气始施于黄泉之下,色皆赤,赤者阳气,故周为天正,色尚赤。十二月,万物始牙而色白,白者阴气,故殷为地正,色尚白。十三月万物孚甲而出,其色尚黑,人得加功展业,故夏为人正,色尚黑。"又说:"若尚色,天命以赤,尚赤;以白,尚白;以黑,尚黑。"宋氏注:"赤者,命以赤乌,尚周尚赤;汤以白狼,故尚白。禹以玄珪,故尚黑也。"《含文嘉》说:"殷爵三等,周爵五等,各有宜也。"又说:"殷爵三等,殷正尚白,白者兼正中,故三等。夏尚黑,亦从三等。"又说:"神鼎者,质文精也。知吉凶存亡,能轻能重,能息能行,王者兴,则出。"

七 异象

《斗威仪》说:"日月赤,君喜怒无常,轻杀不辜,戮于无罪。不事天地,忽于鬼神,时则天雨,土风常起。日蚀无光,地动雷降,其时不救,兵从外来,为贼戮而不葬。"又说:"君喜怒无常,时则常熟。”常熟即不当熟而熟。又说:“行失则,虽常燠,反寒”,“夭其禄命,不得极其数”。又说:“臣专政,私其君位,则草木不生,禾谷不实。”又说:“日青中黄外,是为一不可。”又说:“赤。君喜怒无常,轻杀不辜无罪;不事天地,忽于鬼神,天则雨土,常热;日蚀无光,地动,雷下降,其时不救,兵从外来为害,戮而不葬。日赤中黄外,是为二不可。白。君乱无威,臣独逆理而不能诛,贤者不能为辅,朝中因女而进者众;巃山数崩,时大旱,河海不流,虎狼害人,其民好赇,吏并为奸,兵数十起,千里之地,其时不救,及其年中亡。当诛臣逆理禁者,以禁绝在宫因女进者。时日以救,则灾害其年。日白中黄外,是为三不可。黑。贱人为君妇人,轻贤佞谄,候间得亲,将小臣所私及威其身。时则常雨不休,水则海溃河溢,民多溺水死,乘舟者多;蛇入都邑,鸡雉同宿;妇人多重死,胎子不就。其时不救,患在门内。其日黑中黄外,是为四不可也。”《稽命征》说:“孔子谓子夏曰:‘群(鸜)鹆至,非中国之禽也。’”

八　他纬

《礼纬》说“风,萌也。养物成功,所以八风象八卦也”,涉及《易》纬。《含文嘉》说“伏羲德洽上下,天应以鸟兽文章,地应以《河图》《洛书》,伏羲则而象之,乃作八卦”,涉及《易》纬及《河图》纬、《洛书》纬。《礼纬》说“《小雅》讥己得失,及之于上也”,涉及《诗》纬。

第七章 《乐》纬

称经原起此不考。春秋战国时主要讲六经，《庄子·天运》说："孔子谓老聃曰：'丘治《诗》《书》《礼》《乐》《易》《春秋》六经，自以为久矣。'"分别开来，《庄子·天下》又说："《诗》以道志，《书》以道事，《礼》以道行，《乐》以道和，《易》以道阴阳，《春秋》以道名分。其数散于天下而设于中国者，百家之学或称而道之。"所谓"数"，是技术性的东西，应该主要是指《乐》经。《乐》经有谱，谱即数。所谓"散于天下"，指不集于周，或有所散佚；"设于中国"，指于中原又有所创设；"百家之学或称而道之"，指诸子论乐者多，比如《荀子》甚至有《乐论》。此又《庄子·天下》作于战国晚期之证。到汉代，虽不管是董仲舒《春秋繁露·玉振》、司马迁《史记·儒林传序》，还是班固《汉书·艺文志》，皆仍称六经，但进一步查考文献，不难看出原初所谓《乐》经早已有名无实。虽然如此，应该说《乐》经内容并未完全失传，正如《荀子》中有《乐论》，成书于汉初的《礼记》中有《乐记》等。唐初孔颖达奉诏作《五经正义》，其中无所谓《乐》经，但所取《礼》经为《礼记》。唐代又以《礼》经为《周礼》《仪礼》《礼记》，加上《论语》《孝经》而为九经；以《春秋》为《左氏传》《公羊传》《穀梁传》，加上《尔雅》，于是有十二经。宋代又将《孟子》列入，是谓十三经。

原初之《乐》经虽没有传到西汉，但当时还是有所谓《乐》纬之作。《乐》纬有《动声仪》《稽耀嘉》《叶图征》各篇，具体篇名不详者通称《乐纬》，此从之。赵在翰所辑《乐纬》有以《乐说》为《乐纬》者，不录。此先述所谓天宫紫微及附近星宿。

一　紫微及附近星宿

紫微为天宫,北极星在紫微宫中。《叶图征》说:“天宫,紫微宫。北极,天一,太一。”宋均注:“天一,太一,北极神之别名。”近有勾陈,又说:“勾陈,后宫也;大当,正妃也。”注:“大当,勾陈末大星也。”又说:“天宫高,为云汉。”与北斗相对有阁道,又说:“阁道,北斗辅。”近北斗有文昌宫,又说:“文昌宫。”注:“天五官会府也。”近北斗有玄戈,又说:“玄戈,招摇也。”注:“此备兵难之星。”近北斗有天理,又说:“天理,理贵人牢。”宋均注:“以理牢狱也。”

招摇近有梗河,《叶图征》说:“梗河,天矛。”宋均注:“梗河名天矛。”有连营,又说:“连营,贱人牢”,宋均注:“连营,贯索也。”贯索东有商星,《乐纬》说:“商为五潢”,宋均注:“五潢,天津之别名也。”文昌宫西有五车,《叶图征》说:“咸池五车。”注:“五车,咸池别名。”

紫微宫下为太微宫。《叶图征》说,其东“摄提为楯,以其夹奉帝席也”。往西,“天关参旗,伐也。觜觿,天庙也。奎,天豕也。天矢,娄也。胃,天仓也。狼弧、鱼陵、天船、天苑、卷舌、天老人”。注:“皆西方星名也。”往南,“柳主材木”。注:“柳星主柳木也。”

二　天元,天命,鼓和乐

1　天元

《叶图征》说:“天元以甲子朔旦冬至,日月起于牵牛之初,右行二十八宿,以考王者终始,或尽一,其历数或不能尽一,以四千五百六十为纪,甲寅穷。”古四分历十九年七闰。十九年为一章,四章七十六年为一蔀,二十蔀一千五百二十年为一纪,三纪四千五百六十年为一元。天元起于甲寅，即四千六百二十年而甲寅穷，再起甲寅，为新元。宋均注："纪即元也。四千五百六十者，五行相代，一终之大数也。王者即位，或遇其统，或不尽其数，故一元以四千五百六十为甲寅之终也。王者起必易元，故不复沿前而终言之也。"

2 天命

《稽耀嘉》说："禹将受位，天意大变，迅风靡木，雷雨昼冥。"又说："其天命以黑，故夏有元珪；天命以赤，故周有赤鸟衔书；天命以白，故殷有白狼衔钩。"又说："殷之德，阳德也，故以子为姓；周之德，阴德也，故以姬为姓。"又说："武王承命，兴师诛于商，万国咸喜，军度孟津，前歌后舞，克殷之后，民乃大安，家给人足，酌酒郁摇。"注："郁摇，喜貌。"

3 受享祚，鼓和乐

《叶图征》说："天元十一月朔旦冬至，圣王受享祚，鼓和乐于东郊，致魂灵，下太一之神。"《稽耀嘉》说："冬至日祭天于圜丘，周苍璧，牲同玉色，乐用夹钟为宫，乐作六变。"又说："郊祀之辞九句，九，阳数也。"据《大戴礼记·公冠篇》，此辞曰："皇皇上帝，照临下土。集地之灵，降甘风雨，庶物群生，各得其所，靡今靡古，维予一人，某敬拜，皇天之祜。"《动声仪》说："作乐制礼，时有五音，始于上元，戊辰夜半，冬至北方子。"郑氏注："戊辰土位，土为宫，宫为君，故作乐尚之，以为始也。夜半子，亦天时之始，《礼稽命征》起于太素十一月阏逢之月，岁在摄提格之纪，是云作乐制礼。盖作乐则有礼，通其文耳。"

4 三教变

三代各有教。《白虎通·三教》说："夏人之王教以忠，其失野，救野之失莫如敬；殷人之王教以敬，其失鬼，救鬼之失莫如文，周人之王教以文，其失薄，救薄之失莫如忠。继周尚黑，制与夏同。三者如顺连环，周而复始，穷则反本。”《稽耀嘉》说：“颜回尚三教变，虞夏何如？曰：教者，所以追补败政、靡敝、溷浊，谓之治也。舜之承尧，无为易也。”

5　上元、下元、中元

《动声仪》说，有上元、下元、中元，“上元者，天气也，居中调礼乐，教化流行，总五行气为一。下元者，地气也，为万物始质也，为万物之容范。生育长养，盖藏之主也。中元者，人气也，气以定万物，通于四时者也。承天心，理礼乐，通上下四时之气，和合之人情，以慎天地者也”。

三　五音，十二律吕，三分减益

1　五音

音有五，曰宫商角徵羽。《动声仪》联系君臣民事物、脾肺肝心肾说：“宫为君，君者，当宽大容众，故其声宏以舒，其和清以柔，动脾也。商为臣，臣者当以发明君之号令，其声散以明，其和温以断，动肺也。角为民，民者当约俭不奢僭差，故其声防以约，其和清以静，动肝也。徵为事，事者君子之功，既当急就之，其事勿久流亡，故其声贬以疾，其和平以功，动心也。羽为物，物者不齐委聚，故其声散以虚，其和断以散，动肾也。”既然说到君臣民事物，不免说到各自的职责；但既然言乐，则五音声调上的特点最要注意，《稽耀嘉》说：“五音非宫不调，五味非甘不和。”而五音亦与五行有关，《乐纬》说：“孔子曰：丘吹律定姓，一言得土曰宫，三言得火曰徵，五言得水曰羽，七言得金曰商，九言得木曰角。”《五行大义・明数》说：“此并是阳数。”

2 十二律吕

《动声仪》说:“六律黄钟,太蔟,姑洗,蕤宾,夷则,无射。六吕大吕,夹钟,仲吕,林钟,南吕,应钟。阳为律,阴为吕,总谓之十二律吕。”

3 八音

乐音从乐器发出,八类乐器发出的乐音,是为八音。《乐纬》说:“物以三成,以五立,三与五如八,故音以八。八音:金石丝竹土木匏革,以发宫商角徵羽也。金为钟,石为磬,丝为弦,竹为管,土为埙,木为柷圉,匏为笙,革为鼓。”

4 三分减益

宫商角徵吕只有相对音高,没有绝对音高,所谓音阶。乐器演奏需要以绝对音高定调。以管径相同、长度不同之十二竹管吹出相应乐音,可作为绝对音高,以定十二律吕。《乐纬》说:“黄钟中宫数八十一,以天一地二人三之数以增减,律成五音。”中,应;作为绝对音高的黄钟,以长九寸,径三围九之管吹出。九九八十一,而后减增此八十一之管长度,即为十二律吕,以成五音。

其法先重排十二律吕次序,为黄钟、大吕、太簇、夹钟、姑洗、仲吕、蕤宾、林钟、夷则、南吕、无射、应钟。据《吕氏春秋·音律》:“黄钟、大吕、太簇、夹钟、姑洗、仲吕、蕤宾为上;林钟、夷则、南吕、无射、应钟为下。”定十二律吕,简言之不过减增已定黄钟律管长度。上引《乐纬》接云:“中和之气增治上生,减治下生,上生者三分益一,下治者三分减一,益者以四乘之,以三除之;减者以二乘之,以三除之。”具体说来,“黄钟下生林钟”,即黄钟管长九寸,三分之,而减其一,为六寸;也即是以二乘九,得十八,而以三除之,得六,得林钟音。“林钟上生太簇”,即林钟管长六寸,三分之,而增其一,为八寸;也即是六寸以四乘之,得二十四,又以三除之,是为八寸,得太簇音。“太簇下生南吕”,即太簇管长八寸,三分之,而减其一,为五又三分之一寸;也即是八寸以二乘之得十六,又三除之得五又三分之一寸,得南吕音。“南吕上生姑洗”,即南吕管长五又三分之一寸,三分之,而增其一,是七又九分之一寸;也即是四乘五又三分之一,而以三除之,是七又九分之一寸,得姑洗音。“姑洗下生应钟”,即姑洗管长七又九分之一寸,三分之,减其一,是四又七分之五寸;也即是二乘七又九分之一,以三除之,得四又七分之五寸,得应钟音。“应钟上生蕤宾”,即应钟管长四又七分之五寸,三分之,而增其一,是六又八十一分之三十二寸;也即是四又七分之五寸以四乘之,又以三除之,得六又八十一分之三十二寸,得蕤宾音。

宫商角徵羽加变宫变徵为七音,所得黄钟、林钟、太簇、南吕、姑洗、应钟、蕤宾,正合此七音。《乐纬》说:“黄钟为宫,林钟为徵,太簇为商,南吕为羽,姑洗为角,应钟为变宫,蕤宾为变徵,以次配之,五音备矣。黄钟为宫,林钟为徵,太簇为商,南宫为羽,姑洗为角,应钟为变宫,蕤宾为变徵,以次配之,五音备矣。黄钟下生林钟,故林钟为徵,次黄钟。林钟上生太簇,故太簇为尚,次林钟。太簇下生南吕,故南吕为羽,次太簇。南吕上生姑洗,故姑洗为角,次南吕。姑洗下生应钟,故应钟为变宫,次姑洗。应钟上生蕤宾,故蕤宾为变徵。”

宫为起调。黄钟为宫,即黄钟为起调;如此而林钟为徵,太簇为商,南吕为羽,姑洗为角,应钟为变宫,蕤宾为变徵,其实他如林钟、太簇、南吕、姑洗、应钟、蕤宾皆可为起调,即皆可为宫,相应有其商角徵羽变宫变徵,于是而有四十九种调式。进一步,其实大吕、夹钟、中吕、夷则、无射亦皆可为起调,即皆可为宫,相应有其商角徵羽变宫变徵,于是而有三十五种调式。如此共有八十四种调式,称八十四宫调,《乐纬》所谓"凡有七音,圜相为宫"。但八十四宫调只是理论上的,事实上不可能用到这么多。

竹管而外,亦可以弦定十二律吕。《叶图征》说:"圣人往承天助,以立五均。均者,亦律调五声之均也。"宋均注:"均长八尺,施弦以调六律五声。"

5 十二律吕与十二月

《动声仪》说:"天效以景,地效以响,即律也。"其所言十二律吕,后人有注:"六律黄钟(十一月),太蔟(正月),姑洗(三月),蕤宾(五月),夷则(七月),无射(九月),六吕大吕(十二月),夹钟(二月),仲吕(四月),林钟(六月),南吕(八月),应钟(十月)。"十二律吕,下生隔八,上生隔六。《乐纬》说:"七音者,盖以相生数七故也,始黄钟生林钟。自十二月至六月,凡七月也。"

四 八代之乐,乐与俗

《动声仪》说:"黄帝之乐曰咸池。"宋均注:"咸,皆也。池,音施,道施于民,故曰咸池。池取无不寖,德润万物,故定以为乐名也。"又说:"颛顼之乐曰五茎。"注:"五茎,能为五行之道立根茎。道有根茎,故曰六茎。"又说:"帝喾之乐曰六英。"宋均注:"六英者,能为天地四时六合之英华。道有英华,故曰五(六)英。"又说:"尧乐曰大章",注:"尧时仁义大行,法度章明,故曰大章。"又说:"舜乐曰箫韶。"宋均注:"箫之言肃,舜时民乐,其肃敬而纪尧道,故曰箫韶。韶,继也。舜继尧之后,循行其道,故曰箫韶。"又说:"孔子曰:箫韶者,舜之遗音也。温润以和,似南风之至,其为音如寒暑风雨之动物,如物之动人,雷动禽兽,风雨动鱼龙,仁义动君子,财色动小人,是以圣人务其本。"注:"言乐之动人也深,故举见事以为喻。"又说:"禹乐曰大夏",宋均注:"禹承二帝之后,道重太平,故曰大夏，其德能大诸夏也。”又说：“殷曰大濩”注：“汤承衰而起，濩先王之道，故曰大濩。濩音护。”又说：“周曰酌”，注：“周承衰而起，斟酌文武之道，故曰勺。”又说：“周乐，伐时曰武象。”宋均注：“武象，象伐时用干戈。”又说：“周曰大武象，又曰大武。”

《乐纬》说：“殷汤改制易正，荡涤故俗。”《动声仪》说：“先鲁后殷，新周故宋，然宋，商俗也。”又说：“风元者，礼乐之本，万物之首。物莫不以风成熟者也。风顺则岁美，风暴则岁恶。圣王知物盛极则衰，暑极则寒，乐极则哀，是以日中则昃，日盈则蚀，天地盈虚，与时消息。制礼作乐，所以改世俗，致祥风，和雨露，为万物获福于皇天者也。”又说：“乐者，移风易俗，所谓声俗者，若楚声高，齐声下。所谓事俗者，若齐俗奢，陈俗利巫也。”声俗：楚声高，齐声下。事俗：齐奢，陈利巫。又说：“土肥饶，原陆隘狭，斯生奢侈之俗也。”

有四夷之乐。《乐纬》说：“东夷之乐曰株离，南夷之乐曰任，西夷之乐曰禁，北夷之乐曰昧。”注：“阳气始起于怀任之物，各离其株也。南者，任也。盛夏之时，物皆怀任矣。草木毕成，禁加收敛，盛阳消尽，蔽其光景昧然。”

五　圣人之作乐

《乐纬》说：“鳞虫三百六十，龙为之长。羽虫三百六十，凤为之长。毛虫三百六十，麟为之长。介虫三百六十，龟为之长。倮虫三百六十，圣人为之长。”《稽耀嘉》说：“圣人虽生异世，其心意同如一也。”《叶图征》说：“夫圣人之作乐，不可以自娱也。”圣人之作乐，一指制乐，一指举乐。

1　乐其先祖

《乐纬》说：“受命而王，为之制乐，乐其先祖也。”

2 贞以道德,形以绳墨

《叶图征》说:"圣人作乐,绳以五元,度以五星,碌贞以道德,弹形以绳墨,贤者进,佞人伏。"注:绳,正也;碌,靡(磨)也;贞,正也;弹,割也。《五行大义》说,五元,"九宫别以已亥为元首,分为五元,初已亥六十年天元,次六十年地元,次人元,次河元,次海元,亦纪年所用"。

3 观得失之效

《叶图征》说:"夫圣人之作乐,不可以自娱也,所以观得失之效者也。"又说:"圣人作乐,不以为娱乐,以观得失之数。""数"或即"效","数"亦通。

(1) 从八能之士

《叶图征》说:"圣人作乐,不以为娱乐,以观得失之数,故不取备于一人,必须八能之士,故八士或调阴阳,或调五行,或调盛衰,或调律历,或调五音,与天地神明合德者,则七始八气终,各得其宜也。"注:"七始,谓四方、天地人也。"八能之士,《后汉书·礼仪中》说:"使八能之士八人,或吹黄钟之律间竽,或撞黄钟之钟,或度晷景。"王应麟《小学绀珠·八能》说:"调黄钟,调六律,调五音,调五声,调五行,调律历,调阴阳,调正德所行。"《叶图征》又说:"故圣人不取备于一人,必从八能之士。故撞钟者当知钟,击鼓者当知鼓,吹管者当知管,吹竽者当知竽,击磬者当知磬,鼓琴者当知琴,故八士或调阴阳,或调律历,或调五音。故撞钟者以知法度,鼓琴者以知四海,击磬者以知民事。"又说:"冬至,人主与群臣从八能之士,作乐五日。"蔡邕《独断》说:"冬至阳气起,君道长,故贺;夏至阴气起,君道衰,故不贺。"

(2) 声调道得律应

《叶图征》说:"黄钟主一,一生万物,故君子铄金为钟,四时为乳，是以撞钟以知君，钟音调，则君道得。”又说：“圣王只承天定，禄爵人者，不过其能，尊卑有位，位有物，物有宜。功成者赏，功败者罚，故乐用钟。”宋均注：“不过其能，谓量能授爵也。有罪鸣钟以攻之也；鸣钟显功罪，故乐用钟也。”又说：“乐有鼓，击鼓以知臣，鼓音调，则臣道得。”又说：“击磬以知民，磬音调，则民道得。钟磬之音，能动千里也。”又说：“吹竽有以知法度，竽音调，则度数得见。”又说：“琴以知四海，琴音调之，以及四海也。”更总说：“钟音调，则君道得，君道得，则黄钟、蕤宾之律应。君道不得，则钟音不调。钟音不调，则黄钟蕤宾之律不应。鼓音调，则臣道得，臣道得，则大蔟之律应。管音调，则律历正。律历正，则夷则之律应。磬音调，则民道得，民道得，则林钟之律应。竽音调，则法度得；法度得，则无射之律应，琴音调，则四海合，岁气百川以合德，鬼神之道行，祭祀之道得，如此则姑洗之律应。五乐皆得，则应钟之律应。天地以和气至，则和气应。和气不至，则天地和气不应。钟音调，下臣以法贺主。鼓音调，主以法贺臣。磬音调，主以德施于百姓。琴音调，主以德及四海。八能之士常以日冬至成天文，日夏至成地理，作阴乐以成天文，作阳乐以成地理。”又说：“阳乐黄钟也，阴乐蕤宾也。”《稽耀嘉》说：“钟太阳，其声宏宽；瑟少阴，其声清远。”

4　防隆满，节喜盛

《乐纬》说：“作乐所以防隆满，节喜盛也。”乐如此，礼随之。

六　应验

1　乐之应验

(1) 天象

《动声仪》说：“宫音和调，填星如度不逆，则凤鸟至。”又说：“若宫唱而商和，是谓善，太平之乐。”注：“君臣相和。”又说：“角音和调，则岁星常应，太岁月建以见，则发明至，为兵备。徵音和调，则荧惑则日行四一二分度之一，伏五月得其度。不反明从晦则动应，致焦明至，则有雨备，以乐和之。”注：焦明，水鸟。又说：“五音和，则五星如度。”

《乐纬》说：“玄戈宫也，戊子候之。宫乱则荒，其君骄，不听谏，佞在侧。宫和则制凤凰，颂声作。弁星羽也，壬子候之，羽乱则危，其财匮，百姓枯竭，为旱。”《动声仪》说：“角从宫，是谓哀，哀国之乐。”注：“象人自怨诉。”又说：“羽从宫，往而不反，是谓悲，亡国之乐也。”注：“悲伤于财竭。”

(2) 物类

《叶图征》说：“乐听其声，和以音，考以俗，验以物类。”《乐纬》说：“宫致凤凰，身信；羽致幽昌，身智。角致发明，身仁。徵致焦明，身礼。殇致鹔鹴，身义。”《叶图征》说：“五音克谐，各得其伦，则凤凰至。冠类鸡头、燕喙、蛇颈、龙形、麟翼、鱼尾，五采，不啄生虫。”

(3) 人神

《动声仪》说：“神守于心，游于目，穷于耳，往乎万里而至疾，故不得而不速。从胸臆之中而彻太极，援引无题，人神皆感神明之应，音声相和。”

2 其他应验

《稽耀嘉》说：“荧惑主命。”《叶图征》说：“圣王正律历，不正，则荧惑出入无常，占为大凶。”《稽耀嘉》说：“国安，其主好文，则凤凰来翔。”《动声仪》说：“是以清和上升，天下乐其风俗，凤凰来仪，百兽率舞，神龙升降，灵龟晏宁。”《叶图征》说：“鷞鷞状似凤凰，身礼戴信，婴仁膺智负义。”宋均注：“身体质赤色。”宋衷注：“水鸟也。”

又说："五凤皆五色，为瑞者一，为孽者四，似凤有四，并为妖。一曰鹔鹴，鸠喙圆目，身义戴信，婴礼膺仁负智，至则旱役之感也。二曰发明，乌喙、大翼、大颈、大胫、身仁戴智，婴义膺信负礼，至则丧之感也。三曰焦明，长喙、疏翼、圆尾，身义戴信，婴仁膺智负礼，至则水之感也。四曰幽昌，兑目、小头、大身、细足、胫若鳞叶、身智戴信，婴义膺礼负仁，至则旱之感也。"

七　人有五脏

《动声仪》说："官有六府，人有五脏。五脏者何也？谓肝心肺肾脾也。肝之为言肝也，肺之为言费也。情动得叙。心之为言任也，任于恩也。肾之为言写也，以窍写也。脾之为言并也，所以积精禀气也。五藏，肝仁、肺义、心礼、肾知、脾信也。肝所以仁者何？肝，木之精也，仁者好生，东方者阳也，万物始生，故肝象木，色青而有枝叶。目之为候何？目能出泪，而不能内物。木亦能出枝叶，不能有所内也。肺所以义者何？肺者金之精，义者断决，西方亦金，杀成万物也，故肺象金，色白也。鼻为之候何？鼻出入气，高而有窍，山亦有金石累积，亦有孔穴，出云布雨，以润天下，雨则云消，鼻能出内气也。心所以为礼何？心，火之精也，南方。尊阳在上，卑阴在下，礼有尊卑，故心象火，色赤而锐也。人有道，尊天本在上，故心下锐也。耳为之候何？耳能遍(辨)内外，别音语，火照有似于礼，上下分明，肾所以知何？肾者水之精，智者进止无所疑惑，水亦进而不惑，北方水，故肾色黑，水阴，故水双。窍为之候何？窍能泻水，亦能流濡。脾所以信何？脾者土之精也。土尚任养，万物为之象，生物无所私，信之至也。故脾象土，色黄也。口为之候何？口能啖尝，舌能知味，亦能出音声，吐滋味。"肝仁(目)、肺义(鼻)、心礼(耳)、肾知(窍)、脾信(口)。《稽耀嘉》说："仁者有恻隐之心，本生于木。”注:“仁生于木,故恻隐出于自然也。”

八 他纬

1 《易》纬

《叶图征》说:“坎主东律。东律主黄钟,圣人承天,乐用管,吹管以知律,管音调,则律历正。”宋均注:“管,黄钟九寸管也。”《乐》纬说:“鼓主震,笙主巽,柷圉主乾,埙主艮,管主坎,弦主离,磬主坤,钟主兑。”《叶图征》说:“坎主冬至,宫者君之象。人有君,然后万物成;气有黄钟之宫,然后万物调,所以始正天下也。能与天地同仪、神明合德者,则七始八终各得其宜,而天子穆穆,四方取始,故乐用管。艮主立春,阳气始出,言雷动百里,圣人授民田,亦不过百亩。此天地之分,黄钟之度九,而调八音。故圣人以九顷成八家,上农夫食九口,中者七口,下者五口,是谓富者不足以奢,贫者无饥馁之忧。三年余一年之蓄,九年余三年之蓄,此黄钟之所成,以消息之和,故乐用埙。震主春分,天地阴阳分均,故圣王法承天,以立五均。五均者,六律调五声之均也。音至众也,声不过五,物至蕃也,均不过五。为富者虑贫,强者不侵弱,知者不诈愚,市无二价,万物同均,四时得当,公家有余,恩及天下,与天地同德,故乐用鼓。巽主立夏,言万物长短各有差,故圣土法承天,以法授事焉,尊卑各有等,于士则义让有礼,君臣有差,上下皆次,治道行,故乐用笙。离主夏至,阳始下,阴又成物,故圣王法承天,以法授衣服制度,所以明礼义,显贵贱,明烛其德,率之以度,则女功有差,男行有礼,故乐用弦。坤主立秋,阳气方入,阴气用事,昆虫首穴欲蛰,故圣王法之,授宫室度量,又章制有宜,大小有法,贵贱有差,上下有顺,故乐用磬。兑主秋分,天地万物人功皆以定,故圣王法承天,以定爵禄。爵禄者,不过其能。宫为君,商为臣。商,章也,言臣章明君之功德，尊卑有位，位有物，物有宜，功成者爵赏，功败者刑罚，故乐用钟。乾主立冬，阴阳终而复始，万物始而复苏，故圣王法承天，以制刑法，诛一动千，杀一感万，使死者不恨，生者不怨，故乐用柷圉。"宋均注："柷圉从中发声，人情死恨亦从中起。"

《稽耀嘉》说："夏以十三月为正，息卦受泰。"注："物之始，其色尚黑，以寅为朔。"又说："殷以十二月为正，息卦受临。"注："物之芽，其色尚白，以鸡鸣为朔。"又说："周以十一月为正，息卦受复。"注："物之萌，其色尚赤，以夜半为朔。"《乐纬》说："四时之节，动静各有分职，不得相越，常以度行，为调露之乐。"注："调露，调和致于甘露，使物茂长之乐也。"《乐纬》说："春气和则角声调，夏气和则徵声调，季夏气和则宫声调，秋气和则商声调，冬气和则羽声调。"《叶图征》说："大乐必易。"

2 《诗》纬

《动声仪》说："诗人感而后思，思而后积，积而后满，满而后作，言之不足，故嗟叹之，嗟叹之不足，故咏歌之，咏歌之不足，不知手之舞之足之蹈之也。"又说："以《雅》治人，《风》成于《颂》。"又说："召公，贤者也，明不能与圣人分职，常战栗恐惧，故舍于树下而听断焉。劳身苦体，然后乃与圣人齐。是《周南》而《召南》有之。"《稽耀嘉》说："先王之德泽在民，民乐而歌之以为诗，说而化之以为俗。"

3 《春秋》纬

《稽耀嘉》说："狄人与卫战，桓公不救，于其败也，然后救之。"《乐纬》说："九家为井，八家共治公田八十亩，以外二十亩，以为八家井灶庐舍。"

第八章 《春秋》纬（上）

西周建立，周公封于鲁，是为鲁国；祭祀大典常与宗周等。西周后期以来，鲁国很衰弱，因为曾是周公封国，故思想文化上仍被尊重。各国史官奔走往返，大量史料汇聚于此。生在鲁国的孔子，得见这些史料，晚年修有《春秋》。《春秋》是编年的大事记，起鲁隐公元年，止鲁哀公十四年；以鲁国为主，旁及他国史事，极为简括。与孔子同时的左丘明利用积年史料，编成《左氏春秋》，此书内容丰富，叙事铺陈，意蕴曲折。《春秋》据说微言大义，于是又有公羊高、穀梁氏为之说解。鉴于与《春秋》的关系，《左氏春秋》称《左传》，公羊、穀梁说解称《公羊传》《穀梁传》。《春秋》影响深远，所记时代即被称为春秋。

历来辑录《春秋》纬篇章很多，但《后汉书·樊英传》李贤注只取《演孔图》《元命苞》《文耀钩》《运斗枢》《感精符》《合诚图》《考异邮》《保乾图》《汉含孳》《佐助期》《握诚图》《潜潭巴》《说题辞》等篇；不详具体篇名者统称《春秋纬》。《春秋公羊传注疏》多引《春秋说》，赵在翰辑《七纬》纳之入《春秋纬》，此不录。《春秋》本为历史著作，述列国纷争更迭之事，所依傍之《春秋》纬亦包含深沉的历史内容；《春秋》记述了不少天象，比如日食之类，以为异象，《春秋》纬尤多言之。《春秋》纬每言孔子及其作《春秋》事，此先述之。

一 孔子作《春秋》

1 孔子生平事迹

《演孔图》说："孔子母颜氏征在游大冢之陂，睡梦黑帝使请己，已往梦交，语曰：汝乳必于空桑之中，觉则若感，生丘于空桑之中。”注：“乳，生也。”又说，孔子“首类尼丘山，故以为名。”又说：“孔子母征在梦感黑帝而生，故曰玄圣。”又说：“丘援律而吹，命阴得羽之宫。”王符《潜夫论·卜列》说：“凡姓之有音也，必随其本生祖所王也”，“颛顼水精，承辰而王，夫其子孙咸当为羽”。杨应阶引之，注：“由此言之，是孔子祖殷，玄王为黑帝精。又孔子感黑帝精而生，为玄圣，故吹律定姓名得羽。”①《演孔图》又说：“孔子长十尺，大九围，坐如蹲龙，立如牵牛，就之如昴，望之如斗。”又说：“孔子胸文曰：制作定，世符运。”又说：“圣人不空生，必有所制，以显天心，丘为木铎，制天下法。”又说：“孔子作法五经，运之天地，稽之图象，质于三王，施于四海。”又说：“丘为制法之主，黑绿不代苍黄。”周为木德之苍；孔子殷人，为黑龙之精，故不代苍黄。《说题辞》说：“孔子卒以所受黄玉，葬鲁城北。”

2　孔子作《春秋》

鲁哀公十四年，西狩获麟。《演孔图》说：“获麟而作《春秋》，九月书成。”《春秋纬》说：“麟出周亡，故立《春秋》，制素王，授当兴也。”《演孔图》说：“苍之灭也，麟不荣也。麟，木精也。麒麟斗，日无光。”宋均注：“麟木精，木生于水，故曰阴。木气好土，土黄木青，故麟色青黄。不荣，谓见绁柴也。麟龙少阳精，斗于地，则日月亦将争于上。”《说题辞》说：“昔孔子受端门之命，制春秋之义，使子夏等十四人求周史记，得百二十国宝书，九月经立。”《演孔图》说：“孔子曰：‘丘作《春秋》，天授《演孔图》。中有大玉，刻一版曰璇机。一低一昂，是七期验败毁灭之征也。’”《春秋纬》说：“孔子曰：‘我欲载之空言，不如见之于行事之深切著明也。’”

---

① 赵在翰：《七纬》，中华书局，2012年版，第371页。

二 天地历法

1 周天,日左行,月右行;天左旋,地右转

周天三百六十五度四分度之一。《考异邮》说:"周天一百七万一千里,一度为二千九百三十二里七十一步二尺七寸四分四百八十七分分之三百六十二。"《元命苞》说:"日行一度以立序,行三百六十五度四分度之一,日径千里。"又说:"太阴水精为月,日(月)行十三度常朏任而受,明精在内,故金水内景。"注:"受阳精也。"又说:"日左行,周天二十三万里;月右行,二十三万里。"又说:"日月出内道,璇玑得常,天王崇灵,圣王相功。"《运斗枢》说:"日行失,则虽当暖而寒。"

《春秋纬》说:"填星出,百二十日反逆西行,百二十日东行,见三百三十日而入,入三十日复出东方,运之常也。"《文耀钩》说:"辰星出四仲为初纪,春分夕出,夏至夕出,秋分夕出,冬至晨出,其出常自戊戌,入丑未。"

《元命苞》说:"天左旋,地右转。"又说:"地所以右转者,气浊精少,含阴而起迟,故右转迎天,佐其道。"注:"地生于离,既不敢当阳动,退居少阴,则亦右行而迎阳者,受其施育而成阳,故曰佐其道也。"《文耀钩》说:"辰星小而色黄,地大动。"

2 天如鸡子,地载水而浮

《元命苞》说:"天如鸡子,天大地小,表里有水。地各承气而立,载水而浮。天如车毂之过水者,天地之包幕,五行之始焉,万物之所由生,元气之腠液也。"

3 历法

《春秋纬》说,北斗,"用昏建者杓","夜半建者衡","平旦建者

魁”。周天由西往东二十八宿大致分为十二次，斗牛女为星纪，女虚危为玄枵，危室壁奎为诹訾，奎娄胃为降娄，胃昴毕为大梁，毕觜参井为实沉，井鬼柳为鹑首，柳星张为鹑火，张翼轸为鹑尾，轸角亢氐为寿星，氐房心尾为大火，尾箕斗为析木。十二次相当区间，又可以十二辰（支）来标示，只是方向相反，析木为寅，大火为卯，寿星为辰，鹑尾为巳，鹑火为午，鹑首为未，实沉为申，大梁为酉，降娄为戌，诹訾亥，玄枵为子，星纪为丑。岁星约十二年一周天，即年在一次，或曰在二十八宿之某几宿。于是可以岁星在何次（二十八宿）来纪年，比如岁（星）在星纪、岁（星）在玄枵。与岁星相关，又有所谓太岁，亦称太阴。古代更以所谓太岁（阴）在何辰（支）纪年。但这同时要考虑到岁星所在位次，《春秋纬》说："太阴在亥，岁星居角亢；太阴在子，岁星居氐房心；太阴在丑，岁星居尾箕；太阴在寅，岁星居斗牵牛；太阴在卯，岁星居女须虚危；太阴在辰，岁星居营室东壁；太阴在巳，岁星居娄奎；太阴在午，岁星居胃昴毕。太阴在未，岁星居觜参伐；太阴在申，岁星在东井舆鬼；太阴在酉，岁星居昴九星张。太阴在戌，岁星居翼轸，运之常也。"

太岁年名还有与十二辰（支）相应的另一套说法。即寅为摄提格，卯为单阏，辰为执徐，巳为大荒落，午为敦牂，未为协洽，申为涒滩，酉为作噩，戌为阉茂，亥为大渊献，子为困敦，丑为赤奋若。大概到西汉年间，与十干相应，又有所谓十岁阳，即甲为阏逢，乙为旃蒙，丙为柔兆，丁为强圉，戊为著雍，己为屠维，庚为上章，辛为重光，壬为玄黓，癸为昭阳。此各与十二太岁年名相配，即为后来六十干支如甲寅乙卯纪年。《感精符》说："单阏之岁。"杨应阶注："太岁在卯曰单阏，疑即《（尚书）考灵曜》'旃蒙之岁，乙卯元也'。刘洪云：'乙卯之元人正，己巳朔旦立春'，盖古历有以乙卯为元者。”①

一年三百六十日,春夏秋冬四季,每季三月九十日。《元命苞》说:“冬至百八十日春夏成,夏至百八十日秋冬成,合三百六十日岁数举。”又说:“阳气数成于三,故时别三月。阳数极于九,故三月一时,九十日。支象于月,十二月为一岁也。”宋均注:“四时皆象此类,不唯春也。”二十四节气,《说题辞》说:“大节二十四,小节十二,功德分也,故一岁三十六雨。”又说:“一岁三十六雨,天地之气宜,十日小雨应天文,十五日大雨以斗运也。”三年一闰。《元命苞》说:“三年闰,以起纪。”宋均注:“纪,法也。三年加一闰,以成法也。”又说:“自开辟至获麟二百七十六万岁。”共分十纪,又说:“每纪为一(二)十七万六千年。”

三 说天地历法

1 说日

《考异邮》说:“日之为言实也,节也。含一,开度立节,使物咸别,故谓之日。言阳布散,合如一,故其立字四合共一者为日,望之度尺,以千里立。”又说:“日圆望之广尺,以应千里。”又说:“天有三百六十五度四分度之一,布在四方。日,日一历无差池,使四方合如一,故其字四合一也。”《元命苞》说:“元开阳为天,积精为日,散而分布为大辰,天一,阳成于三,故日中有三足乌。”又说:“阳以一起,故日。日行一度,阳成于三,故有三足乌。乌者阳精,其言偻呼。俗人见偻呼为乌,故以名之。”注:“偻呼温润生长之言。”又说:“天尊积为日。阳以一起,日以发纪,火精阳气,故外热内阴,象乌也。尊故满,满故施,施故仁,仁故明,明故精在外,在外故火。日

① 赵在翰:《七纬》,中华书局,2012年版,第518页。

外景，外景故阳精外吐。”又说：“乌在日中，象阳裹阴也。以其在日中得阳气，故仁而能反哺。在西者，春时日临兑西，是二八之门，日所入处，取其终也，故并配西。”

2 说月

《元命苞》说：“月者阴精，为言关也。中有蟾蜍与兔者，阴阳两居相附托，抑谓合阳结治，其内光炬，中气似文耳。兔善走，象阳动也。兔之言僖，僖呼呼，温暖名也。月，水之精，故内明而气冷。阴生不满者，诎于君也。至望而盈者，气事合也。盈而阙者，诎向尊也。其气卑卑，故修表成纬，阴受阳精，故精在内，所以金水内景，内景故精，阴沉势不动，月为阴精，体自无光，借日照之乃明，有如臣自无威，假君之势，乃成其威。月初未正对日，故无光缺。月半与日相对，故光满。十六日以后渐缺，亦渐不对日也。”宋均注：“诎，还也。尊，君也。”又说：“兔在月中者，阴裹阳也。坎之气，坎在子位，子刑在卯，故兔属卯，老兔。”

3 说日月

《元命苞》说：“胎错舞连以钧一，动合于二，故阴阳受；成于三，故日月星序；张于四，故时起；立于五，故行动；布于六，故律踊；分于七，故宿改；萌于八，故风布，极于九，故州吐，毕于十，故功成数正。”

4 总说天地

《元命苞》说：“天之言瑱。”又说：“地者易也，言养物怀任，交易变化，含吐应节，故其立字土力于乙者为地。”注：“地加土以力，又加乙者，言奉太乙也。”又说：“土无位而道在，故太乙不兴化，人主不任部，地出云起雨以合纵天下，勤劳出于地，功名归于天。”注：“土以谦自正，以卑自敛，终不自伐生养之苦，乃兴云雨，一归于天中。"《说题辞》说:"天之为言颠也。居高履下为人经纬,故其字一大以镇之。此天之名义也。天之为体,中包乎地,日月星辰属焉。"又说:"群阳精也,合为太乙,分为殊名,故立字一大为天。"又说:"元精气以为天,混沌无形体。"宋均注:"言元气之初如此也。混沌,未分也。"《说题辞》说:"地之为言媲也。承天行其义也,居下以山为位,道之经也。山陵之大,非地不制,汉功以牧生,故其立字土力于一者为地。"注:"力,勤也,即天也。"

5 说历法

《元命苞》说:"岁之为言遂也。"注:"遂,出也。出行事于所直辰也。"又说:"三年一闰,不告朔,非礼也。夫闰正时以作事,厚民生之道,枢机是在。"又说:"冬至阴云祁寒,有云迎日者,来岁大美。"又说:"南至有云迎日,年丰之象。"《说题辞》说:"阳制阴,故水为雨。"又说:"一岁三十六雨,天地之气宣,十日小雨应天文,十五日大雨以斗运也。"又说:"大节二十四,小节十二,功德分也,故一岁三十六雨。"又说:"盛阳之气,温暖为雨,阴气薄而胁之,则合而为雹。盛阴之气,凝滞为雪,阳气薄而胁之,则散而为霰。"又说:"虚生有形。"

四 传说历史

1 三皇

《元命苞》说:"伏羲、神农、女娲为三皇。"《运斗枢》说:"差德命叙,伏羲、女娲、神农是三皇也,皇者天,天不言,四时行焉,百物生焉,三皇垂拱无为,设言而民不违,道德玄泊,有似皇天,故称曰皇。皇者中也光也宏也,含宏履中,开阴阳布纲,上含皇极,其施光明,指天画地,神化潜通,煌煌盛美,不可胜量。"

2 伏羲

《合诚图》说:“伏羲龙身牛首,渠肩达掖,山准日角,奯目珠衡,长九尺有一寸,望之广,视之专。”注:“渠,通也。掖、腋同。衡,目上也。珠衡者,目一衡骨有连珠,象玉衡星也。”《元命苞》说:“伏羲龙状。”《文耀钩》说:“伏羲氏作易名官。”

3 神农

《元命苞》说:“少典妃安登游于华阳,有神龙首,感之于常羊,生神子,人面龙颜,好耕,是为神农。”又说:“女登生神农,人面龙颜,始为天子。”又说:“神农生,三辰而能言,五日而能行,七朝而齿具,三岁而知稼穑般戏之事。”又说:“神农世,怪义生白阜,图地形。”注:“怪义,白阜之母名也。白阜为神农图画地形,同水道之脉,使不雍塞也。”《春秋纬》说:“炎帝号大庭氏,下为地皇作耒耜,播百谷,曰神农。”

4 女娲

《保乾图》说:“女娲氏命娥陵氏制都梁管,以一天下之音;命圣氏为班管,以合日月星辰,名曰充乐。又令随作笙簧。”

5 五帝

《运斗枢》又说:“五帝修名立功,修德化成,统调阴阳,招类使神,故称帝。帝之言谛也。”郑氏注:“审帝于物色也。”《保乾图》说:“五帝异绪。”宋衷注:“绪,业也。”

6 黄帝

《元命苞》说:“黄帝龙颜,得天庭阳,上法中宿,取象文昌。戴天履阴,乘数制刚。”注:“颜有龙象,似轩辕也。庭阳,太微庭也。戴天,天文在首。履阴,阴字在足下也。制纲纪也,纪正四辅也。”

《合诚图》说:“黄帝先致白狐、白虎诸神物乃下。”又说:“黄帝德冠帝位。”又说:“黄帝布迹,必稽功务法。”注:“迹,行迹,谓功绩也。”又说:“黄帝请问太一长生之道,太一曰:斋戒六丁,道乃可成。”注:“丁,取。能丁宁常戒慎也。”

7 仓颉

《元命苞》说:“仓颉四目,是谓并明。”

8 蚩尤

《元命苞》说:“蚩尤虎卷,威文立兵。”宋均注:“卷,手也。手文威字也。”

9 少昊

《元命苞》说:“黄帝时,大星如虹,下流华渚,女节梦接,意感,生白帝朱宣。”注:“华渚,渚名也。朱宣,少昊氏。”《春秋纬》说:“青阳即是少皞,黄帝之子,代黄帝而有天下,号曰金天氏。”

10 颛顼

《元命苞》说:“有瑶光贯月,感女枢,生颛顼,女枢见此而意感也。”又说:“颛顼骿干,上法月参,集威成纪,以理阴阳。”注:“骿犹重也。水精主月,参伐主斩刈,成功兼此,月职重助费以为表。”又说:“颛帝戴干,是谓崇仁。”

11 帝喾

《元命苞》说:“帝喾戴干,是谓通明。发节移度,盖象招摇。”宋均注:“干,楯也。招摇象天戈,戈楯相副,戴之者象,见天下以为表。”《文耀钩》说:“高辛受命,重、黎说天文。”

12 尧

《合诚图》说:“帝尧之母曰庆都,生而神异,常有黄云覆上。赤帝之精，生于翼下。足下五翼星。”《元命苞》说：“尧，火精，故庆都感而赤龙生。”《合诚图》说：“赤帝之精，象如太白七芒。”又说：“赤帝之为人，视之丰，长八尺七寸。”又说：“赤帝体为朱鸟，其表龙颜，多黑子。”《元命苞》说：“尧眉八采，是谓通明，历象日月，璇玑玉衡。”《文耀钩》说：“唐尧即位，羲和礼禅。”《演孔图》说：“尧恒视荧惑所在，在房，则改法蠲令。”宋均曰：“房为天子明堂，政教有门，故改法蠲令也。”

13　皋陶

《元命苞》说：“尧为天子，季秋下旬，梦白虎，遣吾马喙子，其母曰扶始，升高丘，睹白虎上有云，感己生皋陶，索扶始问之，如尧言。征与语，明于刑法，罪次终始，故立皋陶为大理。”又说：“尧为天子，梦马喙子，得皋陶，聘为大理。”

14　舜

《元命苞》说：“舜重瞳子，是谓滋凉，上应摄提，下应三元。”《演孔图》说：“舜目四童，谓之重明，承乾踵尧，海内富昌。”又说：“舜目重童，是谓无景。”《运斗枢》说：“舜与大司空禹，临侯望博三十人。”注：“大司空，公官名。临侯国氏，博望名。”又说，舜，“黑精用事，百木同根”。注：“百枝木共一根，天下共主之征也。”又说：“椒桂合刚阳。”注：“椒桂，阳星之精所生也，合，犹连体而生也。”又说：“椒桂连，名士起。”宋均注：“椒桂，芬香美物也。”

15　禹

《元命苞》说：“禹耳三漏，是谓大通。”《文耀钩》说：“夏后制德，昆吾列神。”

16　汤

《元命苞》说：“扶都感白气而生汤。”又说：“汤臂四肘，是谓神刚，象月推移，以绥四方。”《演孔图》说：“汤臂三肘，是谓柳翼。”《春秋纬》说：“汤遭大旱，以六事谢过，其一云女谒行与。”

17 伊尹

《演孔图》说：“伊尹大而短，赤色而髯好，俛而下声。”

18 后稷

《元命苞》说：“周先姜嫄履大人迹生后稷，扶桑推种生，故稷好农。”又说：“姜嫄游閟宫，其地扶桑，履大人迹而生稷。”又说：“后稷岐颐自求，是谓好农，盖象角亢，戴土食谷。”宋均注：“面皮有土象也。颐面为下部，下部为地，巧于利也。”

19 文王

《元命苞》说，文王“生于岐，立于丰”。注：“岐，雍州之山最大者也。丰亦大。”又说：“文王龙颜，柔肩望羊。”注：“柔肩，言象龙膺曲起。”又说：“文王四乳，是谓含良。盖法酒旗，布恩施惠。”宋均注：“酒者乳也，乳天下之谓，能乳天下，布施之谓也。”《演孔图》说：“文王四乳，是谓含良。”《元命苞》说，文王“衣青色”，注：“木神，以其方色表衣。”又说，文王称“精翼日”，注：“为日精所羽翼，故遂以为名也。”又说：“精出于天，提日而西北之也。”又说：“迁造西，十刻消。”注：“迁造西，盖文王为西伯时，西方造意东入讨纣，十刻之间则消灭之，言圣人所向无前也。”又说：“伐殷者为姬昌。”注：“姬之言基始也。昌，两日重见，言明象。”又说：“文王积善，所润之余烈”，“继体守文之君，不害圣人之王”，“圣王独见，四海归王”，“受命逐横，顺天之德”。

20 武王

《元命苞》说：“武王骈齿，是谓刚强。取象参房，承命诛害，以顺天心。”宋均注：“房为明堂，主布政之宫，参为大辰，主斩杀，兼此二者，故重齿为表。"《文耀钩》说："牧野之战鬼哭。"宋均注："牧野鬼先哭，喻纣将死。"

21　成王

《元命苞》说："文王造之未遂，武王遂之而未成，周公旦抱少主而成之，故曰成王。"又说："成王时，西方献孔雀。"《文耀钩》说："成周改号，苌宏(弘)分宫。"

22　管仲

《文耀钩》说："白虹贯牛山，管仲谏曰：'无近姬宫，君恐失权。'齐侯大惧，更立贤辅，使后出望，上牛山四面听之以厌神。"宋均注："山，君位也。虹蜺，阴气也。阴气贯之，君惑于妻党之象也，望谓祭以谢过也。"《文耀钩》说："齐举管夷吾，虹贯牛山，趣齐去妇，毋近妃宫，齐侯大惧，更立贤辅。"

23　唐史

《文耀钩》说："楚立唐氏以为史官，有苍云如霓，围轸七蟠，中有荷斧之人向轸而蹲。楚惊，唐史曰：'君慢命，又简宗庙。'画遗炎烟，耀于苍云，精消无文。故曰唐史之策，上减青云，谓之神史也，不以知道之原。"宋均注："轸，楚分也。蟠犹周也。蹲，踞也。命，天命也。轸于天文，楚之分也，向之而踞，是慢命距简宗庙。告神以史功也。"《左传·定公四年》："史皇谓子常：'楚人恶子而好司马。'"杜预注："史皇，楚大夫。"史皇或即唐史。

24　孟子

《演孔图》说："孟子生时，其母梦神人乘云自泰山来，将止于峄，母凝视久之，忽片云坠而寤，时闾巷皆见有五色云覆孟子之居焉。"

25　秦始皇

《合诚图》说:“诸侯冰散席卷,各争恣妄。”《运斗枢》说:“抑楚言荆,不使主中国。”

26　刘季

《握诚图》说:“刘媪梦赤鸟如龙戏己,生执嘉。”又说:“执嘉妻含始游洛池,赤珠上刻曰‘玉英’,吞此为王客,以其年生刘季,为汉皇。”注:“为王客者,为王所宾客。”

27　萧何

《佐助期》说:“汉相萧何昴星精,生于丰,通于制度。”又说:“汉相萧何长七尺八寸,昴星精,生耳三漏,月角火形。”又说:“萧何感昴精而生,典狱制律。”

28　张良

《保乾图》说:“汉之一师为张良,生韩之陂,汉以兴。”

五　图书

1　黄帝

《合诚图》说:“黄帝游玄扈洛水上,与大司马容光左右辅周昌等百二十二人临观,凤凰衔图置帝前,帝再拜受图。”注:“玄扈,石室名也。”《运斗枢》说:“黄帝与大司马容光观凤凰衔图,置黄帝前。”《元命苞》说:“凤凰衔图,置帝前,黄帝再拜受。”《运斗枢》说:“黄龙负图出,置帝前鸟文。”又说:“黄帝得龙图,中有玺章,文曰天皇符玺。”

《春秋纬》说:“黄帝坐于扈阁,凤凰衔书至帝前,其中得五始之文。”《元命苞》说:“黄帝受图有五始。”所谓五始,《春秋左传正义·

隐公元年》孔颖达疏:"说《公羊》者(何休)云'元者气之始,春者四时之始,王者受命之始,正月者政教之始,公即位者一国之始',《春秋》纬称黄帝受图有五始,谓此五事也","何休又云'……五者同日并见,相须成体'"。

2 仓颉

《元命苞》说:"仓帝史皇氏名颉,姓侯冈,龙颜侈哆,四目灵光,实有睿德,生而能书,及受河图录字,于是穷天地之变,仰观奎星圆曲之势,俯察龟文、鸟羽、山川、指掌而创文字,天为雨粟,鬼为夜哭,龙乃潜藏,治百有一十载,都于阳武,终葬衙之内乡亭。"《说题辞》说:"字者,饰也。"

3 尧

《合诚图》说:"尧母庆都有名于世。盖大帝之女,生于斗维之野,常在三河之东南。天大雷电,有血流润大石之中,生庆都。年十二寄伊长孺家,无夫,出观三河之首,常有若神随之者。有赤龙负图出,庆都读之:'赤受天运'。下有图人衣赤,光面八采,须发长七尺二寸,兑上丰下,足履翼宿,署曰:'赤帝起,成天宝。'"注:"三河之首,河东之端。运,录运也。衣赤光,光象而又着衣也。八彩,彩色有八也。翼,翼星,位宿也。图人旁有此署文七十也。"《合诚图》接着说:"即庆都之翼之野,奄然阴风雨,赤龙与庆都合婚,有娠。龙消不见,而乳尧。既乳,视尧如图表。"注:"如图人仪表也。"接着说,尧"长大形象天帝,常有黄云覆盖之,蔑食不饥"。注:"天帝以气食。"接着说:"及尧有知,庆都以图予尧。"

《合诚图》又说:"尧坐中舟,与太尉舜临观,凤凰负图,授尧图,以赤玉为匣,长三尺,广八寸,厚三寸,黄金检,白玉绳封两端,其章曰'天赤帝符玺'五字。"《元命苞》说:"尧坐中舟,与太尉舜临观,凤凰负图授。”又说:“尧游河渚,赤龙负图以出,图赤如绨状,龙没图在。与太尉舜等百二十人发视之。”又说:“唐帝游河渚,赤龙负图以出。图赤色如锦状,赤玉为匣,白玉为检,黄珠为泥,玄玉为鉴。章曰‘天皇大帝合神制’,署‘天上帝孙伊尧’,龙润涓图在唐典,右尉舜等百二十臣发见之,臧之大麓。”《运斗枢》说:“赤龙负图以出河,见尧与太尉舜等百二十臣集,发藏大麓。”

4 舜

《运斗枢》说:“黄龙从洛水出谐虞舜,鳞甲成字,舜令写之,写竟去。”又说:“舜以太尉受号,即位为天子。五年二月东巡守,至于中月,与三公诸侯临观。”注:“太尉,公官名也。唐虞五载一巡守。中月,半月也。临观河也。”又说:“舜为天子东巡至(河),中月临观。”接着说:“黄龙五采复图出,置舜前,蹛入水而前去。”注:“蹛,去也。”接着说:“图以黄玉为匣,如柜,长三尺,广八寸,厚一寸,四合而连,有户。”又说:“白玉检,黄金绳,紫芝为泥,封两端,章曰天黄帝符玺五字,广袤各三寸,深四分,鸟文。”注:“文,字也。”又说,舜“集发图玄色而绨”,注:“而,如也。长三十三尺广九寸,中有七十二帝地形之制,天文官位度之差。”注:“三或为五。”

5 文王

《元命苞》说:“凤凰衔丹书,游于文王之都,西伯既得丹书,于是称王,改正朔,逐崇侯虎。”《春秋纬》说:“周图变。《书》云赤雀所衔,烛下授文王于丰殿之前。天子精耀招神,任理用贤,有向心,顺务德,则景星见,鸾凤下。”

6 总说

《说题辞》说:“王者沉礼焉。”《汉含孳》说:“天子南面禀图书。”《演孔图》说:“王者常置图录坐旁,以自正。”又说:“天子执图,诸侯得之大权成。"《合诚图》说:"皇帝立五始。"《考异邮》说:"后虽殊世,风烈经纶,犹合于持方。"宋均注:"持方,受命者名也。"

六　瑞应

1　帝王之兴

《演孔图》说:"黄帝之将兴,黄云升于堂。"《考异邮》说:"黄帝将起,有黄雀赤头立日旁。帝占曰:黄者土精,赤者火荧,雀者赏萌。余当立大功乎,黄雀者桑也。"《合诚图》说:"大帝之精,起三河之州,中土之腴。"《感精符》说:"帝王之兴,多从符瑞。周感赤雀,故尚赤;殷致白狼,故尚白;夏锡玄珪,故尚黑。"《演孔图》说:"夏民不康,天果命汤,白虎戏朝,白云入房。"又说:"汤地七十,内怀圣明,白虎戏朝。"又说:"将兴,白虎戏朝也。"又说:"其终,白虎在野。"又说:"天命于汤,白云入房。"注:"白云,金精,入汤房也。"《元命苞》说:"天命文王以九尾狐。"

《演孔图》又说:"天子皆五帝之精宝,各有题叙,以次运相据起,必有神灵符纪,使开阶立隧。"杨应阶注:"隧为羡道,又为道之通称。"①又说:"天命之见候期门,灵龟穴庭,玄龙御云。"注:"灵龟,虚虎也。穴庭者,星入太微门。玄龙,水精也。御云者,盖此召气也。"又说:"圣人在后曰望阳,苞怀至德据少阳。"《潜潭巴》说:"里社鸣,此里有圣人出;其呴,百姓归之,天辟亡。汤社鸣。"宋均注:"里社之君,鸣则教令行,唯圣人能之也。呴,鸣之怒者,圣人怒,则天辟亡也。汤起放桀,盖此祥也。明与鸣古字通。"

---

① 赵在翰:《七纬》,中华书局,2012年版,第379页。

2 一般情况

(1) 鸾凤

《感精符》说:"王者上感皇天,则鸾凤至。"《演孔图》说:"天子官守,以贤举,则鸾在野。帝轩题象,鸾鸟来仪;周公归政制礼,而鸾复见。"《演孔图》又说:"凤,火精也。凤鹑火之禽,阳之精,惟德能至神鸟也。"《潜潭巴》说:"凤行鸣曰归嬉,止鸣曰提扶,夜鸣曰善哉,晨鸣曰贺世,飞鸣曰郎都。"

(2) 麒麟

《感精符》又说:"王者德化旁流四表,则麒麟游其囿。麟一角,明天下共一主也。德及幽隐,不肖斥退,贤者在位,则至。明于兴衰,武而仁,仁而有虑,禽兽有陷阱,非时张猎,则去,明王动则有义,静则有容,乃见。"

(3) 甘露,醴泉

《演孔图》说:"灵符滋液,以类相应。"《佐助期》说:"武露布,文露沉。"宋均注:"甘露见其国布散者,人尚武;文采者,则甘露凝重。"《潜潭巴》说:"君德应阳,则醴泉出焉。"《感精符》说:"德沦于地,则醴泉出焉。"

(4) 白雉,白狐

《感精符》说:"王者德泽旁流四表,则白雉见。"《潜潭巴》说:"白狐至,国民利;不至,下骄恣。"

(5) 嘉禾,朱草

《感精符》说:"德下沦于地,则嘉禾兴。"《演孔图》说:"德沦于地,则嘉禾生。"《说题辞》说:"禾者衔滋液也。"《感精符》说:"王者德洽于地,则朱草生,食之令人不老。"

(6) 蓂荚

《潜潭巴》又说:"君臣和得道,度叶中,则蓂荚生于庖厨。"

(7) 总说

《保乾图》说:“神明之应,疾于倍风吹鸿毛。”《佐助期》说:“穴藏先知雨,而阴曀未集,鱼已噞;巢居先知风,树木未动,鸮已翔。”《文耀钩》说:“春致其实,华实乃荣。”《元命苞》说:“跂行喙息,蠕动蜎蜚,根生浮著,含灵盛壮。”

七 三五而反,五德之运,文质再复

1 三五而反

《合诚图》说:“至道不远,三五而反。”宋均注:“三,三正也;五,五行也。三正五行,王者改代之际会也。能于此际自新如初,则通无穷也。”由五行而有五德之运,《元命苞》说:“五德之运,各象其类。兴亡之名,应录次相代。”宋均注:“运,箓连也。”《说题辞》说:“大运在五。”

2 五行

《元命苞》说:“五行并起,各以名利。”注:“自六合俱生,以通五行,各有阴阳交合,故能然也。”所谓五行,指水火木金土。相生相胜。又说:“阳吐阴化,故水生木也。”在四时有王相死囚休,《运斗枢》说:“四时生者休,王所胜者死,相所胜者囚。假令春之三月木王,水生木,水休。木胜土,土死。木王火相,王所生者相,相所胜者囚,火胜金,春三月金囚。”《元命苞》又说:“木者触也,触地而生。”又说:“土之为言吐也,含吐气精,以生于物。”《文耀钩》说:“水土合则成炉冶,炉冶成则火兴,火兴则土之子焠,金成销铄,金成则土无子,无子辅父则益妖孽,故子忧。”

五行有数,《元命苞》说:“水之为言演也,阴化淖濡,流施潜行也。故其立字,两人交,一以中出者为水。一者数之始,两人譬男女,言阴阳交,物以一起也。火之为言委随也,故其字,人散二者为火。木者阳精,生于阴,故水者木之母也。木之为言触也,气动跃也,其字八推十为木,八者阴,合十为阳数。土为言吐也,言子成父道,吐也。气精以辅也,阳立于三,故成生。其立字十加一为土。”又说:“胎错舞连以拘一;动合于二,故阴阳受;成于三,故日月星序;张于四,故时起;立于五,故行动;布于六,故律踊;分于七,故宿改;萌于八,故风布;极于九,故州吐;毕于十,故功成数止。”《五行大义》卷一引说:“此并经纬共明五行生成数之数不过十也。”

3 天统,地统,人统;五德相承;改正朔,易服色

《感精符》说:“天统十一月建子,天始施之端也;谓之天统者,周以为正。地统十二月建丑,地助生之端,谓之地统,商以为正。人统(正)月建寅,物生之端,谓之人统,夏以为正。”又说:“十一月建子,天始施之端,谓之天统。周正服色尚赤,象物萌色赤也。十二月建丑,地始化之端,谓之地统,殷正服色尚白,象物芽色白。正月建寅,人始化之端,谓之人统,夏正服色尚黑,象物生色黑也。此三正律者,亦以五德相承。以前三皇为正,谓天皇、地皇、人皇,皆以天地人为法,周而复始。其岁首所书乃因以为名,欲体三才之道而君临万邦。故受天命而王者,必调六律而改正朔,受五气而易服色,法三正之道也。周以天统,服色尚赤者,阳道尚左,故天左旋。周以木德王,火是其子,火色赤,左行,用其赤色也。殷以地统,殷色尚白者,阴道尚右,其行右转,殷以水德王,金是其母,金色白,故右行,用其白色。夏以人统,服色尚黑者,人亦尚左,夏以金德王,水是其子,水色黑,故左行,用其黑色。”

有苍赤黄白黑各帝。《感精符》说:“苍帝望之广,视之博。赤帝望之火,煌煌然,视之尖上。黄帝望之小,视之大,广厚正方。白

帝望之明，视之楙。黑帝望之巨，视之稚。”各帝服色不同，《合诚图》说：“黄帝冠黄文，白帝冠白文，黑帝冠黑文。”《元命苞》说：“夏，白帝之子；殷，黑帝之子；周，苍帝之子。”《感精符》说：“黑孔生，为赤制。”《保乾图》说：“黑帝治八百岁，运极而授木，苍帝七百二十岁而授火。”注：“殷，黑帝之子，周，苍帝之子。八字讹，当作六，水成数六也。二七为木数，故云七百二十岁。”《演孔图》说：“丘为制法之主，黑绿不代苍黄。”又有所谓黄青赤白黑龙。《运斗枢》说：“黄金千载生黄龙，青金千载生青龙，赤金千载生赤龙，白金千载生白龙，玄金千载生玄龙。”《合诚图》说：“尧游河渚，赤龙负图以出。”《运斗枢》说：“黄龙从洛水出。”

《合诚图》说：“苍帝将亡，则麒麟见绁；白帝亡，则白虎执；黄帝将亡，则黄龙坠；玄帝将亡，则灵龟执；白帝将亡，则蛇有足，伏如人。”《演孔图》说：“苍之灭也，麟不荣也。麟，木精也。”宋均注：“麟木精，木生于水，故曰阴。木气好土，土黄木青，故麟色青黄。不荣，谓见绁柴也。”《感精符》说：“苍帝之始，二十八世，灭苍者翼也。”注：“尧，翼帝之精，在南方，其色赤。”又说：“灭翼者斗”，注：“舜，斗之星精，在中央，其色青。”又说：“灭斗者参”，注：“禹，参之星精，在西方，其色白。”又说：“灭参者虚”，注：“汤，虚之心精，在北方，其色黑。”又说：“灭虚者房”，注：“文王，房星之精，在东方，其色青。”

各帝本皆精。《合诚图》说：“赤帝之为人，足下五翼星。”又说：“赤帝之精，生于翼下。”又说：“赤帝之精，象如太白，七芒。”《感精符》说：“孔子案录书，合观五常英人，知姬昌为苍帝精。”

4 文质再复

改正朔，易服色，昭示文质不同。《元命苞》说：“王者受命，昭然明于天地之理，故必移居处，更称号，改正朔，易服色，以明天命圣人之实，质文再而改，穷则相承，周则复始。”又说：“正朔三而改，文质再而复。”又说：“王者一质一文，据天地之道，天质而地文。”又说：“三王有失，故立三教以相变。夏人之立教以忠，其失野，故救野莫若敬；殷人之立教以敬，其失鬼，救鬼莫若文；周人之立教以文，其失荡，故救荡莫若忠，如此循环，周则复始，穷则相承。”

5　周爵五等，《春秋》三等

所谓三五，《元命苞》又说：“周爵五等，法五精。《春秋》三等，象三光。”注：“五精是其总法，五行分之，则法五刚，甲丙戊庚壬。其诸侯之臣法五柔，乙丁巳辛癸。”又说：“公之言公，公正无私。侯之言候，后逆顺，兼伺候王命矣。伯之言白，明白于德；子者子恩宣德；男者任功立业，皆上奉王者之政教礼法，统理一国，修身洁行矣。”又说：“质家爵三等者，法天之有三光也，文家爵五等者，法地之有五行也。合三从子者，制由中也。”

6　三百岁

所谓三五，《保乾图》又说：“阳起于一，天帝为北辰。气成于三，以立五神，三五展转机以动，故三百岁斗历改宪也。”所谓“天帝为北辰”，见下章。所谓三百岁，值得注意。《保乾图》又说：“王者三百年一蠲法。”《演孔图》说：“仁义之道，日月循环。天运三百岁，雌雄代起。”

7　名成功号

《说题辞》说：“名，成也，大也；功也，号也。”又说：“号者功之表，谥者行之迹，所以追劝成德，使尚务节。”又说：“秉懿诚之义，思至尊之功。”又说：“尽忠竭思，国富民康，存恤幼孤。”

八　礼乐刑罚

1　礼

(1) 郊，祭宗庙山川

《元命苞》说："造起天地，铸演人君同三灵之贶，交错同瑞。"《春秋感精符》说："人主日月同明，四时合信，故父天母地，兄日姊月。"宋均注："父天于圜丘之祀也，母地于方泽之祭也。兄日于东郊，姊月于西郊。"《元命苞》说："宗人主先人，以时祠享。"又说："天子五庙，二昭二穆，与始祖而五。"又说："唐虞五庙，殷六庙，周七庙。"《合诚图》说："明堂在辰巳者，言在水火之际。辰，木也；巳，火也。木生数三，火成数七，故在三里之外，七里之内。"《汉含孳》说："天子祷九州三川，诸侯祷封内，大夫祷所食邑。"

(2) 朝聘赐田

《说题辞》说："诸侯执政各来朝，讲文德礼让，制法四方。"又说："朝者不占而到，诸侯秉政，尊卑有叙，各来朝，讲文德，明礼让，天下法制，四方受度。"又说："会者所以兴德明义。"又说："蛮服流远，正朔不及，盛德则感，越裳重译至也。"《元命苞》说："赐虎贲得诛，赐斧钺得专征伐。"《运斗枢》说："夏不田。"田，猎。

(3) 封禅

《汉含孳》说："冢宰奉图，宗人共观，九日悉见后日之过、方来之害，以告天曰：请封禅，到岱宗，画期过数，告请命。"注："封，封太山。禅，禅梁甫。"

(4) 雩

《汉含孳》说："三时唯有祷礼，无雩祭之事，唯四月龙星见，始有常雩耳。"又说："请雨祝曰：昊天生五谷以养人，今五谷病旱，恐不成，敬进清酒膊脯，再拜请雨，雨幸大澍。"《考异邮》说："雩呼嗟嗟哭泣,雩者,呼嗟求雨之祭。"《春秋》纬说:"冠者五六人,童子六七人。"《公羊传·桓公五年》徐彦疏:"盖是天子雩也。"

(5) 日蚀

《感精符》说:"立推度以正阳,日食则鼓,用牲于社,鸣鼓胁之。"又说:"救日蚀,天子南面禀图书,察九野。""日蚀大水,则鼓用牲于社,社者阴之主,朱丝萦社,鸣鼓胁之也。消变之道,筑明坛南郊,日之将蚀,渐青黑,谨遣大将三公如变所感之过,以告天曰:'子天臣某,谨承皇戒,退避正居,思行厥误。阳精有蔽,已政类弃正事,去非,释苛禁,不敢直命,遣臣钦喻已绝国害之谪,近以绪尽力宣文,思维表道,愿得修政以奉宗祖,追往翼今,勉开嘉纪,纵大阳精,以兴日宝,归报天子,三日就宫,遣使诏诸侯问过,举名士,察奸理冤,督教化不宣者,审以敕身,务佐为行,天子吉。'"

(6) 天子崩,诸侯薨,大夫卒,士不禄,庶人死

《说题辞》说:"天子崩,黎庶陨涕,海内悲凉。"注:"凉,愁也。"又说:"天子曰崩,崩之为言殡也。诸侯称薨,薨之为言奄然而亡,大夫曰卒,精耀终也。卒之为言终于国也。士曰不禄,师其忠也。不禄为身消名章也。庶人曰死,魂魄去心,死之为言澌,敬穷也。"又说,敛,"唅之为言口含也。天子以珠,诸侯以玉,大夫以璧,士以贝"。又说:"口实曰含,缘生象食,孝子不忍虚其欲。"注:"不忍虚,故实其口。"又说:"知生曰赙,知死曰赗。赙之为言助也,赗之为言覆也。舆马曰赗,货财曰赙,玩好曰赠,决其意也。衣被曰襚,养死具也。赠之为言称也。襚之为言遗也。"又说:"葬,尸下藏也。人生于阴,含阳充。死入地,归于阴也。"注:"人生阴,谓在胞胎中。"

(7) 总说

《考异邮》说:"饰礼容,成文法。"《说题辞》说:"礼者所以设容,明天地之体也。"又说:"礼得则天下咸得厥宜,阴阳滋液,万物调,

四时和，动静常用，不可须臾惰也。”

2 乐

《元命苞》说：“王者不空作乐，乐者和盈于内，动发于外，应其发时，制礼作乐以成之。是故作乐者必反天下之始，乐于己为本。舜之时民乐其绍尧乐，故云韶之言绍也。禹之时民大乐，其骈三圣相继，故夏者大也。”注：“骈读曰频，频犹无也。”又说：“汤之时，民大乐其救之于患者，故乐名大濩。濩者，救也。文王时，民大乐其兴师征伐，故曰武者伐也。四者天下所同乐一也，其所同乐之端，不可一也。”注：“各乐其君所为，故不可合四家以为一也。”又说：“缘天地之所杂乐，为之文典。文王之时，民乐其兴师征伐，而诗人称其武功。”《说题辞》说：“无乐者，无祭祀之乐。”又说：“乐无大夫士制。”《元命苞》说：“律之为言率也，所以率气令达也。”注：“率犹导也。”又说：“黄钟者始黄。”注：“始萌黄泉中。”《春秋纬》说：“应其钟。”注：“应钟，应其钟类。”《春秋纬》说：“玉鼓。”

《感精符》说：“冬至日，人主与群臣左右从乐五日，天下人众，亦家从乐，以迎日冬至。人主致八能之士备，人主乃使八能之士撞黄钟之钟，击黄钟之鼓，公卿大夫列士乃使八能之士击黄钟之鼓，鼓用马革，员径八尺一寸，鼓黄钟之瑟，瑟用槐木，瑟长八尺一寸，吹黄钟之律，间音以竽补，竽长四尺二寸，天地以和应，黄钟以音得，蕤宾以律应，则公卿大夫列士以德贺于人主，因请政所行，请五音之符管，各受其赏。声之调者诸气和，则人主以礼赐公卿大夫列士，五日仪定，天地之气和，人主公卿大夫列士之意得，则阴阳之晷如度数。夏日至之礼，如冬日至之礼舞八音，皆以肃敬为戒，黄钟之音调，诸气和，人主之意顺，则蕤宾之律应。磬声和，则公卿大夫列士诚信，林钟之律应。此谓冬日至成天文，夏日至成地理。”注：“八音者，云门、五英、六茎、大卷、大夏、大濩、大武也。”《演孔图》

说:“正气为帝,间气为臣,宫商为姓,秀气为人。”

3 刑罚

《元命苞》说:“刑者侀也。”又说:“刑字从刀从井,井以饮人,人入井争水,陷于泉,以刀守之,割其情欲,人畏慎,以全命也,故字从刀从井也。”又说:“树棘槐,听讼于其下。棘赤心有刺,言治人者原其心,不失赤。实事所以刺人,其情令各归实。槐之言归也,情见归实。”又说:“黑劓辟之属各千,膑辟之属五百,宫辟之属三百,大辟之属二百,列为五刑。罪次三千。”又说:“狱者,刻确也。”《说文解字》:“狱,确也。”又说:“为狱圆者,象斗运合。”宋均注:“作圆狱者,象斗运合。”又说:“网言为詈,刀詈为罚,罚之言网陷入害。”又说:“王者置廷尉,谳疑刑者,官之平,下之信也。尉者,尉民心,抚其实也。故立字,士垂一人诘曲折者为廷。示戴尸首以寸者,为言寸度治法数之分,示帷户稽于十舍,则法有分,故为尉示以尸寸。”宋均注:“士,事也。垂,系也。尸,人死也。人死不可无,乃戴之者,示天下不可无死也。”《说题辞》说:“伐人者涉入,国内行威,有所斩坏,伐之为言败之也。”

4 以天命制

《元命苞》说:“圣人一其德智者,循其辙,长生久视。”注:“一其德,言尽得其帝之精气也。循其辙,言不违其帝所尚也。如是则皆得长生久视,言所行当天也。”又说:“不以命制,则愚者悖慢,智者无所施其术,殊物逆道,天不杀。故立三命以垂策,所以尊天一节。三者法三道之术。”又说:“命者天之命也,所受于帝。行正不过得寿命,寿命,正命也,起九九八十一。”注:“帝,天帝也。八十一,阳气相乘之极。”又说:“有随命,随命者随行为命也。”又说:“有遭命,遭命者行正不误,逢世残贼,君上逆乱,辜咎下流,灾谴并发,阴阳散忤，暴气雷至，灭日动地，天绝人命，沙鹿袭邑是。"注："忤，错也。袭犹沦也。河水沦沙鹿之邑，溺杀人也。"

九 解释《春秋》

1 总释

(1) 元、春

《春秋》于君始年皆书"元年春"，《元命苞》说："子夏问夫子作《春秋》不以初哉首基为始何？"又说："元年者何？元宜为一，谓之元何？曰：君之始年也。元者端也，气泉，无形以起，有形以分，窥之不见，听之不闻。"注："元为气之始，如水之有泉。泉流之原，造起天地，天地之始也。无形以起，在天成象；有形以分，在地成形也。"《元命苞》又说："诸侯不上奉王之正，则不得即位。正不由王出，则不得为正。王不承于天以制号令，则无法。天不得正其元，则不得成其元也。王不上奉天文以立号，则道术无原。故先陈春，后言王。天不深正其元，则不能成其化，故先起元，然后陈春矣。"又说："以元之深，正天之端。以天之端，正王者之政。"又说："据春者，岁之始也。神明推移，精华结纽。"注："神明，犹阴阳也。相推相移，使物精华结成，纽结要也。"又说："春含名蠢，谓东方动，春气明达，六合俱生，万物应节。"春木色青。又说："其精青龙，龙之言萌也，阴中之阳也。"注："兽之妙，莫若龙，故就青萌以名之。"又说："故言龙举而云兴，猛虎啸而谷风起，类相动也。"《说题辞》说："春，蠢也。蠢，兴也。"

(2) 王道

《元命苞》说："孔子曰：'丘作《春秋》始于元，终于麟，王道成也。'"又说："王者孰谓？谓文王也。疑三代谓疑文王。"宋注："虽大略据三代,其要主于文王。”赵在翰注:“‘疑’字与‘拟’通。”[①]又说:“皇者,煌煌也,道烂然显明。帝者,谛也。王者,往也。神之所输向,人所乐归。”又说:“天道煌煌,非一帝之功;王者赫赫,非一家之常,顺命者存,逆命者亡。”《说题辞》说:“经文备三圣之度。”

(3) 贬绝录行

《运斗枢》说:“《春秋》设七等之文,以贬绝录行,应斗屈伸。”斗,北斗。《感精符》说:“齐晋并争,吴楚更谋,不守诸侯之节,竞行天子之事,作衡车,厉武将;轮有刃,衡著剑,以相振惧。”又说:“楚图宋,更相吞灭。”《保乾图》说:“光闾(阖)害,蚕食天下。”光,吴公子光,阖闾。

(4) 陈天人之际,记异考符

《元命苞》说:“屈中挟一而起者为史,史之为言纪也。天度文法,以此起也。”《运斗枢》说:“常占有经,世史所明。”又说:“北斗七星有政,《春秋》亦以七等宣化。”《握诚图》说:“孔子作《春秋》,陈天人之际,记异考符。”《感精符》说:“日食皆象君之进退为盈缩,当《春秋》拨乱,日食三十六,故曰至谴也。”《考异邮》说:“集二十四旱志,立服而缓云,刑理,察挺罪,赦过,呼嗟哭泣以成发气。分为四部,各有义焉。”《礼记·月令》孔颖达疏:“《春秋》之中不雨有七,大旱有二,大雩有二十一,都并有三十”,“六事不数,唯有二十四在。就二十四中,分为四部:桓五年‘秋大雩’,说雩礼,是一部也;僖二年‘冬十月不雨’,僖三年‘正月不雨’、‘夏四月不雨’,说祷礼,是二部也;文二年、文十年、文十三年皆云‘正月不雨,至于七月’,说旱而不为灾,是三部也。此三部总有七条,于二十四去七条,余有十七条,说旱气所由”,是第四部也。《考异邮》说:“旱之言悍也,阳骄

① 赵在翰:《七纬》,中华书局,2012年版,第392页。

蹇所致也。”

2　补事分说

(1) 隐公

《春秋·隐公九年》:“三月”“庚辰,大雨雪”。《考异邮》说:“庚辰大雪,雪深七尺,并者丈四尺。”

(2) 桓公

《春秋·桓公十三年》:“春二月,公会纪侯、郑伯。己巳,及齐侯、宋公、卫侯、燕人战,齐师、宋师、卫师、燕师败绩。”《考异邮》说:“时战在鲁之龙门,龙门之下,血如江。”宋均注:“龙门战在鲁桓十三年。”又说:“枯骸收胲,血膏润草。”《感精符》说:“强杰并侵,战兵雷合,龙门溺骖。”宋均注:“龙门,鲁地名也。时齐与宋郑战败相杀,血溺骖焉。”《合诚图》说:“战龙门之下,涉血相创。”《考异邮》说:“桓公杀贤,吏民含痛,流涕叩心。”

(3) 庄公

桓公十五年,周桓王崩,《春秋·庄公三年》:“五月,葬桓王。”《感精符》说:“恒星不见,夜中星陨如雨,而王不惧,使荣叔改葬桓王冢,奢丽太甚。”又说:“恒星不见,夜明,周人荣奢改葬桓王冢,死尸复扰,终不觉之。”宋均注:“由三年改葬,故七年恒星不见。夜明者,正由今日荣奢改葬故也。”《春秋·庄公十七年》:“秋,郑詹自齐逃来。冬,多麋。”郑詹,即郑瞻。《感精符》说:“麋之为言,犹迷也。象鲁为郑瞻所迷惑也。”

(4) 僖公

《考异邮》说:“鲁僖公即位,陨霜不杀草,臣威强也。李梅实,梅李大树,比草为贵,是君不能伐也。”《感精符》说:“僖公得立,欣喜,不恤众庶,比致三年,即能退避正殿,饬过求己,循省百官,放佞臣郭都等,理宪狱四百余人,精诚感天,不雩而澍雨。”《考邮异》说:

“僖公三年,春夏不雨,于是僖公忧闵,玄服避舍,释更徭之逋,罢军寇之诛,去苛刻竣文惨毒之教,所蠲浮令四十五事,曰:‘方今天旱,野无生稼,寡人当死,百姓何罪,不敢烦人请命,愿抚万人害,以身塞无状。祷已,舍齐东郊,语大澍也。’”又说:“僖公之时,雨泽不澍,比于九月,公大惊惧,帅群臣祷山川,以六过自让,绌女谒,放下谗佞郭都之等十三人,诛领人之吏,受货赂昭祝等九人,曰:‘辜在寡人,方今天旱,寡人当死,百姓何谤,请以身塞无状也。’”又说:“祷请山川词云:方今天旱,野无生稼,寡人当死,百姓何依,不敢烦人请命,愿抚万民,以身塞无状。”又说:“僖公三时不雨,帅群臣祷山川,以过自让。”

《春秋·僖公四年》说:“公会齐侯、宋公、陈侯、卫侯、郑伯、许男、曹伯侵蔡。蔡溃。遂伐楚。”《左传·僖公四年》接着说:“楚子使与(齐)师言曰:‘君处北海,寡人处南海,唯是风马牛不相及也,不虞君之涉吾地也何故?’管仲对曰:‘昔召康公命我先君大公曰:五侯九伯,女实征之,以夹辅周室!赐我先君履,东至于海,西至于河,南至于穆陵,北至于无棣,尔贡苞茅不入,王祭不共,无以缩酒,寡人是征。’……”《保乾图》言齐扩张其地说:“移河为界,在齐吕。填阏八流以自广。”注:“言齐桓公塞九河之八,以自广其地。”《春秋·僖公十六年》说:“六鹢,退飞过宋都。”《考异邮》说:“鹢者,毛羽之虫,生阴而属于阳。”

《考异邮》说:“(秦)穆公即位,仲夏,霜杀草,日不消。”又说:“缪公即位,仲夏大寒冰,错乱甚也。”秦晋殽之战。《感精符》说:“西秦东窥,谋袭郑伯,晋戎同心,遮之殽谷,反呼老人,百里子哭,语之不知,泣血何益。”

(5)文公

《春秋·文公三年》说:“雨螽于诵。”《考异邮》说:“螽死而坠于地。”

(6) 成公

《春秋·成公十六年》:“雨木冰。”《考异邮》说:“天雨木冰,贵臣将死也。”

(7) 襄公

《考异邮》说:“襄公朝于荆,士卒度岁,愁悲失时,泥雨暑湿,多霍乱之病。”又说:“襄公大辱,师败于泓。徒信不知权谲之谋,不足以交邻国,定远疆。”

(8) 昭公

《考异邮》说:“阴气之专精合生雹,雹之为言合也。以妾为妻,大尊重。九女之妃阙而不御,坐不离前。无由相去之心,同舆参驷,房衽之内,欢欣之乐,专政失人,施而不博,阴精凝而见成。强臣擅命,夷狄内侮,后妃专恣,刑杀无辜,则天雨雹。僖公二十有九年秋,昭三年冬,并大雨雹,时僖公专乐齐女,绮画珠玑之好,掩月光,阴阳凝为灾异;昭公事晋,阴精用密,故灾。”《春秋·昭公二十二年》:“秋,刘子、单子以王猛入于王城。”《考异邮》说:“刘子、单子折猛入城,天王奔走,尹氏立朝,国有三王,天下两主,周分为二,莫能救讨。强弩张于前,梯戟拔于后。”《春秋·昭公二十五年》:“有鸜鹆来巢”。《考异邮》说:“鸜鹆者,飞行属于阳,夷狄之鸟,穴居于阴。”《感精符》说:“鲁昭公时,雉衔环入。”注:“雉之为言弟也。喻昭公弟为季氏,入之为君也。”

(9) 定公

《考异邮》说:“定公即位,陨霜不杀菽,菽者稼最强,季氏之萌。”

(10) 哀公

《春秋·哀公十三年》:“公会晋侯及吴子于黄池。”《感精符》

说:“黄池之会,重吴子,滕薛扶毂,鲁卫骖乘。”又说:“鲁哀公时政弥乱,绝,不日食。政乱之类,当致日食之变,而不应者,谴之何益?告之不悟,故哀公之篇绝,无日食之异。”

3 《公羊》《穀梁》

《说题辞》说:“传我书者公羊高也。”《演孔图》说:“《公羊》全孔经。”又说:“文宣成襄,所闻之世也。”《公羊传・隐公元年》何休解诂:“据哀录隐,兼及昭定,己与父时事,为所见之世;文宣成襄,王父时事,谓之所闻之世也;隐桓庄闵僖,曾祖高祖时事,谓之所传闻之世也。”《穀梁传・文公十一年》说:“长狄也,兄弟三人,佚害中国,瓦石不能害。”《考邮异》说:“兄弟三人,各长百尺,别之国,欲为君。”

第九章 《春秋》纬(中)

一 紫微太微,天帝天庭

主要考虑太阳周年视运动,古人很早就定天球赤道周围的恒星分布为二十八宿,于是周天也有了相应的区间。只是这些区间并不能包括所有天区。二十八宿之北,黄河流域常见不没的北天,有一重要区间,称紫微垣,北极星在其中。另外还有太微、天市二垣,星、张、翼、轸以北为太微垣,房、心、尾、箕、斗以北为天市垣。二十八宿加三垣,后来称三十一天区。紫微,又称中宫,为天帝所居;太微为天庭。《元命苞》说:"宫之为言宣也,宣气立精为神垣,紫微为大帝,太微为天庭,五帝以合时。"太微垣有五帝坐。《晋书·天文志》说:"天市垣二十二星,在房心东北,主权衡,主聚众。"

1 紫微北极,天帝所居

《合诚图》说:"北辰,其星五,在紫微中。"所谓北辰,又称北极,如此则北极亦有五星,《晋书·天文志》:"北极五星。"此五星,首纽星,次主月,又其次主日,又其次主五星(岁、荧惑、填、太白、辰),最后为后宫。纽星为首,通常所谓北极仅指此星,《晋书·天文志》:"北极,北辰最尊者也,其纽星,天之枢也。"天帝所居,乃此五星中主日之星,最明亮。《史记·天官书》:"天极星,其一明者,太一常居也。"《正义》:"泰(太)一,天帝之别名也。"《元命苞》说:"天生大列为中宫大极星,星其一明者,大一帝居。傍两星巨辰子位,故为北辰,以起节度;亦为紫微宫,紫之言中,此宫之中,天神图法,阴阳开闭,皆在此中。"《合诚图》说:"紫微,大帝室,太一之精也。"又说:"紫宫者,太一之常座。"《汉含孳》说:"太一之常居,前朱鸟,后玄武,左青龙,右白虎。"《文耀钩》说:"中宫大帝,其北极星下一明者,为太一之先,含元气,以斗布常。"太一即太乙,《春秋纬》说:"道起于元,一为贵,故太乙为北极天帝位。"

天帝不过居北辰五星之一,但通常称北辰即天帝,《保乾图》说:"天帝为北辰。"《合诚图》说:"天皇大帝,北辰星也。含元秉阳,舒精吐光,居紫宫中,制御四方,冠有五采。"北极即天帝,《文耀钩》说:"中宫大帝,其精北极星,含元出气,流精生一也。"北极为紫微核心,故紫微亦称紫极,《春秋纬》说:"北极主出度","紫极为天帝"。

《佐助期》说:"紫宫天皇耀魄宝之所理也。"《春秋纬》说:"北极为耀魄宝。"《晋书·天文志》:"钩陈口中一星曰天皇大帝,其神曰耀魄宝,主御群灵,执万神图。"《春秋纬》说:"六甲中为辅,包罗物类为神户。"《晋书·天文志》:"抱北极四星曰四辅,所以辅佐北极而出度授政也。大帝上九星曰华盖,所以覆蔽大帝之坐也;盖下九星曰杠,盖之柄也……华盖杠旁六星曰六甲,可以分阴阳而配节候,故在帝旁,所以布政教而授农时也。"《合诚图》说:"钩陈,大帝之正妃也,大帝之常居也。"《晋书·天文志》:"钩陈六星,皆在紫宫中。"《文耀钩》说:"紫宫吐阳合阴。"紫微又有阴德星,《文耀钩》说:"阴德为天下纲。"注:"阴德二星,掌施恩赦,君德以仁为主。宋均以为阴行德者,道常也。"《史记·天官书》:"前列直斗口三星,随北端兑,若见若不,曰阴德。"直,当也;直斗口,当北斗口。《正义》引《星经》云:"阴德二星在紫微宫内。"《运斗枢》说:"阴德符,主正经。"宋均注:"浮犹见也,阴德星帝微,令著明也。"《合诚图》说:"长垣主界域。"《晋书·天文志》:"(紫宫垣有)长垣,一曰天营,一曰旗星,为蕃卫,备蕃臣也。"

2 太微，天庭

(1) 五帝座

《春秋纬》说："大帝紫宫，不言，不动摇，以斗运度推精，五帝修名号。"又说："五帝亦称上帝。"《运斗枢》说："太微宫有五帝星座。"《文耀钩》说："太微宫有五帝坐星，苍帝曰灵威仰，赤帝曰赤熛怒，黄帝曰含枢纽，白帝曰白招拒，黑帝曰汁光纪。"黄帝与太乙有关。《春秋纬》说："北极星其一明大者，太乙之光，含元气，以斗布常，开命运，节序神明，流精生一，以立黄帝。"

(2) 南蕃，东蕃，西蕃

《元命苞》说："太微权，政所在。"《合诚图》说："太微其星十二，四方。"又说："太微主法式，陈星十二，以备武急也。"《文耀钩》说："太微为天庭，理法平辞，监计授德，列宿授符，神诸考节，舒情稽疑也。南蕃二星，东星曰左，执法廷尉之象也；西星曰右，执法御史大夫之象也。执法所以举刺凶奸者也。两星之间，南端门也。左执法之东，左掖门也，右执法之西，右掖门也。东蕃四星，南第一星曰上相，上相之北，东门也。第二星曰次相，其北，中华门也。第三星曰次将，次将之北，太阴门也。第四星曰上将，所谓四辅也。西蕃四星，南端第一星曰上将，上将之北，西门也。第二星曰次将，次将之北，中华门也。第三星曰次将，次相之北，太阴门也。第四星曰上相，亦为四辅也。"《元命苞》说："上将建威武，次将正左右，贵相理文绪，司禄赏功进士，司命主老幼，司灾主灾咎也。"又说："上天一星为郎将。"《史记·天官书》："五帝座后聚一十五星，蔚然，曰郎位；傍一大星，将位也。"

(3) 庙廷，路寝，明堂，后宫

《春秋纬》说："角南两大星曰南门。"《元命苞》说："亢四星为庙廷。"《文耀钩》说："亢为疏庙。"宋均注："疏，外也。庙或为朝也。"

《佐助期》说:“亢为朝廷,房为四表,布三公道。”《合诚图》说:“氐为宿宫。”《史记·天官书》正义引《星经》云:“氐四星为路寝,听朝所居。”《元命苞》说:“房四星,心三星,五度有天子明堂,布政之宫。两口衔士为喜,喜得明星,喜者为熹,熹天心。”宋均注:“心为天王,布政之宫,万物须之乃成,所以喜也。”《文耀钩》说:“房心为天帝之明堂,布政之所出。”又说:“房心为中央大星,天王位。”《说题辞》说:“房心为明堂,天王布政之宫。”又说:“心为天明堂,以布政教。”《佐助期》说:“心为明堂,天王位也。”《合诚图》说:“内阶星主明堂”,注:阶星,内街也。《晋书·天文志》:“文昌北六星曰内阶,天皇之阶也。”《佐助期》说:“尾箕为后宫之长。”《元命苞》又说:“尾九星,箕四星,为后宫之场,列为南宫,其庭太微。”

3　三台;北斗;摄提,少微,司空,执法,五诸侯

(1) 总说

《合诚图》说:“天不独立,阴阳俱动,扶佐立绪,合于二六,以三为举,故三能六星,两两而比,以为三公。三三而九,阳精起,故北斗七星,以为九卿。”《汉含孳》说:“三公在天为三台,九卿为北斗,故三公象五岳,九卿法河海,二十七大夫法山陵,八十一元士法谷阜,合为帝佐,以匡纲纪。”

(2) 三台,北斗

《元命苞》说:“西近文昌二星,曰上台,为司命,主寿。次二星中台,为司中,主宗室。东二星曰下台,为司禄,主兵。”《运斗枢》说:“北斗七星第一天枢,第二旋,第三机,第四权,第五玉衡,第六开阳,第七瑶光。第一至第四为魁,第五至第七为杓,合为斗,居阴布阳,故称北斗。”《文耀钩》说:“斗者天之喉舌,玉衡属杓,魁为璇玑。”又说:“斗为帝令,出号布政,授度四方,故置辅星以佐功,为斗,为人君之象,而号令之主也。”又说:《运斗枢》说:“北斗七星,所

谓璇玑玉衡以齐七政，杓携龙角，衡殷南斗，魁枕参首，是谓帝车。运于中央，临制四乡。分阴阳，建四时，均五行，移节度，定诸纪，皆系于斗。”又说：“天有将相之位，佐列宿为卫，皆据璇玑玉衡，以齐七政，四时布德，三道正气。”《合诚图》说：“天文地理各有所主，北斗有七星，天子有七政也。”

北斗七星皆有神。《佐助期》说：“第一星神名执阴，姓颈梁。第二星神名斗谅，姓伊偶当。第三星神名据理，姓英劉领许。第五星神名防作，姓鸡尹堵。第六星神明开宝，姓蚩，一名苍儿部。第七星神明招，姓肥脱络冯。”《五行大义・论诸神》引《孔子元辰》：“北斗第一神，字希神子；第二神，字贞文子；第三神，字禄存子；第四神，字世惠子；第五神，字卫不邻子；第六神，字微惠子；第大景子。”

(3) 摄提、少微、司空、执法、五诸侯

《合诚图》说：“三九二十七，故有摄提、少微、司空、执法、五诸侯，其星二十七，以为大夫。九九八十一，故内列倍卫阁道郎位，扶匡天子之类八十一星，以为元士。凡有百二十官，下应十二月数之经纬，皆五精流气，以立宫廷。”《元命苞》说：“摄提之为言提携也，言提斗携角，以接于下也。”《合诚图》说：“摄提主九卿”，又说：“少微处士位。”《文耀钩》说：“少微，士大夫位也，一名处士。”《史记・天官书》说：“少微，士大夫。”《正义》说：“少微四星，在太微西。”《汉含孳》说：“少微之北，大夫位，为帝者佐也。”《元命苞》说：“士垂一人。”宋均注：“垂，系也。”

二　星宿具体职主

1　五星

《合诚图》说：“岁星主令德，填星主正纪纲，(辰)星主正常。”《文耀钩》说：“荧惑主侯守。”又说：“填星主德以正常德，失则罚出。”《元命苞》说:“北方辰星水,生物布其纪,故辰星理四时。”宋均注:“辰星正四时之位,得与北辰同名也。”

2 文昌六府

《春秋纬》说:“文昌宫为六府,以布升度,明天道。上将招威,次将辅主,贵相宣德,司命进宫,司中灭咎,司禄赏善,佐理扬宝六名,执权守隶四海之府,土官也。”《元命苞》说:“司命主过,灭除不祥。”《佐助期》说:“司命神,名为灭党,长八尺,小鼻,望羊,多䰄,癯瘦。”《文耀钩》说:“魁戴匡六星曰文昌宫,为六府。”《史记·天官书》集解引晋灼曰:“似匡,故曰戴匡也。”《元命苞》说:“魁下六星,两两而比曰三能,主闿德,宣符德,立题。”注:“皆升文昌三能也。立题,题五帝之德行,主其职矣。”又说:“能之为言耐也,天官器人,各以其材因而任之,则分职指其象以见符。”注:“能,今之台字也。耐,今之能字也。”《元命苞》说:“文昌主集计祸福也,天道文者精所聚,昌者扬天纪,辅弼并居,成天象。”

3 北斗中及北斗旁其他星

《合诚图》说:“天理在斗中,司三公也,如人喉在咽,以理舌语。”又说:“天理主三公。”《晋书·天文志》:“魁中四星为贵人之牢,曰天理也。”《合诚图》说:“辅星主旋明。”《史记·天官书》:“辅星明近,辅臣亲强,斥小疏弱。”《集解》:“孟康曰:在北斗第六星旁。”《正义》:“大臣之象也。”《合诚图》说:“天牢主守将。”《晋书·天文志》:“天牢六星,在北斗魁下。”《合诚图》说:“天枪主捕制。”《晋书·天文志》:“天枪三星,在北斗杓东。”《元命苞》说:“扶筐主臧盖,量入知息耗。”《晋书·天文志》:“(天棓)东七星曰扶筐,盛桑之器,主劝蚕也。”《合诚图》说:“轩辕主雷雨之神,旁有一星玄戈,名曰贵人,旁侧郎位,主宿卫尚书。”《史记·天官书》:“权,轩辕。”

轩辕近有酒旗,《元命苞》说:“酒旗主上尊,大帝运检,阴阳满陈,列宿成德,五星布恩,神明和合,四节并宣,历纪齐得,诸灵合欢,故设酒旗,以人侑神。”《晋书·天文志》:“轩辕右角南三星曰酒旗。”《合诚图》说:“旬始诸(主)争兵。”《史记·天官书》:“旬始,出于北斗旁,状如雄鸡。”《元命苞》说:“玉衡北绳。”又说:“玉衡北两星为玉绳,玉之为言沟刻也,瑕而不掩,折而不伤。”宋均注:“绳能直物,故名玉绳。”

4 与北斗相对

《史记·天官书》:“(紫宫)后六星绝汉抵营室,曰阁道。”《正义》:“汉,天河也。直度曰绝。抵,至也。”《元命苞》说:“汉中四星,天骑,一曰天驷也。”又说:“天旗四星,在汉中,一名天驷,傍一名王良,主天马。五车三柱,象天下之车,一柱不见三分,一车行;二柱不见三分,二车行。三柱不见,天子自将兵。”《合诚图》说:“王良主天马。”《元命苞》说:“天潢一星,天子都船也。”又说:“潢主河渠,所以度神,通四方。”宋均注:“天潢,天津也。津,凑也。故主计度也。”又说:“天潢主河梁,所以度神,通四方也。”《合诚图》说:“天潢主河梁,所以渡神人,通四方。”阁道旁有大陵,《元命苞》说:“大陵主尸。”《合诚图》说:“大陵主死丧。”

5 角房尾箕及附近

《佐助期》说:“角为天门,左角神名其名芳,右角神名其光率。”《元命苞》说:“左角理物以起,右角将率而动。”《合诚图》说:“平星主廷平”,又说:“主建廷平,主平天下之狱事,若今廷尉之象。”《晋书·天文志》:“平星二星,在库楼北,平天下之法狱事,廷尉之象也。”《元命苞》说:“钩钤两星,以闲防神府闿舒为主。钩距以备非常也。”《晋书·天文志》:“(房)北二小星曰钩钤,房之钤键,天之管籥，主闭键天心也。”又说：“鱼星主云旗，统阴事，天和云雨之期。”《晋书·天文志》：“鱼一星，在尾后河中，主阴事，知云雨之期也。”《元命苞》说：“傅说主祝章，巫官也，章，请号之声也。”又说：“傅说盖女巫也，主王后之内祭祀，以蕲子孙，广求胤嗣。”《晋书·天文志》：“傅说一星，在尾后。傅说主章祝，巫官也。”《合诚图》说：“卷舌主口语。”《史记·天官书》：“箕为敖客，为口舌。”

6　斗牛女及附近

斗有南斗。《元命苞》说：“𫓧锧主乱行，斩诛枉诈。斧之为言补也。”《晋书·天文志》：“(南斗)中央二星，市也，𫓧锧也。”《春秋纬》说：“天鸡”，《合诚图》说：“天极鸡主候时。”《晋书·天文志》：“(南斗)东南四星曰狗国”，“狗国北二星曰天鸡，主候时”。《运斗枢》说：“牵牛神名略。”《佐助期》说：“牵牛主关梁，神名略绪炽，姓蠲除。”《合诚图》说：“河鼓备关梁，设难距鼓，金声无口，以音守，闻远知近，达志意。”《晋书·天文志》：“河鼓三星，旗九星，在牵牛北。”《元命苞》说：“须女四星，十二度，主布帛。”《佐助期》说：“须女主布帛，名色舒，姓终檕时。”又说：“天女主玉帛。”《元命苞》说：“牛女为江潮，江潮者，所以开神润化，故其气遄急。”

7　虚危室壁及附近

《佐助期》说：“虚主礼堂。”又说：“虚危为礼堂，虚神名开阳。”又说：“虚危为礼堂，神名推长，姓吕贾王。”《元命苞》说：“危东六星，两两相比，曰司空，主水。金木守之，天下忧水。”《合诚图》说：“司空主土城。”又说：“危南有众星曰羽林，为天军，又羽林军，水官也。”《元命苞》说：“羽林主军骑”，又说：“垒城在军位”，《合诚图》说：“北落主非常。”《史记·天官书》：“(危)南有众星，曰羽林天军。军西为垒，或曰钺。旁有一大星为北落。”《元命苞》说：“营室十星，埏陶精类，始立纪纲，包屋为始。”又说：“营室星十六度，主军士之粮。”《佐助期》说：“营室主军粮。”又说：“营室主军市之粮，神名玄耀登，姓娄房。”又说：“东壁主文章，神名瞻仰，姓荆王孙。”《合诚图》说：“天厩主传舍”，《佐助期》说：“厩星传令，神名诗时。”《晋书·天文志》：“东壁北十星曰天厩，主马之官，若今驿亭也。”

8 奎娄胃及附近

《元命苞》说：“奎十二星十六度，主武库之兵。”《合诚图》说：“奎主武库之兵也。”《佐助期》说：“奎主武库。”又说：“奎主武库兵，神名列常，姓均刘方。”《春秋》纬说：“天豕。”《晋书·天文志》：“奎十六星，天之武库也。一曰天豕，亦曰封豕。”《佐助期》说：“娄主苑牧，神名及方，姓台卫。”《佐助期》说：“胃主廪仓，神名稽览，姓研肯白。”《晋书·天文志》：“胃三星，天之厨藏，主仓廪，五谷府也。”

9 昴毕及附近

《元命苞》说：“昴六星，昴之为言留，言物成就系留。”《佐助期》说：“昴主狱事，神名敖，姓金宋赵胜。”《合诚图》说：“天廪主廪仓。”《佐助期》说：“天廪仓神名均明。”《晋书·天文志》：“天廪四星在昴南。”《元命苞》说：“毕七星十六度，主边兵。”又说：“毕为天阶。”《佐助期》说：“毕主边兵，神名扶骨，姓传儿侯。”又说：“昴毕为天街。”《文耀钩》说：“咸池曰天潢，五帝车舍也。”《史记·天官书》：“咸池，曰天五潢。五潢，五帝车舍。”《正义》：“五车五星，三柱九星，在毕东北，天子五兵车舍也。”《汉含孳》说：“咸池主五谷。”宋均注：“咸池取池水灌注生物，以为名也。”《元命苞》说：“咸池主五谷，其星五者各有所职，以蓄积为天恃五谷。咸池之为言皆多也。言谷生于子，水含秀怀实，至秋精垂，故一名五帝车舍，以车载谷而贩也。”宋均注:“谷有五,故五星主之。”又说:“诸王星主存亡。”又说:“王星明,则下附从。”宋均曰:“不明,下倍畔也。”《晋书·天文志》:“五车五星,三柱九星,在毕北”,“五车南六星曰诸王,察诸侯存亡”。

10 觜参及附近

《史记·天官书》:“(觜)南有四星,曰天厕。厕下一星,曰天矢。”《元命苞》说:“天弓矢之张,候敌御难,用戒不虞,矢附于天星四射。”注:“四方射之也。”又说:“参主斩刈,处臧行罚也。又主权衡,所以平理也。又主边城九驿,故不欲其动也。参,白虎之体也,其星三列,三将也。东北星曰左肩,主左将军;西北星曰右肩,主右将军;东南星曰左足,主后将军;西南星曰右足,主偏将军。”《佐助期》说:“参伐主斩刈,神名虚图,姓祖及。”《运斗枢》说:“参伐主斩艾,示威行法。”《合诚图》说:“伐有角,诸侯之寝排门合。”《晋书·天文志》:“(参)中央三小星曰伐,天之都尉也。”《春秋纬》说:“参旗在参西,勾曲九星三处,一曰天旗,二曰天苑,三曰九游,以宣威明开绪。”又说:“天苑主牛。”《元命苞》说:“九游,统九州别邦。”《史记·天官书》:“(参)西有句曲九星三处,一曰天旗,二曰天苑,三曰九游,其东有大星曰狼,狼角变色,多盗贼。下有四星曰弧,直狼。”直,当。《正义》:“弧九星,在狼东南,天之弓也。”《合诚图》说:“弧主司兵,弓弩象也。”《佐助期》说:“天弓,主弓弩之张,神名推亡。”《春秋纬》说:“玉井主军敌。”《晋书·天文志》:“玉井四星,在参左足下。”

11 井鬼柳及附近

井又称东井。《合诚图》说:“东井主水衡。”《元命苞》说:“东井八星,主水衡也。”《元命苞》说:“古司怪主卜。”《晋书·天文志》:“东井钺前四星曰司怪。”又说:“天狗主守贼。”又说:“天狗主守财。”《春秋纬》说:“天狗如大雷奔星,有声,望之如火,见则四方相射。”又说:“天狗。”《晋书·天文志》:“(东井)北七星曰天狗,主守财。”《春秋纬》说:“井越北曰北河,南曰南河,两河天关,门为关梁也。”《合诚图》说:“天高主斋戒之门。”《元命苞》说:“阙丘主灭除之官,毁疏明思,以帝五常。”宋均注:“阙丘主阙堕丘之官也。毁疏过于王历,则迁之于礼,更立亲近,明恩情所在诸皇也。”又说:“五诸侯主刺举,戒不虞。”《晋书·天文志》:“南河、北河各三星,夹东井,一曰天高,天之关门也,主关梁”,“南河南三星曰阙丘,主宫门外象魏也。五诸侯五星,在东井北,主刺举,戒不虞”。《佐助期》说:“鬼主神明。”《元命苞》说:“柳五星。”《文耀钩》说:“咮为鸟阳,七星为颈。”宋均注:“阳犹首也。柳谓之咮。咮,鸟首也。七星为朱鸟颈也。咮与颈俱在于午者,鸟之止宿,口屈在颈,七星与咮体相连接故也。”另注:“咮,柳也。八星为朱鸟喙,七星,星也,为朱鸟颈。”《史记·天官书》:“柳为鸟注(喙),主木草,七星,颈,为员官,主急事。”《佐助期》说:“柳主教令。”

12 翼轸及附近

《元命苞》说:“翼宿主南宫之羽仪,文物声明之所丰楙,为乐库,为天倡,先王以宾于四门,则列天庭之卫,主俳倡,近太微而为尊。”《合诚图》说:“翼为天倡。”《文耀钩》又说:“轸南众星曰天库。”《元命苞》说:“天库主阵兵。”又说:“太尉主甲兵,设武备。”《合诚图》说:“积卒主卫尉。”《佐助期》说:“太尉主甲卒,神名辨会,曰库兵动,鼓自鸣,得诸侯象也。”《合诚图》说:“天楼主贾市。”《晋书·天文志》:“库楼十星,六大星为库,南四星为楼,在角南。”角南即轸南。

13 正、法、令、伐、煞、危、部

此七星主二十八宿。《春秋纬》说:“正星主营室、东壁、奎娄,法星主胃、昴、觜觿,令星主参、东井、舆、鬼,伐星主柳、张、翼、轸,煞星主角、亢、氐、房,危星主心、尾、箕、南斗,部星主牵牛、须女、虚、危。”(赵在翰辑《七纬》原文有缺,据《晋书·天文志》补正。)

14 其他

《合诚图》说:“天幅主言祠,事气有离合,设祷谢。”注:“离,星相远也;合,星相近也。”《元命苞》说:“卧星主夜,行一度,齐纪以防淫。”

三 星宿分野

《感精符》说:“地为山川,山川之精,上为星辰,各应其州域分野,为国作精,神符验也。”《文耀钩》说:“布度定记,分州系象。”《说题辞》说:“山之为言宣也,含泽布气,调五神也。”又说:“山有水石,精流以生木,木含火,故山有魄,火生土,故地有载石。”又说:“阴含阳,故石凝为山。”又说:“陵之为言棱也。辅山成其广,层棱扶推,益厥长也。”又说:“丘者基也,丘谷辅气,元士扶化。”又说:“丘者墓也,冢者穜也。穜,墓也。罗绮于山,分尊卑之名者也。”又说:“高平曰太原。原,端也,平而有度也。”注:“度,法则也。”又说:“广延曰太卤。”《考异邮》说:“河者水之气,四渎之精,所以流化,故曰:河润千里。”《说题辞》说:“河之为言荷也,荷精分布,怀阴引度也。”又说:“济,齐也。齐,度也,员也。”又说:“洛水出熊耳山,洛之为言绎也,绎其耀也。”宋均注:“言水绎绎,光耀也。”又说:“渭之为言渭也。”注:“渭谓流行貌”。又说:“汝水出猛山,汝之为言女也。”宋均注:“女取其生孕也。”又说:“淮出桐柏。淮者均也,均其务。”又说:“下湿曰隰。隰者湿也,下而泽也。”说:“溪者隐也,深虚绕山,令得博也。”宋均注:“无水曰谷,有水曰溪。”

1 五星

《感精符》说："五星流为兖州，兖之言端也、信也，盖取兖水以为名焉。言隄精端，故其气纤杀，分为郑国。"

2 北斗主九州

《文耀钩》说："北斗七星主九州。华岐以北，龙门积石，西至三危之野，雍州属魁星。太行以东至碣石、王屋、砥柱。冀州属旋星。三河雷泽东至海岱以北，兖州、青州，属机星。蒙山以东至羽山，南至江、会稽、震泽，徐扬之州属权星。大别以东至云梦，九江、衡山、荆州，属衡星。荆山西南至岷山，北距鸟鼠，梁州，属开阳星。外方熊耳以东至泗水陪尾，豫州，属杓星。此九州属北斗。星有七，州有九，但兖青徐扬并属二州，故七星主九州也。"《春秋纬》说："杓，华山以西南"；"衡，以殷中州河泲之间"；"魁，海岱以东北也"。

3 二十八宿及附近分野

《感精符》说："箕星散为幽州，分为燕国，幽之为言窈也，言风出于窈冥，敏劲易晓，故其气躁急。"《说题辞》说："箕尾为燕，阴气侵生，故俗云贪利，地意栗。"《感精符》说："钩钤星别为豫州，豫之为言叙也，言阴阳分布，各得其处，故其气平静多序也。"钩钤星在房宿。又说："虚危之精，流为青州，分为齐国，立为莱山。"《感精符》说："天弓星主司弓弩，流为徐州，别为鲁国，徐之为言舒也，言阴牧内安详也。"天弓星即弧矢，在东井南。又说："营室流为并州，分为卫国之镇，立为明山，并之为言诚也，精舍交并，其气勇抗诚信也。"又说："昴毕间为天街，散为冀州，分为赵国，立为常山。"注："常山即恒也，乃毕昴之精。"《感精符》说："牵牛流为扬州，分为越国，立为扬山。"《元命苞》说："地多赤杨。"注："此言扬州之名义也。"《感精符》说："觜参流为益州，益之为言隘也，谓物类并决，其气急切决列也。”又说:“东井鬼星散为雍州,分为秦国,东距殽阪,西有汉中,南含高山,北阻居庸,得东井动深之萌,其气险也。”又说:“轸星散为荆州,分为楚国。荆之为言强也,阳盛物坚,其气急悍也。”

4 列国应宿

《元命苞》说:“王者封国,上应列宿之位。”注:“若角亢为郑,房心为宋之比。”《说题辞》说:“南斗为吴。”《元命苞》说:“阳成于三,列于七,三七二十一,故二百一十国也。其余小国不中星辰者,以为附庸。”又说:“庸者通也。官小德微,附于大国,以名通,若毕星之有附耳然,故谓之附庸矣。”

5 俗

《说题辞》说:“州之言殊也。言殊含同类,异其界也。”由州而及其俗,《说题辞》说:“中国之性,习俗常操。”又说:“齐俗冠带,以礼相提。”又说:“秦金精坚,故秦俗亦坚。”

四 五帝之精,日月君臣

1 五帝之精

《运斗枢》说:“五帝所行,同道异位,皆循斗枢、机衡之分,遵七政之纪、九星之法。”又说:“黄帝行天枢,则枉矢出,射所谋。”又说:“矢附于天星四射。”注:“四射,四方射之也。”《元命苞》说:“苍帝春受制,其名灵威仰,赤帝夏受制,其名赤熛怒,黄帝受制王四季,其名含枢纽,白帝秋受制,其名白招拒,黑帝冬受制,其名汁光纪。”五帝各有方位,各有其精。《元命苞》说:“东宫苍帝,其精为龙;南宫赤帝,其精为朱鸟。西宫白帝,其精白虎。北宫黑帝,其精玄武。”《考异邮》说:“赤帝之精,宽仁大度。”五帝之精用事象五星,《元命苞》说:“苍精用事象岁星,赤精用事象荧惑,黄精用事象镇星,白精用事象太白,黑精用事象辰星。”又说:“填,黄帝含枢纽之精,其体璇玑,中宿之分也。赤帝熛怒之神,为荧惑焉,位在南方,礼失则罚出。”《春秋纬》说:“春精灵威仰神为岁星,体东方青龙之宿。”五星帅五帝之精,《运斗枢》说:“岁星帅五精,聚于东方七宿,苍帝以仁良温让起,皆以所舍占国。荧惑帅五精,聚于南方七宿,赤帝以宽明多智略起。填星帅五精,聚于中央,黄帝以重厚贤圣起。太白帅五精,聚于西方七宿,白帝以勇武诚信多节义起。辰精(星)帅五精,聚于北方七宿,黑帝以清平静洁通明起。”

五帝之精应人世之王。《保乾图》说:“天爱之,子之也。”又说:“天子至尊也,神精与天地通,血气含五帝精。”周文王为苍帝精,《感精符》说:“孔子案录书,合观五常英人,知姬昌为苍帝精。”人世王居二十八宿。《元命苞》说:“殷纣之时,五星聚于房,房者苍神之精,周据而兴。”注:“周起于房,而五星聚之,得天下之祥。”又说:“姬昌,苍帝之精,位在房心。”宋均注:“苍帝,灵威仰。”人世之王迭代而生。《感精符》说:“苍帝之始二十八世,灭苍者翼也。灭翼者斗。灭斗者参。灭参者虚。灭虚者房。”注:“尧,翼之星精,在南方,其色赤;舜,斗之星精,在中央,其色黄;禹,参之星精,在西方,其色白;汤,虚之星精,在北方,其色黑。”《春秋公羊传·宣公三年》解诂:“上帝,五帝,在太微之中,迭生子孙,更王天下。”徐彦疏:“此五帝者,即灵威仰之属。言在太微宫内迭王天下,即《感精符》云”,“五星之精,是其义”。

2 日月君臣,阴阳夫妇

回到天帝。《合诚图》说:“大帝冠五采,衣青衣,黑下裳,抱日月,日在上,月在下,黄色正方居日间,名曰五光。”又说:“五光垂彩,天下大嘉。”《感精符》说:“日者阳之精,耀魄光明,所以察下也。”又说：“月者阴之精，地之理也。”又说：“三纲之义，日为君，月为臣。”《保乾图》说：“安于泰山，与日月合符。”又说：“日以圆照，月以亏全。”宋均注：“全，十五日时也。”《保乾图》又说：“建天子与鄗之阳，名曰行皇。”《汉含孳》说：“强干弱流，天之道也。”注：“流犹支也。”《保乾图》说：“利害同门，吉凶同域。”又说：“得士则安，失士则危。”《汉含孳》说：“水火交感，阴阳以设，夫妇象也。”注：“水火则阴阳也，阴阳则夫妇也。”又说：“妻象太阴，臣法金位。”注：“金，阴中之刚，故喻臣位。水能纯柔，妻象也。”《保乾图》说：“唯天子娶十二女。”

3 天子法斗，诸侯应宿

《元命苞》说：“天人同度，正法相授，天垂文象，人行其事，谓之教。教，效也，言上为而下效也。”《潜潭巴》说：“天子有三宝。”注：“谓琁机、玉衡得其度也。”《汉含孳》说：“天子所以昭察，以从斗枢，禁令天下，继体守文，宿思以合神，保长久。天子受符，以辛日立号。”注：“受符，谓应期之人，当起者之符，代行其录运者也。”《保乾图》说：“天皇于是斟元陈枢，以立易威。”《运斗枢》说：“天有将相之位，佐列宿为卫，皆据琁机玉衡，以齐七政，四时布德，三道正气。”《感精符》说：“三公非其人则山崩，三能移。九卿非其人则江河溃，辅星角。大夫非其人则丘陵偃，天墀少微有变，元士非其人则谷篚毁，扶筐失。是以王者仰视象于天，俯察法于地，中择贤能以任之。任得其人，则国昌民安，任非其人，则邦危民弊。”《佐助期》说：“天子法斗，诸侯应宿。”又说：“诸侯上相四七，三公寅亮参两。四七二十八宿也，参两天地也。”

《潜潭巴》说：“天子马行而鸣。天号无声，故马应之而鸣。”又说：“火从井出，有贤士从民间起。”注：“火明，贤者象。贤者出滞，象从井出。”又说：“宫桂鸣，下士诸侯号有声。”又说：“朝有大蜂，武士;中蜂,赤强,黑不粱。"注:"蜂有刺毒以捍难,粱或为良。"

五　天象瑞应

1　帝星

《元命苞》说:"帝位明达,羽翮秀良,则光大,色度和同,天下太平,国号未央。"宋均注:"帝,大帝之精也。皇,大帝之星。"又说:"常一不易,玉衡正。"《春秋纬》说:"北极星其一明大者,太乙之光,含元气,以斗布常,开命运,节序神明,流精生一,以立黄帝。"

2　北斗

《运斗枢》说:"天枢得则景星见。"又说:"天枢得则景星出。"《元命苞》说:"天枢得,则醴泉出。"《运斗枢》说:"天枢得则甘露浊。"又说:"天枢得则凤凰翔。"又说:"天枢得则鸾鸟集。"又说:"琁星得则醴泉出。"又说:"琁星得则嘉禾液。"又说:"琁星得则朱草生。"又说:"机星得则麒麟生。和平合万民。"又说:"机星得则狐九尾。"又说:"衡星得则麒麟生,万人寿。"又说:"玉衡星得,百兽率舞,灵龟跃。"又说:"瑶光得,陵出黑芝。"又说:"瑶光得则海出明珠。"又说:"瑶光得江出大贝。"又说:"瑶光得则朱草生。"《元命苞》说:"瑶光散为鹰,立秋之日鹰鹯击。"注:"星也。"又说:"杓星高,则群龙吟。"《运斗枢》说:"维星得则日月光,乌三足,礼义修,物类合。"《汉书·天文志》:"斗杓后有三星,名曰维星。"

3　日月

《感精符》说:"人主含天光,据机衡,齐七政,操八极,故君明圣,天道得正,则日月光明,五星有度。日明则道正,不明则政乱,故常戒以自敕厉。"又说:"王者之明,以日为契。日明则道正,暗昧不明则道乱,各以其类占,天子常戒以自励。"《潜潭巴》说:"君德应阳,君臣得道叶度,则日含王字。含王字者,日中有王字也。王者德象日光,所照无不及也。”又说:“君臣和,得道叶度,则日月大光明,天下和平,上下俱昌,延年益寿。”又说:“君德鹰扬,君臣和德道庆,则日含王字。”《元命苞》说:“七政度,日月明。”《演孔图》说:“仁义之道,日月循环。”

4 岁星荧惑填星辰星

《说题辞》说:“星之为言精也,阳之荣也。阳精为日,日分为星,故其字日生为星。”《春秋纬》说:“天有五帝,五星为之使。”《保乾图》说:“岁星散为麟”,“麟五蹄”。又说:“岁星为麟。”《文耀钩》说:“岁星守心,天子有庆赐。”又说:“岁星之虚,五谷大熟。”又说:“王喜不失政,则荧惑与填星相扶。”又说:“填星守斗,王者封赏诸侯,若上官吏有受赐者。”《感精符》说:“王者德政,海内富昌,则镇星入阙。”《文耀钩》说:“辰星生足,故主走,新主入。”

5 毕星

《元命苞》说:“帝位明也,即毕星光大也。”又说:“毕星光大,色度和同,天下太平,国号未央。”

6 昭明

《潜潭巴》说:“昭明起有德。”《史记·天官书》:“昭明星,大而白,无角,乍上乍下。”《索隐》:“《释名》为笔星。”《集解》:“孟康曰:形如三足机,机上有九彗上向,荧惑之精。”

7 景星

《演孔图》说:“尧时气充盛,上感皇天,故景星出。”《佐助期》说:“虞舜之时,景星出房。”《合诚图》说:“天子精耀心坟,务德则景星窥。”宋均注:“坟,盛也。窥犹见也。”《演孔图》说:“天子以贤举,则景星放于天。”《感精符》说:“王者上感皇天,则景星见。”《元命苞》说："仁义彬盛，贤后彰明，神符感出，景星守参。"《史记·天官书》："天精而见景星。景星者，德星也。其状无常，常出于有道之国。"《集解》："孟康曰：'精，明也。有赤方气与青方气相连，赤方中有两黄星，青方中有一黄星，凡三星合为景星。'"

8　五彗

《春秋纬》说："彗茀于北斗中，有雄圣人受命天子。"又说："五彗俱出，圣君起则获麟，执赤受纪。"

9　老人星

《元命苞》说："质弧北，有一大星曰南极老人，星见，则主安；不见，则兵革起。常以秋分候之南郊，以庆主令天下。"《文耀钩》说："老人星见，则主安；不见，则兵起。王者安静，则老人星见。"《运斗枢》说："狼北有大星，曰南极老人。老人星临国，则蓂荚生。"又说："王政和平，则老人星临国，万民以歌。"又说："王政和平，则老人星临，其国万民寿。"

第十章 《春秋》纬(下)

一 人与天,五行之精

1 人十月而生

《元命苞》说:"人十月而生。"《淮南子·精神训》:"一月而膏,二月而肤,三月而胎,四月而肌,五月而筋,六月而骨,七月而成,八月而动,九月而躁,十月而生。"《春秋繁露·阳尊阴卑》:"天之大数,毕于十。周天地之间,十而毕举;周生长之功,十而毕成。十者,天数之所止也","人亦十月而生,合于天数也"。《春秋纬》说:"人感十而生,故十月方生也。"

2 头脑颜面

《元命苞》说:"头者神所居,上圆象天,气之府也。岁必十二,故人头长一尺二寸。"又说:"发精散为须髯,脑之为言在也,人精在脑。舌之为言达也,阳立丁二,故舌在口中者长三寸,象斗玉衡。阴合有四,故舍沦入溢内者长四寸。"又说:"唇者齿之垣,所以扶神设端,若有列星与外有限,故曰唇亡齿寒。"又说:"在天为文昌,在人为颜颡,太一之谓也。颜之言气畔也,阳立于五,故颜博五寸。"又说:"天有摄提,人有两眉,为人表候,阳立于二,故眉长二寸。"

3 躯干

《元命苞》说:"腰而上者为天尊,高阳之状;腰而下者,为阴,丰厚,地之象。数合为四,故腰周四尺。"又说:"阳立于三,故人脊三寸而结。阴极于八，故人旁八干，长八寸。”宋均注：“结，节结也。”又说：“髀之为言跂也，阴二，故人两髀。”又说：“膏者神之液也。”又说：“齐者下流，并会合为齐腹。”宋均注：“齐，中也，四方并腠者也。”《文耀钩》说：“气随人形，故南方至温，其人大口，象气舒缓也。北方至寒，其人短颈，象气急缩也。东方川谷所经，其人小头兑形，象木小上也。西方高土，日月所入，其人面多毛，象山多草木也。中央四通，雨露所施，其人面大，象土平广也。”《元命苞》说：“北方至寒，其人形短颈。”注：“短颈，畏寒。”

4　五脏，五行之精

《元命苞》说：“脾者，弁也。心得之而贵，肝得之而兴，肺得之而大，肾得之以化。”弁，居首之意。又说：“肝仁，肺义，心礼，肾智，脾信。肝所以仁者何？肝，木之精，仁者好生，东方者阳也，万物始生，故肝象木色青而有柔。肺所以义者何？肺，金之精，义者能断，西方杀，成万物，故肺象金色白而有刚。心所以礼者何？心者火之精，南方尊阳在上，卑阴在下，礼有尊卑，故心象火，色赤而光。肾所以智者何？肾，水之精，智者进而不止，无所疑惑，水亦进而不惑，故肾象水，色黑，水阴故肾双。脾所以信者何？脾，土之精，土主信，任养万物，春夏秋冬毫无所私，信之至也，故脾象土，色黄。”又说：“仁者，情志好生爱人，故其为仁以人，其立子二人为仁。”不仅讲五脏，还提出肝仁肺义心礼肾智脾信；更认为有所谓五行之精，而五脏各属五行之精。

由五脏各属五行之精，而言及目鼻口胃膀胱，甚至星宿天象，《元命苞》说：“目肝使，肝气仁而外照”，“目者肝之使，肝者木之精，苍龙之位也。鼻者肺之使，肺者金之精，制割立断。心者火之精，上为张星，成于五，故人心长五寸。阴者肾之写，肾者水之精，上为虚危。口者脾之门户，脾者土之精，上为北斗，主变化者也”。又说:“胃者脾之主府,禀气,胃者谷之委,故脾禀气也。膀胱者,肺之府也,肺者断决膀胱亦常张有势,故膀胱决难也。掌圆法天以运动,指五者法五行。”

由五脏各属五行之精,又言及筋骨。《元命苞》说:“肝生筋,脾生骨者,脾,土也,土能生木,骨是身之本,如木立于地上,能成屋室,故脾生之。肾生筋者,筋是骨之经络,脉以流注,筋以相连结,并通血气,肾水故生之。肺生革者,肺,金也,金能裁断,革亦限断,故肺生之。心生肉者,心,火也,肉是身之土地,故心生之。肝生爪发者,肝木也,爪是骨之余,发是血之余,皆水木之气,故肝生之。”又说:“以肝生筋,亦木气之义,筋有枝条象于木也。”又说:“胛之为言附着也,如龙蟠虎伏,合附着也。”《考异邮》说:“痹在喉,寿命凶。”

《元命苞》又说五味,云:“咸者镰。镰,清也,至寒之气使其清且咸。苦者勤苦,乃能养也。酸之言端也,气始生,专心自端也。阴害故辛,杀义故,辛刺阴气使其然也。甘者食常言安其味也。甘味为五味之主,犹土之和成于四行也。”《潜潭巴》说:“五味生五脏者,咸生肝,酸生心,苦生脾,甘生肺,辛生肾。”

5 魂魄

《黄帝甲乙》:“魂属精,魄属神。”《老子》:“魂有三,魄有七。”《五行大义·论配藏府》:“阳数奇,阴数偶,奇数始于一,一则元气,魂虽是阳,非曰元始。一后次三,故魂数三”,“阴数二,二亦阴之始,魄虽是阴,又非元始,次二后四,阴不孤立,必资于阳,就魂之三,合而成七”。三七为十。《春秋纬》说:“魂有五,魄有六。”《五行大义·论配藏府》:“此乃道家三皇经,以五藏神为魂,六府神为六魄,此亦五行六气之义也。魂魄,人之本。”《庄子·逍遥游》成玄英疏:“支道林云:六气,天地四时也。”郑氏注:“递去也。”魂不在体,魄亦在体，在体六而离体五，是以递去也。

二　云蜺风雨，雷电霜雪；五谷植物，精；动物

1　云蜺风雨，雷电霜雪

《元命苞》说："阴阳之气，聚为云气。"又说："山者气之包含，所以含精藏云，故触石而出。"《说题辞》说："云之为言运也，动阴路，触石而起谓之云，含阳而起以精运也。"又说："云师曰丰隆。"《春秋纬》说："风东方雨，西方阴，中央晦，北方明，南方唯天阳不变。"《元命苞》说："阴阳和而为雨，阴阳凝而为雪。"又说："天地积阴，寒则为雪。"又说："阴阳合为雷，阴阳激为电。"又说："藏冰以时，则雷不出震。"又说："阴阳凝而为霜。阴阳散而露下，露下以润其草木也。霜以杀木，露以润草。雾，阴阳之气，阴阳怒而为风，乱而为屋。"又说："虹蜺者，阴阳之精，雄曰虹，雌曰蜺。"《春秋纬》说："虹蜺见，雨即晴，晴即雨。"皆与阴阳有关，又有阴阳之精，甚至各有其精。

风雨又与星月有关。《春秋纬》说："风从箕星，扬沙走石。"又说："星有好风，月离于箕，风扬沙。"月行曰离。又说："月失其行，离于箕者风，离于壁者雨。"《考异邮》说："月失行，离于箕者风；月失行，离于毕则雨。"

2　五谷植物，精

《说题辞》说："高而平者为原，平者和，故宜粟。"粟是五谷之一，由粟而言米。又说："孔子言曰：五变入，臼米出甲，谓硙之为粝米也。舂之则稗米也。胇之则糳米也。莤之则毇米也。又簗择之、暘暛之则为晶米。"古人每言精，如前所见，《春秋》纬亦多言精，所谓五帝之精，五行之精，等等。而此所谓精，从字形上看，初都似与米有关，乃极度提纯者，终作用如神。五谷生于禾，曰嘉禾；嘉禾生

与精有关。《说题辞》又说:“天文以七,列精以五,故嘉禾之滋,茎长五尺,五七三十五,神盛,故连茎三十五穗。以成盛德,禾之极也。”七是指北斗七星,五是指五行;因五行又有所谓阳精阴精。又说:“阳以一为法,故粟积大一分,穗长一尺,文以七,列精以五立,故其字为粟。四者金所立,米者阳精,故西字合米为粟。”又说:“精移火转生黍,夏出秋收,黍者绪,故其立字禾入水为黍,为酒以扶老,为酒以叙尊卑,且禾为柔物,亦宜养老也。”又说:“稻之为言藉也,稻冬含水,盛其德也。故稻太阴精,含水渐洳乃能化也。江旁多稻,固其宜也。”又说:“麦之为言殖也,寝生触冻而不息,精射刺直,故麦含芒,生且立也。”

五谷亦皆与阴阳有关。《说题辞》又说:“粟助阳扶性,粟之为言续也,粟五变,一变而以阳生,为苗;二变而秀,为禾。三变而粲然,谓之粟。四变人臼,米出甲;五变而蒸饭可食。”《运斗枢》说:“粟五变,而以阳化生为苗,秀为禾。三变而粲,谓之粟。四变入臼,米出甲。五变而蒸饭可食。”这正是一个变精的过程。又说:“凡黍为酒,阳据阴,乃能动,故以麦醣黍为酒。”又说:“菽者属也,春生秋熟,理通体属也。菽赤黑,阴生阳,大体应节,小变赤,象阳色也。”

五谷皆有神。《佐助期》说:“粟神名许给,姓庆夫;麦神名含福,刁;黍神名俯佞兰郝;豆神为灵赵,长七尺,大目通于时节;豆神名灵殖,姓乐。”尤其是,五谷皆有星宿所主。《佐助期》说:“咸池主五谷。”

由五谷而有瓜果,亦皆有星宿所主。《元命苞》说:“织女星主(瓜)果。”《合诚图》说:“织女,天女也,主瓜果,收藏珍宝,以保神明,成衣立纪,故齐制成文绣,应天道。”《佐助期》说:“织女神名收阴。”《元命苞》说:“织女之谓言神女也,成衣立纪,故能齐成文绣,应天道。”注：“女工之事齐，能神天下，故悬以衣人，得此气。”

其他植物。《佐助期》说：“八月雨夜，菰菜生。生于洿下地中，作羹臛甚美。”《元命苞》说：“天门山上有葱，所种畦陇悉成行，人拔取者悉绝，若精神而求，即不拔自出，奇异辛香”，亦关系所谓精。《说题辞》说：“麻之为言微也，阴精寝密，女作纤微也。麻生于夏，夏衣物成礼仪，故麻可以为衣。阳成于三，物以化，故麻三变，缕布加也”，麻属阴精。植物甚至为星宿所主，《说题辞》说：“槐木者，虚星之精也。”

3　动物

《春秋》纬亦多涉动物。《佐助期》说：“吴中以鲈鱼作脍，菰菜为羹，鱼如白玉，菜黄如金，称为金羹玉鲈，一时珍食。”《考异邮》说：“四月蚕珥丝。”又说：“立秋趣织鸣”，“孟夏戴胜降，立秋促织鸣，言虽微物，不失信也”。《说题辞》说：“趣织之为言趣织也。织兴事遽，故促织鸣，女作兼。”《考异邮》说：“鹤知夜半，鸡应旦明。”《说题辞》说：“羊者详也，详以改也，合三为生，以养士也，故羊高三尺。”

动物与阴阳有关。《考邮异》说：“孟夏载衽降，阳衔表，以期达蚕珥丝，在四月。故孟夏载衽出，以任气成天津也，故载衽出，蚕期起。”《说题辞》说：“雁之言雁，雁起圣以招期，知晚早，故雁南北，以阳动也。”《考异邮》说：“含牙戴角，著距垂芒，皆为阴也。阴有杀气，故备有爪牙之毒，螫虿之类也。飞翔羽翮，柔善之兽，皆为阳也。阳有仁气，无杀性也。”又说：“三九二十七，七者阳气成，故虎七月而生，阳立于七，故虎首尾长七尺。斑文者，阴阳杂也。”《考异邮》说：“虎斑文者，阴阳之杂，虎为毛虫，亦为金兽。”《考异邮》说：“阴阳气贪，故题肩击。”宋均注：“题肩有爪芒，为阳中阴，故击杀也。”题肩，《广雅》作“[illegible]”，鹰。《运斗枢》说：“飞翔羽翮为阳，阳气仁,故乌反哺也。"

动物甚至与某精有关。《说题辞》说:"斗星时散精为彘。四月生,应天理。"《考异邮》说:"七九六十三,阳气通,故斗运,狗三月而生,狗三月而生,阳生于三,故狗各高三尺。"宋均注:"狗,斗之精所生也。"《演孔图》说:"蟾蜍,月精也。"《春秋纬》说,螽,"愁精所感,扰气所生,螽冬生,天不能灭,地不能藏。"《说题辞》说:"猩猩者,矜精者也,故能言,可使阳烈之类,以检下。"如上所说,精别有阴阳,《元命苞》说:"蟾蜍阴精,流生织女,立地候。"宋均注:"地候,土星别名也。"《考异邮》又说:"麟者阴精。"

动物又与五行之精有关。《演孔图》说:"虎,金精。"《考异邮》说:"北狄之气,生幽都,色黑,如群畜穹闾。南夷之气,生交趾,色赤,聚隅,如幡旗鸟类,东夷之气,生莱柱,色苍,搔檄布散如林木。西夷之气,生沙丘,色白,锋积如刀刃之浮,中央土会,色黄如城郭之形,黄气四塞,土精舒。"《说题辞》说:"牛为阴事,牵耦耜耕也,故枉丑。蟹者,立春之时卉木生根,如其足也。艮为山,巨灵赑屃,首顶灵山,负蓬莱,山即巨蟹也。鳌者土之精气而生,中软外坚,象土含阴阳也。其脏黄者,土之色者。牛赤有黄,蟹中亦黄,皆土精也。丑在北方水位,故兼主水土。"《说题辞》说:"地精为马,十二月而生,应阴纪阳以合功,故人驾马,任重致远,利天下,月度疾,故马善走。"《考异邮》说:"阴合于八,八合阳九,八九七十二,二为地,地主月精,月精为马,月数十二,故马十二月而生。人乘马以理天下。王者驾马,故字以王为马头。"《元命苞》又说:"蚕阳者火,火恶水,故食不饮。桑者土之液,木生火,故蚕以三月叶类会精类相食。阳物,火恶水,故蚕食而不饮,阳立于三春,故蚕三变而后消死,三七二十一日,故二十一日而茧。二九十八,主风,精为虫,八日而化,风烈波激,故其命从虫,虫之为言屈伸也。"《说题辞》说:"鸡为积阳，南方之象，火阳精，物炎上，故阳出鸡鸣，以类感也。鸡之为言佳也，佳而起，为人期莫宝也。”注：“善为人制晏早之期。”《演孔图》说：“凤，火精也。”《元命苞》说：“离为凤，凤火精；灵龟生水，玄武主北方。”《考异邮》说：“金伐木，故鹰击雉；水灭火，故虻螫鸚；土胜水，故守宫食蚕。”宋均注：“守宫生于土，蚕藏物，属坎，水也。”又说：“土胜水，故蝍蛆博蛇；火铄金，鹊啄猬。”

三　天告

1　极星

《合诚图》说：“太一离其位而乘斗，后九十日兵必起。”《春秋纬》说：“极星亡，期八年，中国无君主，天下大乱。”《文耀钩》说：“极星亡，日不见，期八年，中国无君主，天下大乱。”

2　北斗

《运斗枢》说：“枢星散为龙马，旋星散为虎，机星散为狗，权星散为蛇，玉衡散为鸡兔鼠，开阳散为羊牛，瑶光散为猿猴，此等皆上应天星，下属年命也。”散落成不同形状，而后有所示，又说：“机星散为鹑。德义少，残百姓，则鹑生。”又说：“机星散为鸚。德义少，残百家，则鸚无头。”又说：“玉衡星散为菖蒲。远雅颂，著倡优，则玉衡不明，菖蒲冠环也。”又说：“玉衡星散为鸡，远雅颂，著倡优，则雄鸡五足。”又说：“瑶光星散为人参，废江淮山泽之利，则瑶光不明，人参不生。”又说：“瑶光之星散而为象，废江淮之祠，斩伐无度，则瑶光不明。”又说：“瑶光散而为鹿，江淮不祠，则瑶光不明，龘生鹿。”散变成其他灾星，《运斗枢》说：“旋星散为蚩尤旗。”又说：“蚩尤之旗见，则山崩，后族擅权。”又说：“枢星散为旬始。”《合诚图》说：“旬始主争兵。”《运斗枢》说：“琁星散为五残。”《合诚图》说：“五残主出亡。"《运斗枢》说:"机星散为国皇。"《合诚图》说:"国皇星主内寇,一曰主内难。"《运斗枢》说:"权星散为狱汉。"《合诚图》说:"狱汉主逐主。"

北斗近旁他星。《运斗枢》说:"阴德浮,近臣恣,庶雄谋,天子咸,并相谋。"《春秋纬》说:"阴德动,臣子争伐相谋。"又说:"辅星小,天子佐消;七政毁,辅乃亡。"又说:"辅星明近,则辅臣亲厚;疏小,则辅臣微弱无道。"

3 日

日蚀。《感精符》说:"诸气之出,皆历日月旁,天子国君之害也,期如日蚀远近之符。"又说:"日将蚀,必先青黄,不卒至,渐消也。日光沉掩,皆月所掩,毁伤,雌为政,伐其雄。"又说:"日紫色,出二十日以上,则蚀,既祸必合。"《春秋纬》说:"日之将蚀,则斗第二星变色,微赤不明,七日而食。"《合诚图》说:"日之将蚀,阳微阴渐其域,君蔽臣恣,下雍塞。"《运斗枢》说:"人主自恣,不循古,逆天暴物,祸起,则日蚀。"《保乾图》说:"日蚀,主行蔽明,雍塞,改身修政,乃黜不法。"《感精符》说:"日之蚀,国绝也。"《合诚图》说:"日蚀之,主见贼。"《感精符》说:"日蚀寅卯辰木域,招谋者司徒也。日蚀巳午未火域,招谋者太子也。日蚀申酉戌金域,招谋者司马也。日蚀亥子丑水域,招谋者司空也。"《感精符》说:"日以上蚀者,子为害;日从下蚀者,妻害急;日蚀旁者,臣欲作祸之应,杀君亡国,四夷入侵,远期二十七年,中期二十九月,近期九月。"又说:"日蚀既,则破阴谋,黜豪杰,备变辅,王易号,失天下,外填寇,内填下。"《春秋纬》说:"日既食,君行无常,公辅不修德,夷狄强侵,万事错。"

日不出,《春秋纬》说:"沉日不出,则为天下冥冥,俱逆绝。"《汉含孳》说:"日不出,懦下,则就阴,位燕见。"《感精符》说:"主惊惧则日入复出。"日背出,《感精符》说:"日背出,天下分裂,臣子得志,主上弱。”日大或小，《春秋纬》说：“赤帝之灭，日消小。”《汉含孳》说：“日小则夺大，日大于常则无光，君无羽翼也。日小于常则日毁，则国毁。”日并出，《春秋纬》说：“三日并出，天子黜。”又说：“数日并出，两主争。”《运斗枢》说：“主弱，公侯狡猾，起莫能匡，则日并照。”日行，《运斗枢》说：“日行失，则虽当暖而寒，日血浊雾，天下小冤。”日晕，《感精符》说：“日一晕两珥，有立云贯日出，国多妖孽。”《春秋纬》说：“日晕有两珥，黄云贯之，不出三月，贵人有死者。”日色，《运斗枢》说：“日血浊雾，天下小冤。”《春秋纬》说：“日黄浊布散，必有后党嬖”，又说：“赤日相荡，血滂滂，君臣无道，行纵横。”《感精符》说：“日色赤如灰，主以急见伐。”又说：“日朝珥则有丧孽，日已出，若其入而云皆赤黄，名曰日空，不出三年，必有移民而去者也。日黑则水淫溢，日无光，主势夺，群臣以谗术，色赤如炭，以急见伐，兵马发。”日裂，《春秋纬》说：“日裂，主诛臣争。”又说：“日毁为五，帝将煞，渐起偏任。”日缺，《感精符》说：“日四璚并立，政不一。”又说：“日九璚，后起之人并出。”又说：“日四背璚，臣射主。”《春秋纬》说：“日有四背璚，其国内乱，有兵起，若有背叛。”《感精符》说：“(日)背璚以外围月者，臣弛纵叛逆，欲相残贼，不和之气也，天子偏左右。”璚，缺。无光不明，《感精符》说：“日无光，主势夺，群臣盗，谗蔽行。”又说：“日久不明，天子蔽塞，各以其类，自敕以消之。”又说：“日久不明，天子蔽塞，主失势，臣膻权。”《春秋纬》说：“日光亡，诸侯叛。三十日不光，群祸起。”昼昏，《春秋纬》说：“后族专权，谋为国害，则日昼昏。”又说：“日昼昏，后扶乱政。”《运斗枢》说：“日昼昏之异，臣为政，莫制，持专权跋扈所应。”

《感精符》说：“日者阳之精，曜魄光明，所以察下失，以照灭昼晦，甚所惧也。”又说：“一失阳事，则日晕；再失阳事，则日蚀谪见。”

4 月

《潜潭巴》说:“十月并出不必争,强猾出。”宋均注:“月为大臣。今如是,大臣必多争并,为奸称疾也。”《春秋纬》说:“(月)生足,君有过,后族擅权,月足生芒,有此类,则亡国也。”《感精符》说:“月生齿,妻妾黜,外垂牙,主威歇。”《文耀钩》说:“月入太微,执道者、司出、门守,皆为天子所诛。”《合诚图》说:“月入华阙门者,皆为臣弑君之候也。”《潜潭巴》说:“月入箕中,其国有忧。”

5 岁星

《文耀钩》说:“岁星所居久,其国有德厚,人主有福,不可以加兵;所居易,德薄,可加以兵。”又说:“岁星色赤有角,所居之国昌,人主以武强战,无芒角,不胜;色赤黄,以文德丰穰,君臣和合;色青白而赤曜,其国有乖离之谋,大臣发计,主有忧惧。”又说:“岁星入月中,以妃党之谮去。”又说:“岁星犯守中台司中,奸臣有谋若诛者,中公当之。”又说:“岁星守天司空,岁水。”又说:“岁星犯守天纪,幸臣执权,有兵起,王者有忧。”《晋书·天文志》:“天纪九星,在贯索东,九卿也。”《文耀钩》说:“岁星犯箕中,天下大乱,兵大起。”又说:“岁星守建星,关梁不通,天下大饥,人相食,期二年。”《史记·天官书》:“南斗为庙,其北建星。”《文耀钩》说:“岁星犯守牵牛,大臣谋其主,大人有戮死者,火犯众,火宫火大起,道路不通。”又说:“岁星守营室,天下皆以饥为忧。”又说:“岁星守营室,其国有急令。”又说:“岁星入娄犯守之,有白衣众聚,三十日不下,其国有兵。九十日不下,必有大丧,期三年。”

《元命苞》说:“岁星逆犯月,法令散。”《春秋纬》说:“岁星退,而其国三月生天枪,阳沉变萌,战乱兵行,诸侯大横,所见国,无用兵。”又说:“岁星退而南,三月生天棓,阳既变萌,战乱兵行,诸侯大扰,所见兵起。"《文耀钩》说:"岁星逆行入南斗,守魁中,大臣国相离,天下叛离,不同心,君臣不和。顺行而守南斗,既去而复还,居之不久易,其色常光明,天下同心,君臣和义。"

6 荧惑

《文耀钩》说:"虽有明天子,必视荧惑所在。"又说:"荧惑反明,主以悖更,残物之过亡,天下更纪,易其主。"《春秋纬》说:"赤帝之世,有过则荧惑出,寇守见萌,以淫乱失时则反明,有此类则亡引也。"反明,反出西方。又说:"荧惑犯北极左星,支为嗣。"又说:"荧惑入北斗杓头,为政令犹豫。"《文耀钩》说:"荧惑太微,王者恶之。"又说:"荧惑以戊子日顺入太微庭中,受使于天子,不为咎非。其日灾殃如占。"又说:"荧惑犯守中台司中,奸臣有谋,若诛者,中公当之。荧惑入文昌庭,守之二十日以上,必有兵,君不康,天下奋击。"《元命苞》说:"荧惑守轩辕,贵妾争;荧惑守营室,群妃斗。"《文耀钩》说:"荧惑入轩辕,主以后妃之党过亡。一曰用事,女当惑之。又曰有白衣,兵期在百三十日中。荧惑辗转轩辕中,远后爱媵。"又说:"荧惑守贵房侧,主乱于色。荧惑入诸王星,主以妃党纵恣,为天下所谋。荧惑主侯守。荧惑守玄戈之阳,以左右占其方,合则主居媵宫,天下有议,女令横行。"又说:"荧惑守天纪,幸臣执权,有兵起,王者有忧。荧惑守河鼓三十日,大将出必有战,守左将,左将忧;守右将,右将忧。去疾,军罢。疾去迟,军罢迟,期不出年。荧惑守王良,谨桥不可渡,并诸侯不道,守之三十日,大兵起,车骑行,期二年。"又说:"荧惑守王良,兵马起。"

荧惑在二十八宿间。《春秋纬》说:"荧惑主怒则角扰动,及绕圜之若芒,前后左右,主令无常,各以其类乱,虚而侵杀,则光为火。荧惑主有谋,气事未施行则见,怡其妖祥,反道二舍以上,居之三月,有淫佚,五月受四方之兵,王以谗言致非祥,七月半亡地,九月大半亡地,因与宿俱入俱出,其国绝祀。”《元命苞》说:“卷舌主口语,荧惑临之,下多乱谋,国君以口舌之害寇起。”《史记·天官书》:“箕为敖客,曰口舌。”《文耀钩》说:“荧惑守卷舌,天下多乱谋,国君以口舌之害起寇。荧惑入卷舌,若守之,天下大旱,有兵起,谗言乱主,其国有忧,期不出三年。”又说:“荧惑犯箕,女主宫人有忧。荧惑入箕,主失位,又天下大乱,兵起。荧惑守箕,主恐,又人民食糟糠,其国更市。荧惑守箕,天下分离,臣下谋,咎在人主自恣。”又说:“荧惑守须女,人主以媵为后,以妾为妻,若有献女者。”又说:“荧惑留虚,有以丧徭。荧惑入虚,咎在毁伤。”又说:“荧惑守危,民多疾疫,岁旱不熟,天下大饥,兵起。”又说:“荧惑守营室,专于妻妃。荧惑入守犯营室,以内淫近色及夭殃,皆不以命终,王者恶之。”又说:“荧惑入东壁,大臣为谋,人主自将兵,贼臣内起,天子以兵自守。”又说:“荧惑入奎,主偏阿,诛不决。荧惑守奎,库兵当起,车骑用。国有死君,岁多狱事。”又说:“荧惑守胃,其国贵人戮死,贱人当贵。一曰大人有入牢狱者。弃法律,荧惑入昴。”又说:“荧惑入毕而出之,有赦令。一曰有德令爵禄之事,期一百八十日。荧惑之毕,有德令。荧惑守毕口,即马驰人走,天下有急兵,国有败伤,人民流亡。”又说:“荧惑之参,将有忧。荧惑入参伐,有兵战,守之五日以上,大将死。”又说:“荧惑入东井,失道行阳,天下大旱,有火灾。若内乱,期不出三年。”又说:“荧惑入舆鬼,主以内乱淫泆。”又说:“荧惑六月守柳,其国失地,人民以饥流亡。”又说:“荧惑入七星,若犯守之,人主有忧。大臣有诛,必有大客贵人有系者,若守五十日,民多死,不出其年,人主行急令。并味沉湎,荧惑入注侯星。”宋均注:“注侯,七星也。”又说:“荧惑犯翼,若守之,天下大乱,车骑无极,大兵起,四海汹汹,终于无命。”又说:“荧惑入轸中,兵大起。”

荧惑之行。《文耀钩》说:“荧惑东行急,一日行一度半,其行东西南北，疾兵各聚其下，主以烦秽，若自恣，招祸谋。用战，顺之胜，逆之谋。荧惑留其宿阴，四旬天子死，三旬重臣消。”又说：“荧惑守角，若反行，留角二十日，相死。”又说：“荧惑与亢合，主命凶。荧惑与氐星合，失地一百里。荧惑犯房宿，将军为乱，王者恶之。荧惑与房合，车驰人走。”宋均曰：“为诸侯所逆也。”又说：“荧惑守心，海内哭。荧惑入星前后星，相戮中野。荧惑与心合，主死；不死，出走，易君。”又说：“荧惑入尾，三月客兵聚。荧惑绕尾踟蹰，则以妾为妻。”《文耀钩》说：“荧惑逆行守尾，久者有兵起，车骑聚于道，大臣宫人为乱，国易政。荧惑逆行入南斗，先潦，后大旱。畋猎不时，荧惑逆守毕。荧惑逆入参，成勾己，天下大乱，天子失度，大人忧，若环绕之，主命恶，若有大丧，期一年，远三年。荧惑逆行守东井，成勾己，天子坐之，天下兵起，守之二十日以上，相恶之。四十日以上，人主当之，先起殃，后起昌。荧惑逆行守舆鬼，成勾己，王者恶之兵起，财帛金钱散，将军有战死者，若有大灾，期不出年。荧惑逆行守翼，邪臣为乱，忠臣不立，不出其年，兵大起，王者忧也。荧惑逆行至轸，名曰经天。其下之国当有败者，大将有忧，士卒扰动，人民苦役多，有死者。荧惑逆行，犯守南河，有男主之丧，若犯北河，有女主之丧，守二十日，以吉成凶。荧惑逆行，守轩辕，大星环绕之，若成勾己，天下大乱，后妃当诛，宫破主亡，易其王，期百八十日，远一年。荧惑主礼成天意，礼失则妾为妻，支为嗣，精感类应则荧惑逆，见变怪。荧惑逆行守玄戈，以妾为妻。”

荧惑在其他星间。《春秋纬》说：“荧惑守狼弧，诸侯相攻。”《文耀钩》说：“火守两河间，兵起，天下困悲。”又说：“荧惑守北河边，兵大起，来侵境，若守之二十日，其国有忧。”又说：“荧惑守天街，政塞奸出，上下相疑，四方隔绝，无通时。”《元命苞》说：“昴毕间为天街，日月五星以出入，荧惑守之，道不通，天下危。”又说：“荧惑守羽林，若垒城，谋在司马，将军为乱。”

7 填星

《文耀钩》说：“填星二十四征，以效存亡。”《元命苞》说：“填星缩有大灾。”《文耀钩》说：“填星西南行，为畋猎恣，南西者，南多西少也。”又说：“填星犯守天纪，幸臣专权，有兵起，王者有忧。”又说：“填星守心为旱，若有火灾。”又说：“填星犯箕，若入宫中，天下大乱，兵大起。”又说：“填星守须女，后宫有喜，贱女暴贵，若后宫专政。女谒横行。”又说：“填星守虚，土雍水，有土功事，若宫女有死亡之忧。”又说：“填星守危，人民有忧。”又说：“镇星坠，海水溢。”《元命苞》说：“填星动则水决江海破山，命曰地候跃。天雨丝丝，伪言咄咀，民作船主，急去，鱼衔菟。”宋均注：“一作龟。”

8 太白

《文耀钩》说：“太白当出不出，阴匿留，主沉湎，大臣有谋。太白不当出而出，主躁臣炽军破，主死，兵马滋。太白已入，三日复出，师忧将虑，主大遇。阴卑俯军相图，先战，败将见诛。又曰：‘上复下，下复上，将反，天下骇扰。’”又说：“太白青角，棺椁贵。太白跃，沉浮主，代提，天下更纪，世有名师。”宋均注：“主德不一，则摄提代移更纪，授有令名能为天下师表者也。”《运斗枢》说：“太白赤芒，世有过，为大臣三公所乘，则太白经天，有此类则亡引也。”《文耀钩》说：“太白经天，主失枢。”《元命苞》说：“太白赢则将相谋，缩则侯族患。”

《春秋纬》说：“太白犯太微，主受期，命夺号灭，冲为期。”又说：“太白入太微庭，其陵犯留焉，三十日必有丧。”又说：“太白入文昌，三军反，兵满都，以弱亡。”《文耀钩》说：“太白入钩钤，王德移。”又说：“太白犯守中台司中，奸臣有诛，若有诛者，中公当之。”又说：

“太白犯守太子庶星，各以所守，有罪若死。”又说：“太白入轩辕，四猾起。”又说：“太白历平星，主命倾。”又说：“太白入天津，兵起大乱，以其所近四方中央，死而葬，易政立王。”又说：“太白入守天将军，大将有忧，若兵起。一曰以饥为败，人民忧。”又说：“太白守五诸侯，四猾起，兵官乱。”又说：“太白入居守天市，中惊，国有谋兵，斧钺用，兵大起，期不出三年。”又说：“太白守犯大角，天下乱，大兵起，强臣谋主，若贵人被戮，期一年。”又说：“太白入房，天子以微诛。”又说：“太白守南斗，威铄。”又说：“太白入虚，天子以微诛。”又说：“太白垂芒守奎，天下攻击。”又说：“太白贯胃，仓廪虚，边兵结，四夷侵，祸谋成。”又说：“太白入昴，天子以岁诛。”又说：“太白入经五车，四猾起。”《春秋纬》说：“太白入咸池，天下乱，易政，人君恶之。”《文耀钩》说：“太白守参旂，九州骚动，天下皆兵，弓不下弦，矢不舍箬。其国不宁，王者有忧。”又说：“太白犯酒旗，三公九卿谋。”又说：“太白入张，天子以微诛。”

9　辰星

《文耀钩》说：“辰星之效也，其色春青黄，夏赤白，若赤黄，秋青白，国有德令，冬黄而不明，皆无伤也。则变厥也，其时不昌，辰星当效，而出色白为旱，黄为福，又为五谷熟，赤为兵，黑为水，青为疫。辰星其时宜效而不效，为失律，天下有兵不出，兵在外不战。”又说：“辰星三时不出，兵甲大起，四时不出，天下更政。”又说：“辰星失其时而出，当寒反温，当温反寒，政及清浊同伦也。”又说：“辰星犯守天纪，幸臣执权，有兵，王者有忧。”又说：“辰星之南斗，天下大水，五谷伤，人民饥。”又说：“辰星守牵牛，牛先贱后贵。”又说：“辰星守牵牛，国以水为败。牺牲疫，牛多死。”又说：“辰星之虚，兵起，大水出。”又说：“辰星跃入虚，得所欲。”又说：“辰星之营室，天下徭役，民不宁其处。”又说：“辰星守东井，去之七寸，七日已上至十五日,王者诛大臣,期不出一百八十日。”又说:“辰星入东井,蛮夷君忧有死者,若边兵起,期不出年。”又说:“(辰星)守犯舆鬼,金钱发用,民多痛耳目。”又说:“(辰星)守天关,天下大水,津梁不通,人民饥,有自粥者,期一年。大水。”

《文耀钩》说:“(辰星)逆行守昴,有兵,大臣有坐法死者。一曰冤狱失理。”

10 岁荧惑填太白辰触犯

《文耀钩》说:“荧惑与木斗,夷狄肆害。荧惑与金斗,阴不制。荧惑与土斗,则子弟乱。荧惑与水斗,则以暴败。”《春秋》纬说:“荧惑干填星,大旱。”又说:“荧惑与太白相逢而斗,胜太白,破军杀将,荧惑破,人主弱,名闻海内。”《文耀钩》说:“荧惑从太白,军忧离之,军却。出太白之阴,有分军出其阳,有偏将之战,当其行,太白逮之,破军杀将。”又说:“荧惑方行,太白环之,破军杀将。”又说:“填星与木星合,则变谋更事,主且失势。填星与火合,则大旱,阳行害。火与土合,忧主孽祥。填星与金合,则为白衣会。免星与填星合,内乱饥,勿用战。”又说:“太白与木合光,大战不胜,兵虽起不成。”又说:“太白与岁星斗,将军杀。若军在外,破军杀将,有寇害。”又说:“太白触填星,发大兵相残贼。”又说:“辰星抵触荧惑,辗转复离而合,河漂山,天雨蛤,国主哭于宫。”又说:“辰星摩太白,入相倾。”《春秋纬》说:“辰星围太白,若与斗,大战过太白间,可容剑;小战出太白右,军急,青角兵忧,黑角水流。”

11 日月五星经由二十八宿

《文耀钩》说:“列宿二十八,是日月五星之所由,吉凶之所由兆也。”其所经由,角始而轸终。接着说:“角二星,天关也,其间天门,其内天庭也。故黄道经其中,日月五星之所行也。角主兵,一曰维首，一曰天陈，一曰天相。左角为天田，为狱，为理，主刑。南三度曰太阳道，右角为尉，为将，主兵。北三度曰太阴道，右角盖天之三门，犹房之四表也，万理之所由，祸福之源始也。故三光轨道从之则吉，干辟抵触则凶也。"《春秋纬》说："天旗司五星之变，日月过之，荧惑守，日蚀星，天下乱。"天旗在参西。《佐助期》说："五星有入轸者，皆为兵大起。"

12　列星

《春秋纬》说："上精为钩，钩陈者陈也，害土。立万物度数，以陈。"《文耀钩》说："摄提斗携角以接下，化而东向，令乖行，则天下更纪，王者灭。"又说："摄提天下更纪，世有名师。"宋均注："主德不一，则摄提代移更纪；主有令名，为天下师表者也。"又说："摄提移向北，王者以过灭。"又说："摄提疏阔，大夫僭差。"《春秋纬》说："斗辅生角，辅远扬，大臣无德，邦必立王。"又说："辅星生翼，不出三年，主诛，臣为王。又占曰：邪臣挟私，擅国符，辅生翼。"又说："大角不见，苍帝失势。"《文耀钩》说："奎星直期九年，主弑，天下无文法，兵官营垒不宁。"又说："昴为旄头，房衡位主胡星，阴之象。"又说："毕空车为边兵，主弋猎，阳微掇，故置附耳，在大星旁，司天下摇动，谗臣乱主。"又说："毕为边界天街，主守备外国，故立附耳，以闻不祥。附耳明贼动，中国微，边兵惊，外国交，斗连年，大将虏，主败失，附耳摇动非其处，有乱臣在侧者，一曰主忧愁。"宋均注："贼，盛也。"又说："德成潢，败成钺。"注："潢为帝车舍。钺为伺淫奢，言王者有德，先成形于潢，败德，先成形于钺。"帝车舍，五帝车舍，天潢，在毕宿东北；钺，在东井。又说："咸池中三柱不具，兵革起。"又说："狼弧张，四年之后，天下大乱。"《元命苞》说："九游星明，则其位多大人，微则小人临州。"九游在参。《文耀钩》说："参伐灭绝，臣弑君，子弑父。伐有角黄芒，天子灭。数世绝，则伐生角。"又说：

“柳主灭绝,臣弑君,子弑父。长沙左辖中星,不欲明,明与星等,兵大起。留不去为守。”《春秋纬》说:“黄星动,海水浮,三公及左右谋。”《考异邮》说:“黄星骋,海水跃。”宋均注:“黄星,土精。土安静,跃则失常。”《佐助期》说:“列星不见,精无耀,天子失政,诸侯横暴。”

13 彗星

《春秋纬》说:“彗星五芒,祸之极,效之征也。”又说:“彗星入紫微宫,其国谋反。”又说:“彗星入枢,期八年,五伯起,帝王亡。”又说:“彗星拂于太微,天子乱。”又说:“彗星出而茀太微,天下乱,不过三五,必易政,以色占期。”又说:“彗星出辅星,庶雄起,陪臣反。”又说:“彗星守北斗,强国发,诸侯争天下。”又说:“彗星出北斗九星中,九卿反,如是所出,其政毁,其人乱。”《演孔图》说:“彗星守北斗,天帝谋易主。”《春秋纬》说:“彗星出天理,大司空斩,将逐其主。”又说:“彗星出贯索,大臣忧,有反者。”又说:“彗星出河鼓,鼓鸣,武士发天子赋。”又说:“彗星出五诸侯,州牧反,九州合谋。”又说:“彗星出长垣,边反。”又说:“彗若出犯执法,御史反。”又说:“彗星出大陵,天子以不慈见犯,复出之将反。”

《春秋纬》说:“彗守角,太白经天,金精之国虚,谋杀作兵。”又说:“彗星出骑官,英雄起,天子忧。”(氐)“彗星出积卒,卫士并为乱,祸不成。”(房)又说:“彗星出鱼星,后党反。”(尾)又说:“彗星出傅说,主以祠非其神,失礼,为内外所谋。巫祝起,天下匿谗在宫中。”(尾)又说:“彗星出卷舌,主以听谗,之主遇杀,大臣反。”(箕)又说:“彗星出铁锧,浮兵多,主以妄诛,将拔之臣反。”(斗)又说:“彗星出羽林,军人谋反。”(危)又说:“彗星出垒城,校尉以反,军成。”(危)又说:“彗星出厩,官法令违法度,数起变,臣执主势。”(壁)又说:“彗星出五车,谷霜,兵起。主卖位,天下名贤起。”(毕)

又说："彗星出天潢，但闻之，将反。"（毕）又说："彗星出诸王星，诸侯称王皇，以南吴楚，北燕赵，东齐宋，西秦晋。"（毕）又说："彗星出酒旗，主以酒过，为相所害。"（参）又说："彗星出天高，庙臣反，名王起，改号。"（井）又说："彗星出阙丘，帝灭。"（井）又说："彗星出司怪，主多妖祥，僻伪起，太臣侯王代主位。"（井）又说："彗孛出天库，楼兵动，惊主，泣血下，不听。"（轸）

《春秋纬》说："彗星出卧星，尚书反。人星一名卧星也。"又说："彗星出宗星，族人反。"又说："彗星出舟星，外夷侵。"《演孔图》说："海精死，彗星出，彗星出，则国枢檿。"注："海精，鲸鱼。"

《合诚图》说："（白彗）司危如太白，有目以为乖事之征，见则主失法，期八年，豪杰起，天子以不义失国，有声之臣，行主德也。"注："声，名称也。"

14　客星

《史记·天官书》："客星出天庭，有奇令。"明无名氏《观象玩占》："客星，非常之星。其出也无恒时，其居也无定所；忽见忽没，或行或止，不可推算，寓于星辰之间。如客，故谓之客星。"现代又称新星。《文耀钩》说："客星入太微，犯黄帝座，天子有忧，臣谋主，至座而还，谋不成，反受其殃。守犯三十日以上，臣谋成，期不出一年。"又说："客星出文昌，其国失政，人主有忧，臣受其殃。"又说："客星入天市垣，兵大起，斧钺用，大臣当有斩者，近期一年，远期三年。"又说："客星出氐，人主忧病，一曰有德令，若边国有献女者。客星守氐，人主忧，带下病。"又说："客星守南斗五十日，大臣有谋，兵大起，国易政，王者有忧，期三年。"又说："客星出昴，若犯守之，当有诈称王令谲命中国，若有妄言谗谀者，必有自败。"又说："客星出轸，若有白衣自立者，大国多害，若有丧，兵革起，天下有逃主，近期不出一年。"又说："客星出天弁，若守之，有囚徒兵起，一曰五谷伤，大贵。”又说：“客星守败臼，天下兵起，有军粮之急，米粟之忧，期二年。”

15　流星

《文耀钩》说：“流星有光夜见墙垣而有声者，野鸡尽响，名天保，所止之野，大兵起。”又说：“流星前如缶盆，后皎然白，其欲入时施施如金散，此谓使星，其所入宿受福，期一年。”《春秋纬》说：“大流星赤黄，出贯索中者怪获，死者女子也。”《感精符》说：“流星入天棓，兵大起，光长五丈，有战，王者忧，妻三年。”《文耀钩》说：“流星入南斗，有使来入国者，色赤兵，黄土，白义，青忧，黑死。”又说：“流星入牵牛，当有邻国使者来，不出百八十日。”又说：“流星抵须女，女主有逆谋，于君有戮死者，期不出一年，远二年。”又说：“流星入虚，人主大忧，臣下相贼，拔邑若国亡，期三年。”又说：“流星入昴，四夷交兵，白衣之会，若贵人有急下狱，期三年；若出昴，士众满野，若他国有使至，期百八十日，远一年。”又说：“流星入参，有兵起，客军破；若出参，中国有米粟之贱。一曰先起兵者亡，后起兵者昌，期二年。”又说：“流星出参，象弓矢，兵大起。”又说：“流星犯舆鬼，中国与南蛮通，四夷来贡。一曰有宗庙祠祀事。”又说：“流星入抵七公，有兵起，大将出。一曰辅臣有诛，不出二年。”又说：“流星入王良，天下有急，关津不通，有兵起，及牛马多死。”又说：“流星抵相星，大兵起，大将出，辅相有变。”又说：“流星入鳖星，国有大水，色赤，出鳖，其国大寒。”又说：“流星入屏星，执法以有戮死者，人民多疾，若有死期，不出年。”

16　雨，虹蜺

《潜潭巴》说：“天雨粟，无德者兴；有德者不禄，小人进，大臣辱。”《演孔图》说：“八政不中，则天雨刀。”又说：“君过满七九，则雨血。"《演孔图》说:"蜺者斗之乱精也。失度,投霓见态,主惑于毁誉。"宋均注:"投霓,投,应也。"又说:"地欧蜺,承天而败,皆臣子逆四方。"《春秋纬》说:"天投蜺,天下怨,海内乱。加四百之期象,见吉凶,圣人则之。"又说:"虹蜺者,主乱之精也。主失度,主惑誉。"《潜潭巴》说:"虹蜺主内淫","虹五色迭至,照于宫,有兵革之事","五虹俱出,天子诎","虹出,后妃阴胁王者,五色迭至,照于宫殿,有兵革之事"。《合诚图》说:"虹蜺主惑心。"《感精符》说:"九虹俱出,五色纵横,或头冲尾,或尾绕头,失节,九女并讹后。后妃族悉黜天外,若兵起,威内夺","白虹贯日,天子有忧"。《考异邮》说:"虹蜺出,乱惑弃和。"《感精符》说:"虹贯日,天下悉极,文法大扰,百姓残贼,酷法横杀,下多相告,刑用及族,世多深刻,狱多怨宿,吏皆惨毒。国多死孽,天子命绝,大臣为祸,主将见杀。"

17　河水泽池

《潜潭巴》说:"河水逆流,怨气盛也。"又说:"水逆者反命也,宜修德以应之。"又说:"水逆流,阴气盛不及上,令其扬沙,下不争,天子失道,圣人受命。"又说:"泽浮舟,天子以亡为忧。"宋均注:"泽,无底之潭。今浮舟,言阴感之具。"又说:"天子无深凿池,深则民苦,邑反沦而下。"《考异邮》说:"阴盛阳逆,民悲情发,则水出河决。"

18　地震山崩

《潜潭巴》说:"地震,下谋上。"《演孔图》说:"地坼者,阴不静,阳不施,臣下媷恣,故天下以谋去主。"《运斗枢》说:"地动则见于天象,四角主灾,月蚀则见。"又说:"地之动,乱并孳,群臣蹶施,阴欢哗。"又说:"地震之异,阴倍主。"《运斗枢》说:"山崩者,大夫排主,阳毁失基。"《保乾图》说:"山崩,修北斗七政之事,辅豪杰除恶之毒。”又说:“山崩道散。”

19 蝗虫

《潜潭巴》“生蝗虫,兵大起,行千里。”又说:“虫两足赤口,诸侯强。”

四 天谴

1 北斗

《运斗枢》说:“王者承度行义,郊天事神不敬,废礼文,不从经图,则枢星不明,主病目舌,若喉,此类见。主以逆天自恣,为三公明侯所谋,举土功,立州侯,失德逆时,害谋显恶,问仰左官,随意己虐符,则琁星不明,主鲜落,若偏枯,近臣恣,将相谋,主以逆阴失符,德义少,残百姓,家狱惨毒,吏巧邪暴,设变害,舒失民命,裹冤抑,则玑星不明,主病心腹,若眩疽。太尉谋主,以逆人伦,诛符命,到禁切愚,喜怒动失时,则衡星不明,若主痹蹶逆。以无禁诛,远雅颂,若倡优,奢政伪度,毁谗则嬉,则玉衡不明,主若委蹶。以迷惑诛德,蔽任过,官多尸禄,赏罚逆符,不修斗度,房表之枢,法令数更,以苛相构,则开阳星不明,主若鬲疽。以不聪明,诛废江淮,不省山渎之祠、州土之位,不应大符,斩伐无度,坏山绝渠,威德四弱,外国远州,摇光不明,主若肿痂痔痛,惫失枢。”《文耀钩》说:“王者贪恣,开利门,贾百姓,朝臣货财为荣,无仁义之廉,则机星低,低者枢机星下移,移则山岳参差,天投石,蝗虫为害,奎星息,期九年,主试天下无文法,兵官荣。王者不用仁义为政,则吝臣炽,哲人消,群奸之害,以圆为方,以佞为忠。朝廷闭塞,天下闭壅,则杓仰,仰者杓星上句移则山崩,龙群吟飞,火泉踊,彗入斗,辰守房,天库虚,狼弧张,期八年,五伯起,帝王亡,后党嬉,谗贼兴,群官之政,以私害公,则魁星反而扰衡。”又说:“行失,瑶光则兔出月。”宋均注:“阴不衔阳,故兔出月。”又说:“行失,瑶光则服翼两头并翔,废江淮山渎之祠,则瑶光不明,服翼九足。”服翼,蝙蝠。又说:“行失,瑶光则矛生角。矛生角,则有赤风。”《史记·天官书》:“杓端有两星,一内为矛,招摇;一外为盾,天锋”,“矛、盾动摇,角大,兵起”。《集解》:“李奇曰:‘角,芒角。’”行失,行为有失。《演孔图》说:“八政不中部,则玉绳绝,且失常。”玉衡北两星,曰玉绳。

2 日

《运斗枢》说:“人主自恣,不循古,逆天暴物,祸起,则日蚀。”又说:“君不听聪,无知。德威不严,舒懦。为臣下所侵,则日光青赤,其后久旱,地动摇宫。阴气盛,下臣大恣横,阳精挑夺,日行失度,不得则日月薄于晦。阳为臣所悦,故以晦日蚀之,失后也。”《汉含孳》说:“臣子谋,日乃蚀。”《感精符》说:“君行无常,公辅不德,夷强狄侵,万事错,则日蚀既。”又说:“日蚀有三法(发):一曰妃党恣,邪臣在侧,日黄无泽,则日以晦蚀,其发必于眩惑。二曰偏任权并,大臣擅法,则日青黑,以二日蚀,其发必于酷毒。三曰宗党犯命,威权害国,则日赤郁怏无光色,则日以朔蚀,其发必于嫌隙。”晦,月末最后一天;朔,月初一。

《感精符》说:“人主排斥,则日夜出。”《合诚图》说:“君蔽臣专,则日出乃毁。”《考异邮》说:“臣谋反,偏刺日。”《感精符》说:“群臣争,则日裂。”又说:“群臣争则日裂,主偏任则日裂为五。”又说:“君臣乖错不和,则日背璚。”又说:“偏任权柄,大臣擅法,则日青黑,子党犯命,权威宫国,则游气蔽日,日赤郁暎无色。九十日黄,则日中无影,其时叛作。璚珥数出,黄云入国,妻党翔,应青则寒霜虐雹。偏任气,应赤则日斗湛阴雾集。”又说:“三失阳事,则日无光。”又说:“君行内虚,外有肃敬布政修度之名,苟无至诚,为下犯昌,旦晚不惊,则日光冥冥,郁快不清,其有水灾淫雨,雾霜屡臻。”又说:“群臣恣,则日黄无光。”又说:“妻党翔,群臣恣横,则日黄无光。”又说:“君营于邪,辅宰不纳,奢大众盗,快意所欲,民不聊生,则游气蔽日,日青黄白黑。”又说:“主弱则日色赤如灰,王沦泞则日流血。”又说:“大臣擅命妻专,盗成党,女妃虚,赋敛残贼,日为青黄。”又说:“夷狄并侵,兵将用,则日紫。”又说:“夷狄并侵,战兵将用,则日垂牙象足,其发必子辅政,擅威福。”又说:“日赤足,主颠蹶,破杀王,使并相伐。”又说:“妻党翔则黄云入国,候冬至日见黑云,有水云黄白如人头悬镜之象,祸流。”《文耀钩》说:“偏任权柄,大臣擅法,则有青黑子。”

《感精符》说:“君不聪明,无知德,为臣下所侵,则日光青赤,后大旱,地摇动,日青赤黄白黑乍连,子气茫茫,不可以类推象度,三十日以往,蚀无期,此至乱,故比年日蚀。”

3 月

《感精符》说:“臣下大恣横,则日月薄于晦。”《考异邮》说:“诸侯谋反,则月生爪牙,后族专政,则日月并照。”《汉含孳》说:“妻怨成,无诎制之者,则月满不亏,有女妃虐。”宋均注:“不亏,不缺也。”《运斗枢》说:“月垂芒,国乱,忧在公,祸大作,兵败北。”又说:“后族擅权,月生芒。”又说:“后族擅权,月生足芒,主势夺于后族,群妃之党横僭,则月盈并出。小月承大月,群奸在宫,主若赘旒。大月承小月,近臣起,馋人横,陪臣执命,三公望风。”又说:“主势夺于后族,群妃之党横僭为害,则月盈并,若两月连出,妃党交萌,若照同力,排灭王公。”又说:“主排公侯,狡猾起,尊能主,则月珥两。”

4 岁星

《文耀钩》说:“好害盛德,则岁星逆行;春政乱者,夺民时,猎野兽，则岁星逆行。”

5　荧惑

《春秋纬》说：“主乱虚而侵杀，则荧惑光益大。”《运斗枢》说：“阳越度，阴失符，则荧惑生足。”宋均注：“阳，君也；阴，臣也。”《元命苞》说：“殷纣无道，荧惑反明。”宋均注：“反出西方也。”《文耀钩》说：“臣子相谮，三公专恣，则荧惑流而触台。”台，三台。又说：“天下奋击，臣子相谮，三公专恣，则荧惑流而触台。”又说：“专于妻妃，则荧惑展转轩辕中。”又说：“主软弱愦愚，则荧惑守五诸侯。”又说：“夺民时，荧惑守左角。”又说：“出行不节，则荧惑守房钩钤。”《运斗枢》说：“人君乱政，朝多谗臣，则荧惑吐舌。”舌，卷舌，箕宿。《文耀钩》说：“主偏党不次，则荧惑久守于室。”又说：“主偏党不次，则荧惑久守于奎。”又说：“弃法律，荧惑入昴。”又说：“畋猎不时，荧惑逆守毕。”又说：“逐功臣，荧惑守觜参。”又说：“饮食失度，荧惑徘徊酒旗。”又说：“残阴则荧惑守张。”

6　填星

《文耀钩》说：“填星主德。德失则宫室高，台榭繁，故填星缩，火烧门，动则水决，江河破，凶。”《汉含孳》说：“阳弱臣逆，则填星盈缩。王者礼义德杀刑尽失，填星乃动而盈。王者以贪扰不宁，大水出。”《潜潭巴》说：“为国家者，乱五行之度，失五常之性，则填星为动而地震矣。地震则阴类应之，人心恐惧，当为寇至，臣专女横，其灾大丧，而社稷忧也。”

7　太白

《考异邮》说：“陪臣行毒，诸谒向尊，则太白经天，主命凶。”《汉含孳》说：“阳弱辰逆，太白经天。”注：“阳弱，君柔不堪。”《文耀钩》说：“残百姓，诛民臣，则太白入柳。”又说：“发大兵，相残贼，则太白入天田。"《元命苞》说:"杀失则,攻战刑,故太白逆经,天辱君父,国被侵。"《文耀钩》说:"主任恣,则太白触填星。"

9 辰星

《元命苞》说:"刑失则,简宗庙,废祭祀,故辰星不以时出,当寒反温,四时错政。"

10 列星

《运斗枢》说:"黄帝行失,则枉矢出,射所谋。"《史记·天官书》:"枉矢,类大流星,蛇行而仓黑,望之如有毛羽然。"《运斗枢》说:"苍帝行失,则列星灭。"《考异邮》说:"下有谋,则星入月。"《感精符》说:"天下无法度,莫能相治,患祸并见,四夷为邪,则星陨。皆失其正,异姓起,行奢贪,强国并兼,民流彼邦,此王者失势、诸侯起伯之异。"

11 雨,虹蜺

《感精符》说:"大臣擅法则雨雹。"《合诚图》说:"天子外苦兵威,内夺臣无忠,则天投蜺。"《运斗枢》说:"后族专权,虹贯太微。"《感精符》说:"九女并讹,则九虹并见。"《运斗枢》:"帝老不听政,赤虹填门。"《感精符》说:"宰相之谋欲有国,则白虹贯日,毁灭息。"《元命苞》说:"世惑臣谋,虹舒照。"

12 江河

《汉含孳》说:"王者以贪扰不宁,大水出。"又说:"九卿阿党,挤排正直,骄奢僭害,则江河溃决。"《运斗枢》说:"帝壮而得势,水决坏山。"《感精符》说:"后妃恣,则泽为海。"

13 地动土踊

《潜潭巴》说:"天子文绣布地,地必动,绝无嗣。"《考异邮》说:

“臣恣盛，地裂坼。”《汉含孳》说：“大夫专权，兵陵地坼。”又说：“女主盛，臣制命，则地动。坼畔震起，山崩沦。”《运斗枢》说：“后族专权，地动摇宫。”《考异邮》说：“后族专则土踊。”宋均注：“阴盛也。”

14　蝗、螽、蟾蜍

《汉含孳》说：“蝗起于贪，螽者飞而甲为害，则天雨螽则刑法丑。”又说：“螟应苛剋。”注：“苛者，切也。”又说：“蝗起于贪，螽者飞而甲为害，故天雨螽则刑法丑。”《运斗枢》说：“政纪乖，则蟾蜍月精，四头感翔。”

五　他经他纬

1　六经皆有教

《说题辞》说：“六经所以明君父之尊，天地之开辟，皆有教也。”《运斗枢》说：“常占有经，世史所明。”

2　《易》

(1) 总说

《元命苞》说：“乾动巛（坤）静。”《说题辞》说：“易者气之节，含五精，宣律历。上经象天，下经计历，《文言》立符，《象》出期节，《彖》言变化，《系》设类迹。”注：“符，信也。彖，两也。出期节者，若至日关闭，商旅不行，后不省方之类也。”《说题辞》说：“人者仁也，以心合也。《易》曰：‘立人之道曰仁与义。’”

(2) 圣人用卦

《元命苞》说：“苍帝稷精感姜嫄而生，卦之得震，故周苍代尚。”注：“苍神谓佶，木王者也。”又说：“孔子曰：扶桑者，日之出，房所立，其耀盛，苍神用事，精感姜嫄，卦得震，震者动而光，故知周苍代殷者为姬昌，人形龙颜，长大羽翼，日衣青光。”宋衷注：“为日精所羽翼,故以为名,木神以其方色衣之。”又说:“火离为凤凰,衔丹书,游文王之都,故武王受凤书之纪。”又说:“火离为鸾”,“火离为孔雀”。《演孔图》说:“孔子修《春秋》,九月而成,卜之得阳豫之卦。”宋均注:“阳豫,夏殷之卦名。”赵在翰注:“《史(记)·秦始皇纪》卦得游徙。阳豫游徙,皆夏殷卦名。”①

(3) 阴阳子午

《元命苞》说:“天不足西北,阳极于九;故天周九九八十一万里。地不足东南,阴右动,终而入灵。”注:“地不足东,故言立子午以相明之。子午者,阴阳之象所见处也,故以二辰回转所不同,以为门也。右动,动而东也。灵门巳也,阴藏于此也。”又说:“地所以右转者,气浊精少,含阴而起迟,故右转迎天,佐其道。”注:“地生于离,既不敢当阳动,退居少阴,则亦右行而迎阳者,受其施育而成阳,故曰佐其道也。”又说:“《周易》艮为山,为小石。石,阴中之阳,阴精辅阳,故山含石。石之为言托也,托立法也。”

(4) 三正与消息卦

《元命苞》说:“夏以十三月为正,息卦受泰。”注:“物之始其色尚黑,以寅为朔。”又说:“殷以十二月为正,息卦受临。”注:“物之芽,其色尚白,以鸡鸣为朔。”又说:“周以十一月为正,息卦受复。”注:“物之萌,其色尚赤,以夜半为朔。”

(5) 八卦主八风

《考异邮》说:“冬至十一月,阳之气也。阳立于五,极于九,五九四十五日一变风,以阴合阳,故八卦主八风,距同各四十五日。艮为条风,震为明庶风,巽为清明风,离为景风,坤为凉风,兑为阊阖风,乾为不周风,坎为广莫风。”又说:“风之为言萌也,其立字虫

① 赵在翰:《七纬》,中华书局,2012年版,第374页。

动于几中者为风。”又说:“八风杀生以节翱翔,距冬至四十五日条风至,条者达生也。四十五日明庶风至,明庶者,迎惠也。四十五日清明风至,清明者,精芒挫收也。四十五日景风至,景者强也,强以成之。四十五日凉风至,凉风者,寒以闭也。四十五日阊阖风至,当寒天收也。四十五日不周风至,不周者,不交也,阴阳未合化也。四十五日广莫风至,广莫者,精太满也。”

3 《尚书》

《说题辞》说:“《尚书》者,二帝之迹,三王之义,所以推期运、明命授之际。书之言信,而明天下之情,帝王之功,凡百二篇,次第委曲。尚者上也,上世帝王之遗书也。”

4 《诗》

《说题辞》说:“《诗》者,天地之精,星辰之度,人心之操也。在事为诗,未发为谋;恬淡为心,思虑为志,故《诗》之为言志也。”又说:“人主不正,应门失守,故歌《关雎》以感之。”宋均注:“应门,听政之处也。言不以政事为务,则有宣淫之心。《关雎》乐而不淫,思得贤人与之共化,修应门之政者也。”杨应阶接注:“此《韩诗》义也。”①《演孔图》说:“《诗》含五际六情,绝于申。”宋均注:“六情即六义也。一曰风,二曰赋,三曰比,四曰兴,五曰雅,六曰颂。申,申公也。”赵在翰注:“五际六情,《齐诗》说也,见于《(汉书·)翼奉传》,宋注六情为风雅颂赋比兴,非《齐诗》之旨矣。”②见前《诗》纬。《元命苞》说:“乙酉之岁,除旧革政。”见前《诗》纬。

5 《礼》

《说题辞》说:“礼者体也,人情有哀乐,五行有兴灭,故立乡饮

① 赵在翰:《七纬》,中华书局,2012 年版,第 633 页。

② 赵在翰:《七纬》,中华书局,2012 年版,第 375 页。

酒之礼,终始之哀,婚姻之宜,朝聘之表,尊卑有叙,上下有礼,王者行礼得天中和。”

6 《孝经》

《元命苞》说:“火流为乌,乌,孝鸟,阳精,天意鸟在日中,从天以昭孝也。”又说:“人君至治所有。”《说题辞》说:“孝经者,所以明君父之尊,人道之素,天地开辟皆在孝。”

7 《河图》《洛书》

《说题辞》说:“河以通乾出天苞,洛以流坤吐地符。河龙图发,洛龟书感,《河图》有九篇,《洛书》有六篇。”

六 谶言

1 尧、武王

《合诚图》说:“尧母庆都有名于世,盖大帝之女,生于斗维之野,常在三河之东南。天大雷电,有血流润大石之中,生庆都。年十二寄伊长孺家,无夫,出观三河之首,常有若神随之者。有赤龙负图出,庆都读之:赤受天运。下有图人衣赤,光面八采,须发长七尺二寸,兑上丰下,足履翼宿,署曰:赤帝起,成天宝。”《文耀钩》说:“牧野之战鬼哭。”宋均注:“牧野鬼先哭,喻纣将死。”

2 秦、西汉

《演孔图》说:“驱除名政,颠倒吾衣裳,坐吾曲床,滥长九州,灭六王,至于沙丘亡。”政,秦嬴政。《春秋纬》说:“丘览史记,援引古图,推集天变,为汉帝制法,陈叙图录。”又说:“丘水精,治法为赤制功。”又说:“孔子论经,有鸟化为书,孔子奉以告天,赤雀集书上,化为黄玉。刻曰:孔提命,作应法,为赤制”,“将受命制”。又说:“黑龙生为赤,必告视象,使知命。”《演孔图》说:“玄丘制命,帝卯行。”

卯，刘。又说："有人卯金兴于丰，击玉鼓，驾六龙。"注："鼓喻所行清严，人服其威势也。"卯金，刘。又说："有人卯金刀，握天镜。"又说："其人日角龙颜，姓卯金刀，含仁义。"又说："卯金刀，名为刘(劉)，中国东南出荆州，赤帝后次代周。"《汉含孳》说："刘季握卯金刀，在轸北，字禾子，天下服。卯在东方，阳所立，仁且明。金在西方，阴所立，义成功。刀居右，字成章，道击秦，枉矢东流，水神哭，祖龙死。"祖龙，始皇。《合诚图》说："水神哭，子褒败。"宋均注："高祖斩白蛇而神母哭。"《文耀钩》说："庶人争权，赤帝之精。"注："庶人，项羽、刘季者也，争权，并欲起也。"

3 东汉

《汉含孳》说："夜景移光，复中，支庶起。"又说："日复中，支庶起。"又说："日跃则畏后，文景移位，支庶起跃。"《演孔图》说："戴玉英，光中再，仁雄出，日角用。"注："玉英，文帝之首，表象与英而秀出。光，日光也。再，再中也。"又说："正气为帝，间气为臣。宫商为姓，秀气为人。"注："正气谓若木人，则得苍龙之形，灵威仰之气。火人，得朱鸟之形，赤熛怒之气以生之此也。间气则不苞一行，各受一星以生，若萧何感昴精、樊哙感狼精、周勃感亢精者也。"赵在翰注："宫商为姓，即(《易》纬)《乾元叙制记》所云'因象著命者'，以复泰乾坤十八卦配五行五声，以明四十二姓及五色之符、尺寸之度、享国之世数。京房《律术》所云：'五音生于本姓也。'(《易》纬)《通卦验》云：'艮季气逆，代起者西北，以木为姓，木胜土也。'又云'巽气逆，代者赤兑姓，兑姓有金。'按兑姓商，商为金，盖又以金符卯金之姓也。"[①]《演孔图》又说："刘四百岁之际，褒汉王，辅皇王以期，有名不就。"宋均注："虽褒族人为汉王，以自辅，以当有应期，名

① 赵在翰：《七纬》，中华书局，2012年版，第377—378页。

见摄录者,故名不就也。"《佐助期》说:"汉以许昌失天下。"又说:"汉以蒙孙亡。"《易是类谋》郑注:"蒙孙,童蒙之孙也。"《保乾图》说:"汉以魏征,黄精接期,天下归高。"又说:"当涂在世,名行四方。"《汉含孳》说:"汉以魏,魏以征。"《玉版谶》说:"代赤者魏公子。"

4 其他

《文耀钩》说:"商弦绝,蚕含丝。"《汉含孳》说:"断木寒水,泥土当根。"注:"泥土,穿土出泥也。"《运斗枢》说:"有鸜鹆来巢于榆。"此见于《春秋·昭公二十五年》,赵在翰注:"郑君《驳异义》以为从鲁疆外而至,则言来。鸜鹆本济西穴处,今乃逾济而东,又巢,为昭公将去他国。"[①]《感精符》说:"八月白露降,鹤即高鸣相儆。"

① 赵在翰:《七纬》,中华书局,2012年版,第501页。

第十一章 《孝经》纬

《孝经》不到两千字。《吕氏春秋·察微》已引及《孝经》，刘歆《七略》著录："《孝经》者，孔子为曾子陈孝道也。"班固《汉书·艺文志》说："武帝末，鲁恭王坏孔子宅，而得古文《尚书》及《礼记》《孝经》《论语》，凡数十篇，皆古字也。"桓谭《新论》说："《古孝经》一卷，二十章，千八百七十二字，今异者四百余字。"蔡邕《明堂论》说："魏文侯撰《孝经传》。"东汉列七经，《孝经》在其中，有郑玄注。历代帝王，颇重《孝经》，唐明皇为《孝经》作注，影响很大。但宋代已有人认为，《孝经》不作于孔子。

历来辑录《孝经》纬篇章不少，但《后汉书·樊英传》李贤注只取《援神契》《钩命决》《雌雄图》三篇；其他有《孝经内事》《孝经古秘》《孝经章句》等篇，不详具体篇章者统称《孝经纬》。《援神契》《钩命决》特别记载孔子作《孝经》事。所谓孝，一般指孝亲，但《孝经》所谓孝，甚为广大，《孝经》纬首先对此进行解释。其他与各纬比较，无大差异，相对近于《春秋》纬。下面先述所说孔子作《孝经》事，再述对所谓孝的解释，接着分述其他。

一 孔子作《孝经》

1 孔子

《援神契》说："虫也。"《孝经》首章曰："仲尼居。"陆德明《经典释文》注："仲尼女持反。仲尼取象尼丘山，又音夷，字作尼，古虫字也。"《钩命决》说："仲尼海口，言若含海泽也；仲尼牛唇，舌理七重，吐教陈机授度;仲尼虎掌,是谓威射;仲尼龟脊;夫子辅喉;夫子骈齿。”注:“象钩星也。”又说:“丘以匹夫徒步,以制正法。丘乃授帝图,掇秘文。”《孝经纬》说:“孔子曰:‘三皇设言民不违,五帝画象世顺机,三王肉刑揆渐加,应世黠巧奸伪多。’”又说:“孔子曰:‘事亲孝,故忠可遗于君,是以求忠臣必于孝子之门。’”《钩命决》说:“圣人不空生,必有所致,以显天心,丘为木铎制天下法。”

2 孔子与颜渊及《孝经》

《钩命决》说:“孔子谓颜渊曰:‘吾终身与汝交臂而失之,可不哀与。’”《援神契》说:“孔子制作《孝经》,使七十二弟子向北辰星而磬折,使曾子抱《河》《洛》事北向,孔子簪缥笔,绛单衣,向北辰而拜。”《钩命决》说:“《孝经》者,篇题就号也。所以表旨括意,叙中书名出义,见道曰著。”注:“就,成也。孝为一篇之目,十八章也。成号叙心中之事,使孝义见于外。”又说:“一字苞十八章,为天地喉襟,道要德本,故挺以题符篇冠就。曾子撰斯,问曰:‘孝文乎?驳不同何?’子曰:‘吾作孝经,以素王无爵之赏,斧钺之诛,故称明王之道。’曾子避席复坐。子曰:‘居,吾语女,顺孙以避灾祸,与先王以托权。’”注:“托先王以为己权势力。”又说:“目至德要道以题行。”注:“题行,题天子德行,致群瑞,己行所及也。”又说:“首仲尼以立情性。”注:“情性犹天地。”又说:“言子曰以开号。”注:“若夫子,所以自开于受命也。”又说:“列曾子示撰辅。”注:“使若得录图之故,行冠子以立之也。佐与共治天下也矣。”

3 《孝经》与《春秋》

《援神契》说,孔子与弟子“告备于天曰:《孝经》四卷,《春秋》《河》《洛》凡八十一卷,谨已备”。又说:“孔子在庶,德无所施,功无所就,志在《春秋》,行在《孝经》,孔子曰:‘吾志在《春秋》,行在《孝经》。'以《春秋》属商,以《孝经》属参。"《孝经纬》说:"孔子曰:'欲观我褒贬诸侯之志在《春秋》,崇人伦之行在《孝经》。'"《援神契》说:"六经册长尺四寸,《孝经》册长尺二寸。《春秋》二尺四寸书之,《孝经》一尺二寸书之。孝道者,万世之桎辖。"

二　释孝

《孝经·天子章》说:"子曰:'爱亲者,不敢恶于人;敬亲者,不敢慢于人。'爱敬尽于事亲,而德教加于百姓,形于四海,盖天子之孝也。"《诸侯章》说:"在上不骄,高而不危,制节谨度,满而不溢。高而不危,所以长富贵也。满而不溢,所以长守富也。富贵不离其身,然后能保其社稷,而和其民人,盖诸侯之孝也。"《卿大夫章》说:"非先王之法服,不敢服;非先王之法言,不敢道;非先王之德行,不敢行,是故非法不言,非道不行,口无择言,身无择行,言满天下无口过,行满天下无怨恶,三者备矣,然后能守其宗庙,盖卿大夫之孝也。"《士章》说:"资于事父以事母,而爱同;资于事父以事君,而敬同。故母取其爱,而君取其敬,兼之者父也。故以孝事君则忠,以敬事长则顺,忠顺不失,以事其上,然后能保其禄位,而守其祭祀,盖士之孝也。"《庶人章》说:"用天之道,分地之利,谨身节用,以养父母,此庶人之孝也。故自天子至于庶人,孝无终始,而患不及者,未之有也。"

所谓孝甚是广大。《孝经》纬对此进行解释,以为所谓孝根本在使亲安。如何才能使亲安?帝王治理好国家始终成就;诸侯不越过法度;卿大夫有善誉;士能究明事义;庶人躬耕力作,如此则亲安矣。《援神契》说:"天子孝曰就,就之为言成也。天子德被天下,泽及万物,始终成就,则其亲获安,故曰就也。诸侯孝曰度,度者法也。诸侯居国,能奉天下法度,得不危溢,则其亲获安,故曰度也。

卿大夫孝曰誉，誉之为言名也。卿大夫言行布满，能无恶称，誉达遐迩，则其亲获安，故曰誉也。士孝曰究，究者以明审为义，士始升朝，辞亲入仕，能审资父事君之礼，则其亲获安，故曰究也。庶人孝曰畜，畜者含畜为义，庶人合情受朴，躬耕力作，以畜其德，则其亲获安，故曰畜也。"又说："天子行孝，四夷和平。"又说："孝，畜也，养也。"《钩命决》说："明王用孝，升平致誉。" 又说："王者至孝则出。"

孝为卓特之行，《钩命决》以为孝者，"削肌刻骨，挈挈勤思"，"欢忻慎惧，呕呕喻喻"，"引兴摘暴，学管百行"，"敕躬未济，汲汲孳孳者"。又说："正朝夕者视北辰，正情性者视孝子"，"孝旨如醴泉"，"流深者其水不测，孝至者其敬无穷"。

三 日月，周天，节气，九州

1 日月

《援神契》说："天度庬鸿孳萌。"宋均注："庬鸿，未分之象。"又说："天地至贵，精不两明。"宋均注："天精为日，地精为月。"又说："日中则光溢，日神五色，明照四方。"又说："三日成魄，八日成光，二八十六日转而归功，晦至朔旦受符复行。"日为魂，月为魄。又说："月二日而成魄，三月而成时。"又说："月亏于天，则阴类消于渊也。"

2 周天七衡六间

古盖天说以北极为天中，相应于地有地中，亦称极下。天中到极下八万里。太阳运动，有冬至直日下，夏至直日下，前者为南回归线，后者为北回归线。冬至直日下距极下二十三万八千里，夏至直日下距极下十一万九千里。以极下为中心计之，二者半径不同，于是有所谓两衡。前者为内衡，后者为外衡。从内衡到外衡，亦是十一万九千里。内衡和外衡间为中衡。内衡和中衡间，有第二衡，第三衡。中衡和外衡间，有第五衡，有第六衡。如此七衡六间。每间距离，十一万九千里除以六，得一万九千八百三十三又三分之一里。《援神契》说："周天七衡六间者，相去万九千八百三十三里三分里之一，合十一万九千里，从内衡以至中衡，从中衡以至外衡，各五万九千五百里。"又说："天有七衡六间，夫天有七衡而云间者，从内衡以至中衡，中衡以至外衡，相去合十一万九千里。"又说："周天有七衡，夏至日在内衡，冬至日在外衡，春分之日，日在中衡，秋分日在内衡。"又说："日在外衡，牵牛之初，冬至之日。"

3 四时节气

《援神契》说："三三参行，四四相扶。"《五行大义·论支干数》："天有四时之气，以三月成一时，故言'三三参行，四四相扶'。"二十四节气，分七十二候，五天一候。物之生灭布于侯。《援神契》说："戴纴下，蚕始生。"戴纴，戴鵀，鸟。蔡邕《月令章句》："季春戴鵀降于桑。"《援神契》说："仲夏茧始出，妇人染练，咸有作务。"又说："阴用事，木叶落，兽蛰伏，獭祭鱼。兽者伏，豺食禽。"又说："仲冬昴星中，收矩芋。"注："莒亦芋也。"

4 九州

《援神契》说："计校九州之别，土壤山陵之大，川泽所注，莱沛所生，鸟兽所聚，九百一十万八千二十四顷，硗确不垦者，其余提封千五百万二千顷。"《钩命决》说："五岳：东岳岱；南岳衡；西岳华；北岳恒；中岳崧高。"《援神契》说："五岳藏神，四渎含灵，五土出利以给天下，黄白宜种禾，黑坟宜种麦，仓赤宜种菽，洿泉宜种稻。"又说："高山之颠无树，深海之渊无水，糟太刚，温太柔也。"又说："五岳之精雄圣，四渎之精仁明，河者水之伯，上应天汉，泰山，天帝孙也，主召人魂，东方万物始成，故知人生命之长短。”

四 天庭人文

《孝经纬》说：“太微天庭。”又说：“太微天庭，帝以纪录出图，五座并设，神灵集谋，故置将相辅佐，执法即位，少微以议疑。”《援神契》说：“天理敕修，糺中情。”又说：“斗曲杓桡，象成车。房为龙马，华盖覆钩，天理入魁，神不独居，故驂驾陪乘，以道踟蹰。”宋均注：“房星既体苍龙，又象驾驷马，故兼言之也。覆钩既覆且钩曲，似盖也。天罡入魁又似御陪乘。”《史记·天官书》：“房为府，曰天驷。”《晋书·天文志》：“魁中四星为贵人之牢，曰天理也。”《援神契》说：“辅星正，矫不平。”《史记·天官书》：“辅星明近，辅臣亲强，斥小，疏弱。”《集解》：“孟康曰：在北斗第六星旁。”《正义》：“大臣之象也。”《援神契》说：“文者精所聚，昌者扬天纪，辅拂并居以成天象，故曰文昌宫。”又说：“轩辕十二星，后宫所居。”又说：“辰极横，后妃四星从，端大妃光明。纵曲相扶。”又说：“大角为坐候。”宋均注：“坐，帝坐也。”《史记·天官书》：“大角者，天王帝廷。”《正义》：“大角一星，在两摄提间，人君之象也。”《援神契》说：“摄提运度，主接灵。”又说：“五诸侯主危倾，此皆诸侯之职也。”

《援神契》说：“奎主文昌，仓颉效象，洛龟曜书丹青，垂萌画字。”宋均注：“奎星屈曲相钩，似文字之画。”又说：“奎主文章，仓颉文字者，总而为言，包意以明事也。分而为义，则文者祖父，字者子孙，滋蔓而相生尔。得之自然，备其文理，象形之属则谓之文，因而滋蔓，母子相生，形声会意之属，则谓之字，字者言孳乳寖多也。题于竹帛谓之书，书者如也，舒也，纪也。”又说：“灵台考符，居高，显圣王所以宣德察微。”

五　传说历史

1　伏羲

《钩命决》说："华胥履迹，怪生皇胥。"注："灵威仰之迹也，履迹而生，以为奇怪也。"《援神契》说："伏羲大目，山准，日角而连珠衡。"宋均注："木精之人日角，额有骨表，取象日所出，房所立有星也。珠衡，衡中有骨表，如连珠，象玉衡星。"《援神契》说："伏羲尽地之制，凡天下山五千三百七十，居地五十六万四千五十六里，出水者八千里，受水者八千里，出铜之山四百五十七，出铁之山三千六百九。"《钩命决》说："伏羲乐为立基。"又说："伏羲乐名扶来，亦曰立本。"

2　神农

《援神契》说："神农长八尺有七寸，宏身而牛头，龙颜而大唇，怀成钤，戴玉理。"又说："神农耕桑得利，究年受福。"《钩命决》说："神农乐为下谋。"又说："神农乐名扶持，亦曰下谋。"

3　黄帝

《钩命决》说："附宝出降大灵，生帝轩。"注："附宝，帝轩母也。轩乃黄精，轩辕气也。附或作付也。"《援神契》说："黄帝身逾九尺，附函挺朵，修髯华瘤，河目隆颡，日角龙颜。"

4　帝魁

《钩命决》说："佳巳感龙生帝魁。"郑氏注："佳巳，帝魁之母也。魁，神名。"宋衷注："帝魁，黄帝子孙也。"

5　祝融

《钩命决》说："祝融乐为祝续。"

6 尧

《援神契》说："尧鸟庭荷胜八眉"，注："尧，火精人也。鸟庭，庭有鸟骨表，取象朱鸟与太微庭也。朱鸟戴胜，荷胜似之。八眉，眉采色有八。"又说："尧知天命，赐契子氏，知有汤。"

7 舜

《援神契》说："舜生姚墟。"又说："舜龙颜重瞳。大口，手握褒。"注："龙颜取象虹，故有此骨表也。重瞳，取象电多精光，大口似象斗星，又为天作喉舌。握褒，手中有'褒'字，喻从劳苦起，受褒饰，致大位者也。"《钩命决》说："舜即位，巡省中河，录图授文，地在洛水旁。方尧禅舜，沉书日稷，而赤光起。舜禅禹沉璧，尧坛赤光又起。"注："稷读曰侧。"《援神契》说："帝舜祗德，钦象有光，至于稷兴，荣光迭至，黄龙负图，卷舒至水畔，置舜前，舜与三公大司空禹等三十人集发图。"

8 禹

《钩命决》说："命星贯卯，修纪梦接，生禹。"注："命使之星，谓流行之星也。"《援神契》说："禹虎鼻。"又说："禹凿龙门，辟伊阙，决江开岷，导四渎。"注："凿龙门以通河，凿岷山以开江，导淮于桐柏，道济于王屋，故言导四渎。"

9 夏桀

《援神契》说："后偷任威，折其玉斗，失其金椎。"注："后，桀也。偷，独，苟且，自专奉也。玉斗者，北斗以玉为之，浑仪也。金椎以喻国之重宝也。"

10 汤

《钩命决》说："及汤观洛沉璧，三投光不起矣。"

11 文王

《援神契》说："文王优游典部。"

12 武王

《援神契》说："周千八百诸侯，布列五千里内。"言武王伐纣。

13 周公

《援神契》说："周公践阼理政，与天合志，万序咸得，休气充塞。"

14 成王

《援神契》说："八方之广，周洛为中，于是遂筑新邑，营定九鼎，以为王之东都。成王营洛邑，建明堂，朝诸侯，还丰镐。"又说："周成王时，越裳献白雉，去京师三万里，王者祭祀不相逾，宴食衣服有节则至。"

15 总说

《钩命决》说："三皇步，五帝骤。三皇驰，五伯骛。"宋均注："步谓道隆德备，日月为步；时事弥顺，日月亦骤；勤思不已，日月乃驰。是优劣也。"

六 天子圣王，三公诸侯；五德之运

1 天子圣王

《援神契》说："天覆地载，谓之天子，上法斗极。"又说："或称帝王，接上称天子，明以爵事天；接下称帝王，明以号令臣下。"又说："天子爵称也。"又说："春执规，夏持衡，秋执矩，冬持权。"《钩命决》说："道机合者称皇。"

《援神契》说："圣王吹律有姓。"王符《潜夫论・卜列》说："凡姓之有音也，必随其本生祖所王也。太皞木精，承岁而王，夫其子孙，咸当为角；神农火精，承荧惑而王，夫其子孙，咸当为徵；黄帝土精，承镇而王，夫其子孙，咸当为宫。少皞金精，承太白而王，夫其子孙，咸当为商；颛顼水精，承辰而王，夫其子孙，咸当为羽。”所谓五精见下。《援神契》又说：“民者，冥也。”《钩命决》说：“天有顾盼之义，受图于黎元。”又说：“帝王起，纬合宿，嘉瑞贞祥。”又说：“帝受命，握符出。”又说：“五岳吐精。”宋均注：“吐精，生圣人也。”

2 三公诸侯

《援神契》说：“二王之后称公，大国称侯，皆千乘。象雷震百里，所润云雨同；侯，候也，所以守蕃也；伯者，白也。”又说：“五岳视三公，四渎视诸侯。”又说：“天子既政，置三公、九卿、二十七大夫、八十一元士。慎文命，下各十二子，如是甲乙丙丁之属，十日为母，子丑寅卯等十二辰为子。”有禄。《援神契》说：“禄者，录也。取上所以敬录接下，下所以谨录事上。”

3 天子常所不臣者三，暂所不臣者五

《钩命决》说：“天子常所不臣者三：惟二王之后、妻之父母、夷狄之君。不臣二王之后者，为观其法度，故尊其子孙也。不臣妻之父母者，亲与其妻共事先祖，欲其欢心。不臣夷狄之君者，此政教所不加，谦不臣也。诸侯无此礼。暂所不臣者五：谓师也，三老也，五更也，祭尸也，大将军也。此五者，天子诸侯同之。”三老、五更，见下宋均注。

4 臣之放留，刑罚

《援神契》说：“三谏待放，复三年尽，惓惓也。所以言放者，臣为君讳，若言有罪放之也。所谏事已行者，遂去不留。凡待放者，冀君用其言耳。事已行，灾咎将至，无为留之。臣待放于郊，君不

绝其禄者,示不欲其去也。道不合,故去耳。以其禄三分之二与之,一留与其妻长子,使得祭其宗庙。赐之环则反,赐之玦则去,明君子重耻也。"

《援神契》说:"三皇无文,五帝画象,三王明刑,应世以五。"又说:"刑者侀也,过出罪施。"又说:"欲去恶鬼,须具五刑。五人持大斧,著铁兜鍪驱之,常使去四十步,不可令近人。"《钩命决》说:"刑者教也,执罪示终。"又说:"先立春七日,敕狱吏决词讼,有罪当入,无罪当出。"

5　五行有数,五德之运

水火木金土五行有数。《援神契》说:"以一立,以二谋,以三出,以四孳,以五合;以六嬉,以七变,以八舒,以九烈,以十钧。"《五行大义·明数》:"五行以一立水,一为生数,以五配一,水之成数,故言一立而六嬉;嬉是兴义。二是火之生数,七是火之成数,故言二谋,火以变化为能,故言七变;谋者,以其为变之始也。三木之生数,八木之成数,五行始于东方,故云三出,八而成长,故曰八舒。四金之生数,九金之成数,西方成就,故言四滋(孳);品类不同,故称九烈。五是土之生数,十是土之成数,以天之五,合地之十,数义斯毕,所以五言其合,十言其拘(钧),拘(钧)是成备之义。"

《援神契》说:"土之精黄,木之精青,火之精赤,金之精白,水之精黑。"又说:"五德之运,黄承赤而白继黄。"即火生土、土生金。又说:"丘为制法主,黑绿不代苍黄。"《礼记·中庸》孔疏引,云:"言孔子黑龙之精,不合代周家木德之苍也。"又说:"四夷宾服,则金胜土","金胜者,象人所镂胜而金色也,四夷来即出"。《钩命决》说:"东夷之乐曰韎,持矛,助时生。南夷之乐曰任,持弓,助时养。西夷之乐侏离,持钺,助时杀,北夷之乐禁,持楯,助时藏。皆于西门之外右僻。"又说:"焦僬跂踵,重译款塞。"

七 礼乐

1 郊祭

《援神契》说:“郊祀之礼曰:燔燎,扫地,祭牲茧栗,或象天酒旗坐星,厨仓具黍稷,布席,极敬心也。”赵在翰注:“柳上三星曰酒旗,娄南六星曰天仓,紫微垣东六星为天厨,垣西二星为内厨。此文‘酒旗’‘厨仓’皆星名也。云‘布席极敬心者’,郑(玄)云:‘郊席象五帝坐。礼祭宗庙,序昭穆。亦又有似虚危,则祭天圜丘象北极,祭地方泽象后妃,及社稷之席,皆有明位焉。’”[①]《援神契》说:“帝者谛也,向上可承五精之神,五精之神实在太微,于辰为巳。”

2 祭地,祭社稷

《援神契》说:“祭地之礼与祭天同。”又说:“社者五土之总神,稷者原隰之神,五谷稷为长,五谷不可遍敬,故立稷以表名。”又说:“社者土地之主也,稷者五谷之长也。土地广博不可遍敬,故封土为社,以报功也。五谷众多不可遍祭,故立稷而祭之。”又说:“社为土神,稷为谷神。句龙柱弃,是配食者也。”又说:“稷者原隰之中能生五谷之祇。”又说:“天子社广五丈,诸侯半之,然后能保其社稷之等。”又说:“仲春祈谷,仲秋获禾,报社祭稷。”《钩命决》说:“地以舒形,万象咸载。”

3 配祀,宗庙

《援神契》说:“郊祀后稷以配天,配灵威仰也。宗祀文王于明堂,以配上帝。泛祀配上帝也。”又说:“宗庙所以尊祖也。”《钩命决》说:“郊祀后稷以配天地,祭天南郊,就阳位;祭地北郊,就阴

① 赵在翰:《七纬》,中华书局,2012年版,第678页。

位。”又说：“宗祀文王于明堂以配上帝，五精之神。”又说：“唐尧五庙，亲庙四与始祖五。禹四庙至子孙五。殷五庙至子孙六。周六庙至子孙七。”

《援神契》说：“明堂，文王之庙，夏后氏曰世室，殷人曰重屋，周人曰明堂。东西九筵，筵九尺，南北七筵，堂崇一筵五室。凡室二筵，盖之以茅。宗祀文王于明堂，以配上帝。明堂上圆下方，八窗四闼，布政之宫在国之阳。”又说：“得阳气明朗谓之明堂。”又说：“明堂有五室，天子每月于其室听朔布教，祭五帝之神，配以有德之君。”又说：“明堂之制，东西九筵，筵长九尺也。明堂东西八十一尺，南北六十三尺，故谓之太室，周之明堂，在国之阳，三里之外，七里之内，在辰巳者也。”《孝经纬》说：“奇者阳节，偶者阴基。得阳而成，合阴而居，数相配偶，乃为道也。”又说：“堂方一百四十四尺，屋圆，楣径二百一十六尺，太室方六丈，通天屋，径九丈，八闼二十八柱，堂高三尺，四向五色。”

4 养老

《援神契》说：“天子亲临辟雍，袒割，尊事三老，兄事五更，三者道成于三，五者训于五品，言其能以善道改己也，三老五更皆取有妻男女完具者。”宋均注：“三老，老人知天地人事者。奉几，授三老。安车，安坐之车。软轮，蒲裹轮。供绥。三老就车，天子亲执绥授之。五更，老人知五行更代之事者。度，法也。度以宠异之也。”

5 命诸侯，聘礼

《援神契》说：“王于养老燕之末，命诸侯。”又说：“诸侯归，各帅于国，大夫勤于朝，州里驩于邑。”《孝经纬》说：“故即位比年，使大夫小聘，三年，使上卿大聘，四年，又使大夫小聘。”

6 军旅

《援神契》说："皮弁素积，军旅也。"

7 封禅

《钩命决》说："封乎泰山，考绩燔燎；禅乎梁甫，刻石纪号。焕炳巍巍，教化显著。"又说："封禅刻石纪号也。"又说："刑罚藏，颂声作，凤凰至，麒麟臻，封泰山，禅梁甫。"

8 礼器

《钩命决》说："敦规首，上下圜相连。簠簋上圜下方，法阴阳。"又说："敦与簋容受虽同，上下内外皆圜为异。"

9 通礼

《孝经纬》说："上下有别。"又说："君父同敬，为母不同敬。"《援神契》说："母之于子也，鞠养殷情，推燥居湿，绝少分甘。"宋均注："少则自绝，甘则分之。"又说："孔子曰：日者天之明，月者地之理，阴契制，故月上属为天，使妇从夫，放月纪。"又说："丧不过三年，以期增倍，五五二十五月，义断仁。"又说："示民有终，缘丧绝情。"注："再期，万物再终。丧者弥远，远追慕杀，故因杀以绝之。"杀，减。

八 孝德之应

1 孝德

《援神契》说："王德，珍文备象，连表万精，曲饰题类，舍术修经，躬仁尚义，祖礼行信，握权任智，顺道行人，俱在至德。"又说："抗节厉义，通乎至德。"又说："合忻之乐舞于堂，四夷之乐陈于户。得万国之欢心，人悦喜，无怨声。天下归往，人人乐生。"又说："十世升平，至德通明。"

2 《河图》《洛书》

《援神契》说："元气混沌，孝在其中。天子孝，天龙负图，地龟出书。"又说："德至深泉，则黄龙见，醴泉涌，河出龙图，洛出龟书。"又说："天子孝，则大龙负图也。"又说："德至水泉，则黄龙见者，君之象也。"

3 斗极日月星宿

《钩命决》说："皇德协极。"注："极，北辰也。"《援神契》说："王者德至于天，斗极明。"又说："天子刑于四海，德洞沦冥，八方神化，则斗陨精。"又说："七政度，日月明。"又说："王者德至于天，则日抱戴德。"注："在上曰戴，在旁曰抱。"又说："黄气抱日，辅臣纳忠。"又说："黄人守日，远人来附。"黄人，仙人。《钩命决》说："岁星守心，年谷丰。"《援神契》说："心三星，中独明。"《钩命决》说："帝诚孝，填角并。"填，填星；角，大角。《援神契》说："填星舍房，符明道兴。"舍，居住。宋均注："符验明，而道兴年丰也。"又说："太白合表，四夷服从，合表为行中道也。"又说："太白合表，四夷从服之象。"宋均注："合表，从中道也。太白进退主候兵，合从中道，无进退也。"又说："辰星出仲，德和柔。"《钩命决》说："禹时累累若贯珠，炳炳如连璧。"

4 景星景云风雨

《钩命决》说："国多孝，则风雨时。作乐制礼，孝以事天，则景星见也。"《援神契》说："德至八表，则景星见。"又说："天子孝，则景云见。"又说："王者德至山陵，则景云出。"又说："妖孽消灭，景云出游。"又说："王者德至八方，则祥风至。"又说："至治之世，风不鸣条。"

5 大地

《援神契》说:“王者德至于地,则秬鬯生。”又说:“王者德至于地,则嘉禾生。”又说:“王者德至于地,则蓂荚生。”又说:“朱草生,蓂荚孳,嘉禾成,萐莆生。蓂荚,尧时夹阶而生,以记朔也。朱草可食,王者慈仁则生。”注:“朱草者,百草之精,状如小桑栽子,长三四尺,枝茎如珊瑚,生名山石岩之下,刺之如血,其叶生落,随月晦朔,亦如蓂荚。”又说:“王者德至于地,则华苹盛。”又说:“王者德至于草木,则芝草生。”又说:“德至于草木,则木连理。”又说:“天子至德,属于四海,则延嘉生。”又说:“善养老,则芝茂。”又说:“地顺受泽,谦虚开张。含泉任萌,滋物归中。”又说:“丹甑者,不火而自热,五谷丰穰则见。”

6 山陵

《援神契》说:“德至山陵,则山出木根车。金车者,王者至行仁德则出,虞舜时德盛于山陵,故山车出。山车者,自然之物也。山藏之精,与象车相似,舜仁德盛,出车垂绥。”又说:“王者德至山陵,则阜出萐莆。”又说:“德至于山陵,则出黑丹。”宋均注:“丹应五典,备五色也。”

7 渊泉

《援神契》又说:“王者德至渊泉,则醴泉出。”又说:“德至渊泉,则江出大贝。”又说:“王者德至渊泉,则海出明珠。”又说:“王者要誓信,则苏胡钩出。”又说:“王者德至山陵,则泽出神马。”宋均注:“神马巡守四方。”又说:“神马者,河之精也。”

8 甘露滋液

《援神契》说:“王者德至于天,则降甘露。甘露一名膏露。”又说:“神灵滋液,则银瓮不汲自满,不盛自盈。”又说:“神灵滋液,百珍宝用，有景星。”又说：“神灵滋液，则碧出。”又说：“神灵滋液，百宝为用，则素象至，盖色白如素也。”又说：“神灵滋液，则有玉英。”注：英，华也。又说：“玉英，玉有英华之色。”又说：“神灵滋液，百宝用，则玉有瑛华。”宋均注：“尊卑不失其服，玉者英华也。”又说：“神灵滋液，百珍宝用，爰有石华。”“玉英石华，王者尊卑不失其服，则又见。曰神灵滋液，则有玉英。”宋均曰：“玉有英华也。”又说：“神灵滋液，百宝用，则珠母见，珠母玑镜。”宋均注：“事神明得，则大珠有光，可为镜。”又说：“神灵滋液，则玳瑁背。”宋均注：“背，文也。”“神灵滋液，则琉璃镜。”“主者行政，神明得理，则流璃碧见。”“神灵滋液，百宝为用，则琅玕景。”宋均注：“事神明得理，则琅玕有光景也。”又说：“珊瑚钩钩，瑞宝也。神灵滋液，百珍宝用则见。”又说：“神灵滋液，百珍宝用，则玫瑰齐。”注：“玫瑰，玉名，齐，谓契好也，契刻也。”又说：“神灵滋液，则翠羽耀耀。”又说：“神灵滋液，则犀骇鸡。”宋均注：“角有光，鸡见而骇惊也。”又说：“神灵滋液，百珍宝用，有赤熊见。赤熊见，则奸宄自远。”

9 凤凰麒麟

《援神契》说：“德至鸟兽，则凤凰来。”又说：“德至鸟兽，则鸾凤舞。”《钩命决》说：“孝弟之至，通于神明，则凤凰巢。”《援神契》说：“德至鸟兽，则白鸟下。”又说：“德至鸟兽，则雉自(白)首。”又说：“妃房不偏，故白雉应。”又说：“德至鸟兽，则麒麟臻。”又说：“德至鸟兽，则白虎见。”又说：“德至鸟兽则狐九尾。”又说：“王者奉己俭约，台榭不侈，尊事耆老，则白雀见。”又说：“石润苞玉，丹精生金，翠羽扬也。”又说：“德至鸟兽，则白鹿见。”

10 庶人之孝

《援神契》说：“庶人孝则泽林茂，浮珍舒，怪草秀，水出神鱼。”

又说:“孝弟之至,通于神明,病则致其忧,憔悴消形,求医翼全。”宋均注:“翼,羽翼,亲者也。”

九 天谴

《钩命决》说:“俱在隆平,优劣殊迹。”又说:“云委雾散,殊错浮沉。”又说:“名毁行废,玷污先人。”此是为不孝德。

不孝德天谴。《援神契》说:“天子不事祀名山,不敬鬼神,则斗第一星不明。数起土功,坏决山陵,逆地理,不从谏,则第二星不明。天子不爱百姓,则第三星不明。发号施令,不从四时,则第四星不明。用乐声淫泆,则第五星不明,用文法深刻,则第六星不明。不省江河淮济之祠,则第七星不明。”《钩命决》说:“周襄王不能事其母弟,彗入斗,亡其度。”又说:“日蚀修孝,山崩理惑。”又说:“失义不德”,“山崩日蚀”。《援神契》说:“天子失智,则黄龙不见,岁星五角。”又说:“天子失义不德,则白虎不出,荧惑逆行。”又说:“天子失信,则玄龟不见,填星大动。”又说:“天子失兵,则太白经天。”《钩命决》说:“天失仁,太白经天。”《援神契》说:“失德则辰星缩,天下大水,岁不丰孰。”《孝经纬》说:“荧惑守箕,多土功事,小旱,雨泽霜露不时,岁为中。”《援神契》说:“枉矢者,蛇行有尾。”又说:“乱将将,枉矢出,喜则含誉射。”又说:“枉矢所以射匿谋轻。”又说:“枉矢射逆谋强。”《钩命决》说:“失义不德,白虎不出禁,或逆枉矢射。”又说:“旗剌瘠,咄咀出,匿谋合。”《援神契》说:“市楼星动,即贾殊。”《钩命决》说:“天子失仁,则彗守大角。”又说:“天子失礼,则孛于翼。”《援神契》说:“星坠石隮,大人忧。”

《援神契》说:“失仁则麒麟不见,失礼则鸾凤不翔,失智则黄龙不舞,失义则白虎不至,失信则玄龟不出。”又说:“木气生风,火气生蝗,土气生虫,金气生霜,水气生雹。失政于木,则风来应。失政于火，则蝗来应。失政于土，则虫来应。失政于金，则霜来应。失政于水，则雹来应。毁伤致风，侵蚀至致蝗，贪残致虫，刻毒致霜，暴虐致雹。此皆随其事而致也。”又说：“道德遗远，蝙蝠伏匿，故夜食。”

十　五脏四支九窍，情性魂魄，命

《援神契》说：“肝仁，故目视；肺义，故鼻候；心礼，故耳司；肾信，故窍泄；脾智，故口诲。”又说：“人头圆，法天；足方，法地。五藏象五行，四支法四时，九窍法九州，两目法日月，肝仁，肺义，脾信，心礼，胆断，肾智，膀胱决难，发象星辰，节象岁月，肠法经纬。”又说：“情者魂之使，性者魄之使。情生于阴以计念，性生于阳以理契。”又说：“魄，白也。魂，芸也。白，明白也。芸，芸动也。形有体质，取明白为名；气唯嘘吸，取芸动为义。”又说：“性者人之质，人所禀于天，情者阴之数，由感而起，通于五藏，故性为本，情为末，性主安静，恬然守常，情则主动，触境而变，动静相交，故间微密也。”《钩命决》说：“情生于阴，欲以时念也。性生于阳，以就理也。阳气者仁，阴气者贪，故情有利欲，性有仁也。”《援神契》说：“命有三科，有受命，以保庆；有遭命，以谪暴；有随命，以督行。”又说：“行善得善曰受命，行善得恶曰遭命，行恶得恶曰随命，随者逆天道常善之行，则随其暴虐行以教之。”

十一　百物仙药

1　百物

《孝经纬》说：“古天平蓂荚生阶，其味酸，王者取以调味，后以醯醢代之。”《援神契》说：“甘肥适口，轻暖适神。”又说：“椒姜御湿，菖蒲益聪。”又说：“巨胜延年，威喜辟兵，此皆上圣之至言、方术之实录也。”宋均注：“世以巨胜为枸杞子。”又说：“蚓无食不劳，无蛰，故无心。”又说：“猬多刺，故不使超逾抑扬。”又说：“蟹二螯两端，旁行。”又说：“蛟珠旗。”宋均注：“蛟鱼之珠，有光耀，可以饰旗。”又说：“象鼻必卷长，鸟喙必钩钩。”又说：“蜂虿垂芒。”注：“蜂虿毒在后，故言垂芒。”又说：“霜以挫物。”

2 仙药

《援神契》说：“仙药之上者丹砂，次则黄金，次则白金，次则诸芝，次则五玉，次则五云，次则明珠，次则太乙禹余粮，次则石中黄子，次则石桂英，次则石脑，次则石流丹，次则石饴，次则曾青，次则松柏脂、茯苓、地黄、麦门冬、术巨胜、重楼、黄连、石掌杼、石家紫，一名托卢是也。或名仙人杖，或名西王母杖，或名天精，或名却老，或名地骨，或名枸杞也。”

十二 他经他纬

1 《易》

《孝经纬》说：“《易》建八卦，叙六十四卦，转成三百八十四爻。运机布度，其气转易。故称经也。”《钩命决》说：“天地未分之前有太易，有太初，有太素，有太极，是为五运。形象未分，谓之太易，元气始萌，谓之太初，气形之端，谓之太始，形变有质，谓之太素，质形已具，谓之太极。五气渐变，谓之五运。”《援神契》说：“《易》长于变。”

《援神契》说：“周天七衡六间曰：大寒后十五日，斗指艮，为立春，正月节。立，始建也，春气始至，故为之立也。立春后十五日，斗指寅，为雨水，正月中，雨水中气，雪散为水也。雨水后十五日，斗指甲,为惊蛰,二月节,惊蛰者,蛰虫震惊,起而出也。惊蛰后十五日,斗指卯,为春分,二月中,分者半也,当九十日之半也,故谓之分。夏冬不言分,言天地间二气而已矣。阳生于子,极于午,即其中分也。春分后十五日斗指乙,为清明,三月节,万物至此,皆洁齐而清明矣。清明后十五日,斗指辰,为谷雨,三月中,言雨生百谷,清静明洁也。谷雨后十五日斗指巽,为立夏,四月节,言物至此时,皆假大也。立夏后十五日斗指巳,为小满,四月中,小满者,物长于此,小得盈满也。小满后十五日,斗指丙,为芒种,五月节,言有芒之谷,可播种也。芒种后十五日,斗指午,为夏至,言万物至此假大而极至也。夏至后十五日,斗指丁,为小暑,六月节。小暑后十五日,斗指坤,为立秋,秋者揫也,万物于此揫敛也。立秋后十五日斗指申,为处暑,言渎暑将退,伏而潜处也。处暑后十五日,斗指庚,为白露节,言阴气渐重,露凝而白也。白露后十五日,斗指酉,为秋分,阴生于午,极于亥,故酉其中分也。仲月之节为秋分,秋为阴中,阴阳适中,故昼夜长短亦均焉。秋分后十五日,斗指辛,为寒露,言露冷寒而将欲凝结也。寒露后十五日,斗指戌,为霜降,言气肃露凝结而为霜矣。霜降后十五日,斗指乾,为立冬,十月节,冬者终也,万物皆收藏也。立冬后十五日,斗指亥,为小雪,十月中,天气积阴,温则为雨,寒则为雪,时言小者,寒未深而未大也。小雪后十五日,斗指壬,为大雪,十一月节,言积阴为雪,至此栗烈而大矣。大雪后十五日,斗指子,为冬至,十一月中,阴极而阳始至,日南至,渐长至也。冬至后十五日,斗指癸,为小寒,十二月节,阳极阴生,乃为寒,今月初,寒为小也。小寒后十五日,斗指丑,为大寒,十二月中,至此栗烈极矣。"

此涉二十四方位:

二十四方位本后天方位，取十二支，坎子，震卯，离午，兑酉；又以丑寅夹艮，辰巳夹巽，未申夹坤，戌亥夹乾。又取十干中甲乙夹卯，丙丁夹午，庚辛夹酉，壬癸夹子；戊己不用。戊己属土，中无定位。是十二支、八干、四维，二十四方位。图见于清李道平《周易集解纂疏·诸家说易凡例》。思贤书局本陈宝彝识语谓图出于《宅经》。古代称《宅经》的书很多，比如《黄帝二宅经》《文王宅经》《孔子宅经》《淮南子宅经》之类。所谓《黄帝二宅经》，显系托古，或西汉时已有书。《宅经》旨在相宅，《援神契》则联系斗指以二十四方位说二十四节气。所谓斗，即北斗；节气不同，斗指不同。其又说："斗指子为冬至，有二义。一者阴极之至，二者阳气始至，三者日行南至。故谓为至。"又说："夏至阴气始动，秋分物类强，冬至阳气始萌。"

2 《书》《诗》

《援神契》说："《书》考命符授河。"《钩命决》说："《书》《诗》以合谋。"

3 《礼》

《孝经纬》说："《礼经》三百，威仪三千。"又说："义由人出。"

4 《春秋》

《援神契》说:"春秋三世,以九九八十一为限。"《公羊传·隐公元年解诂》引郑氏云:"九者阳数之极,是人命终矣。"赵在翰注:"郑君说九者数之极,九九八十一,人命终矣,盖本此纬。故数隐元年至僖十八年为一世,僖十九年至襄十二年为一世,襄十三年至哀十四年为一世。春秋二百四十二年之限也。何氏分为所见、所闻、所传闻,取诸《春秋纬》,则又书法详略之例也。理各相通,义均有取。"①

十三 谶言

《钩命决》说:"尧梦乘青龙上泰山,舜梦击鼓;桀梦黑风破其宫,纣梦大雷击其首。"《孝经纬》说:"夏时两日并出,谶曰:'竭无道,两日照。夷山亡,龙逢诛,人民散,郊社墟。'"《钩命决》说:"谁者起?视名将,君者群也,理物为雄,优劣相次,以期兴将。"《援神契》说:"孔子制作《孝经》,使七十二弟子向北辰星而磬折,使曾子抱《河》《洛》事北向,孔子簪缥笔,绛单衣,向北辰而拜。告备于天曰:《孝经》四卷,《春秋》《河》《洛》凡八十一卷,谨已备。天乃虹郁起,白雾摩地,赤虹自上下化为黄玉,长三尺,上有刻文。孔子跪受而读之曰:'宝文出,刘季握,卯金刀,在轸北,字禾子,天下服。'"又说:"西太守,乙卯金。"又说:"玄丘制命,帝卯金。"《钩命决》说:"予谁行?赤刘用。帝三建孝,九会备,专兹竭行,封岱青。"又说:"萧何为昴星精,项羽、陈胜、胡亥为三猾。国为木德,汉叶火位。"《中黄谶》说:"日载东,绝火光。不横一,圣聪明。四百之外,易姓而王。天下归功,致太平,居八甲;共礼乐,正万民,嘉乐家和杂。"《三国志》卷二注:"此魏王之姓讳,著见图谶。"

---

① 赵在翰:《七纬》,中华书局,2012年版,第686—687页。

第十二章 《河图》纬

《春秋说题辞》说："《河图》有九篇，《洛书》有六篇。"《隋书·经籍志》说："有《河图》九篇，《洛书》六篇，云自黄帝至周文所受本文，别有三十篇，云自初起至于孔子，九圣之所增演，以广其意。"其所谓本文十五篇，应是据《春秋说题辞》，只是另外三十篇中，究竟《河图》多少篇，《洛书》多少篇，仍不详。日本学者安居香山、中村璋八《纬书集成》有《河图类目》，统计以《河图》纬名篇者四十三种，以《洛书》纬名篇者有十五种，共有五十八种。王利器《谶纬五论》去其重复，加以整合，略定《河图》纬三十五种，《洛书》纬十种，以合张衡四十五篇之数。所谓《河图》纬三十五种，有《河图括地象》、《河图始开图》、《河图挺佐辅》、《河图稽耀钩》、《河图帝览嬉》、《河图握矩记》、《河图玉版》、《龙鱼河图》、《河图合古篇》(与《河图令占篇》为一种)、《河图赤伏符》、《河图闿苞受》、《河图叶光纪》、《河图龙文》(与《河图龙文表》为一种)、《河图录运法》(与《洛书录运法》《洛书录运期》为一种)、《河图帝通纪》、《河图真纪钩》、《河图龙帝纪》、《河图考钩》、《河图秘征》(与《河图说征祥》《河图说征示》为一种)、《河图说征》、《河图会昌符》、《河图稽命征》、《河图揆命篇》、《河图天灵》、《河图提刘篇》、《河图绛象》(与《图纬绛象》为一种)、《河图箸明》、《河图皇持叁》、《河图帝视萌》、《河图灵武帝篇》、《河图玉英》、《河图稽纪钩》、《河图考灵曜》、《河图纪命符》、《河图圣治符》等(其他所谓《河图表》《孔子河洛谶》之类为概举，不计)[①]，《河图

① 张岱年等:《国学今论》，辽宁教育出版社，1991年版，第116—117页。

皇持叁》应即《河图皇参持》。《洛书》纬十种，见后。此章叙述《河图》纬基本内容，具体篇名前省略“河图”二字；具体篇名不详者，如通行表述，称《河图纬》；径称《河图》者，无省。

一　天文历法

1　总说天地

《河图纬》说：“元气无形，汹汹蒙蒙，偃者为地，伏者为天。”《括地象》说：“天不足西北，地不足东南，西北为天门，东南为地户，天门无上，地户无下。”不足，不限于。又说：“天有五行，地有五岳；天有七星，地有七表；天有八气，地有八风；天有九道，地有九州；天有四维，地有四渎。”所谓五行，指金木水火土五星；所谓五岳为常识；所谓七星，指北斗；所谓七表不详；所谓八气，应指阴阳风雨晦明六气加寒温之气；所谓八风，指八方之风；所谓九道，前已有说；所谓九州亦常识；所谓四维，指四方之隅；所谓四渎，指江、河、淮、济。又说：“天有九部八纪，地有九州八柱，天地精通，神明列序。”所谓九部不详，八纪或指八维。所谓八柱，神话中有八柱撑天说。又说：“地下有四柱，广十万里，有三千六百轴。”《挺佐辅》说：“天之东西南北极各有铜头铁额兵，长三千万丈，三千亿万人；天之东西南北极各有金刚敢死力士，长三千万丈，三千亿万人；天中太平之都有都甲食鬼铁面兵，长三千万丈，三千亿万人。”《河图纬》说：“在天为日月，在地为水火。”《帝通纪》说：“云者天地之本也，雨者天地之施也，风者天地之使也，雷者天地之鼓也，彗星者天地之旂。”《河图纬》说：“甲寅乙卯天地合，丙寅丁卯日月合，戊寅己卯人民合，庚寅辛卯金石合，壬寅癸卯江河合。”天干甲乙木，丙丁火，戊己土，庚辛金，壬癸水；地支寅卯木，首一以配十干。所说地，具体见下节。

2 天文

(1) 天左动

《括地象》说:“天左动起于牵牛。”牵牛,牛宿。

(2) 北斗七星

《河图纬》说:“北斗魁第一星开枢受枢,受枢至四星属魁为璇玑;第二星提执序,第三星玑耀序,第四星權拾取,第五星玉衡拒,第六星开阳纪,辅星纪;第七星摇光吐,摇光主玉衡,属杓为玉衡。”

(3) 天盖,日月五星常道

《圣洽符》说:“虚、危,天盖也。”虚、危,北方玄武,黄道以北,是为天盖。《河图纬》说:“日月五星同道,过牵牛女虚危室壁奎娄胃昴,皆行其南玄之九尺,毕北七尺,觜参北一丈三尺,贯东井出鬼南六尺,出柳北六尺,出七星张北一丈三尺,出翼轸北一丈三尺,贯角亢出氐南二尺,出房左右股间,出心北二尺,出尾北九尺,出箕北七尺,贯南斗,复至斗,此日月五星行常道也。”

(4) 日月九道

日行九道,《帝览嬉》说:“黄道一,青道二,出黄道东,赤道二出黄道南,白道二出黄道西,黑道二出黄道北。日春,东从青道;夏,南从赤道;秋,西从白道;冬,北从黑道。”月行九道,《帝览嬉》说:“立春春分月从东青道。”《龙鱼》说:“月有九行,赤道二出黄道南;黑道二出黄道北;白道二出黄道西;青道二出黄道东。立春春分月从东青道;立秋秋分从西白道;立夏夏至从南赤道;立冬冬至从北黑道。”《河图》说:“月光九道者,二黑道,二赤道,二白道,二青道,并黄道为九也。”①

---

① 赵在翰:《七纬》,中华书局,2012 年版,第 210 页。

(5) 开阳为天,阳精、阴阳之气

《汁光篇》说:“元气闿阳为天,积精为日。”又说:“日为阳精始,日实也。”又说:“阳精散而分布为火。”《始开图》说:“类聚阴阳相薄为雷,阴激阳为电。”

(6) 日蚀、月蚀、星亡

《河图纬》说:“暗(虚)值月则月蚀,值星则星亡。”[1]又说:“玑四星纪日蚀征,玉衡三星纪天伦山崩。”

3 历法

《河图纬》说:“岁星日行十二分度之一,十二岁而周天,出东方以晨,入西方以昏。”又说:“天元十一月甲子夜半朔日月俱起牵牛初度,推历考宿,正月在营室,二月在奎,三月在胃,四月在毕,五月在东井,六月在柳,七月在翼,八月在角,九月在房,十月在尾,十一月在斗,十二月在婺女。”

二 地理

1 地右动,四游

《括地象》说:“地右动起于毕。”毕,毕宿。《河图纬》说:“地有四游,冬至地上行北而西三万里,夏至地下行南而东三万里,春秋二分是其中矣;地常动不止,而人不知,譬如人在大舟上闭牖而坐。舟行而人不觉也。”

2 昆仑者,地之中

《括地象》说:“地南北三亿三万五千五百里,地部之位起形高大者,有昆仑山,从广万里,高万一千里,神物之所生,圣仙之所集

① 《纬书集成》,上海古籍出版社,1994年版,第1118页。

也，出五色云气，五色流水。其白水东南流入中国，名曰河也。其山中应于天，最居中八十城布绕之中国，东南隅居其一分。”又说：“地中央曰昆仑。”又说：“昆仑山为天柱，气上通天，昆仑者，地之中也。地下有八柱，柱广十万里，有三千六百轴，互相牵制，名山大川，孔穴相通。”又说：“昆仑之山为地首，上为握契，满为四渎，横为地轴。上为天镇，立为八柱。”又说：“昆仑山有五色水，赤水之气上蒸为霞而赫然。”又说：“昆仑山出铁券。”《河图》说：“昆仑山五色云气。”又说：“昆仑山有五水，赤水之气，上烝为霞，而赤云。”《玉版》说：“西王母居昆仑山。”

3 西海，北海

《龙鱼河图》说：“流洲在西海中，地方三千里，上多山川积石，名为昆吾，冶其石作剑，光明四照，洞如水晶，以割玉如土。玄洲在北海中，地方三千里，去南岸十万里，上有芝草生，玄涧涧水如蜜味，服之长生。”《括地象》说：“瀛州多积石，其名曰昆吾，炼之成铁以作剑，光明如水晶石。”玄洲，《河图》说：“玄洲在北海中，去南岸十万里，上有芝生玄涧。涧水如密（蜜），服之长生。”

4 九州

《括地象》说：“八极之广，东西二亿三万三千里，南北二亿三万一千五百里。夏禹所治四海内地东西二万八千里，南北二万六千里。”又说：“地广东西二万八千里，南北二万六千里，有君长之。州有九阻，中土之文德及而不治。”《河图》说：“昆仑东南五千里，号神州，亦称赤县。”《括地象》说：“昆仑东南地方五千里，名曰神州。中有五岳地图，帝王居之。”又说：“昆仑之墟，下洞含右，赤县之州是为中。则东南神州曰晨土，正南印州曰深土，西南戎州曰滔土，正西弇州曰开土，中央冀州曰白土，西北柱州曰肥土，正北玄州曰成土，东北咸州曰隐土，正东扬州曰信土，天下九州内效中域以尽地化。”又说：“长城者为州。”《河图纬》说：“地有九州，以包万类。”又说：“凡天下有九区，别有九州。中国九州，名赤县神州，即禹之九州也。上云九州八柱，即大九州，非禹贡赤县小九州也。”又说：“秦地方千里。”

5 群山

《括地象》说：“嶓冢山上为狼星，上有异草，花名骨容，食之无子。”又说：“三危山在鸟鼠之西南，与汶山相接，上为天苑星。黑水出其南。”又说：“岐山在昆仑东，南为地乳，上为天麋星。上多白金。周之兴也，鸑鷟鸣于岐山，时人亦谓岐山为凤凰堆。”又说：“武关山为地门，上为天高星，主囹圄，荆山为地雌，上为轩辕星，大别为地理，以天合地以通。”又说：“汶山之地上为井络，帝以会昌神以建福，上为天井星。”又说：“桐柏山为地穴，上为维星。”又说：“鸟鼠同穴山，地之干也。上为掩毕星，渭水出其中。”又说：“熊耳山，地门也。其精上为毕附耳星。”《河图纬》说：“望石气如浮云，其珠玉之精也。”又说：“少室之山，大竹堪为釜甑。”《玉版》说：“少室山其上有白玉膏，一服即仙矣。”又说：“芝草树生，或如车马，或如龙蛇之状。”

6 江河

《始开图》说：“黄帝问风后曰：‘余欲知河之始开？’曰：‘河凡有五，皆始开乎昆仑之墟。’”又说：“昆仑之墟有五城十二楼，河水出焉，四维多玉。”《玉版》说：“从昆仑以北九万里，得龙伯国，人长三十丈，万八千岁而死；从昆仑以东十万里，得大秦国，人长十丈（三十丈，寿万八千岁），皆衣帛。从此以东十万里，得佻人国，人长三十丈五尺，从此以东十万里，得中秦国，人长一丈。大秦人民亦寿万八千岁，不知田作，但食沙石。”《龙鱼河图》说：“昆仑山，天中柱也。”又说：“流洲在西海中，地方三千里，上多山川积石，名为昆吾，冶其石作剑，光明四照，洞如水晶，以割玉如土。玄洲在北海中，地方三千里，去南岸十万里，上有芝草生，玄涧涧水如蜜味，服之长生。”又说：“山冬大雾十日以上不除者，山崩之候也。山水脉也。”《河图纬》说：“黄河出昆仑山东北角，刚山东以北，流千里折西而行，至于南山，南流千里，至于寻山之阴，东流千里，至于植雍；北流千里，至于下津，河水九曲，其长九千里至于渤海。”《括地象》说：“河精上为天汉。”《始开图》说：“黄泉之埃，上为黄云；青泉之埃，上为青云；赤泉之埃，上为赤云；白泉之埃，上为白云；元云之埃，上为元云。”《真纪钩》说：“有壤者可穿。”

7 风土人声

《河图纬》说：“九州殊题，水泉刚柔各异。青徐角羽集，宽舒迟，人声缓，其泉咸以酸；荆扬角徵会，气漂轻，人声急，其泉酸以苦；梁州商徵接，刚勇漂。人声骞，其泉苦以辛；兖豫宫徵合，平静有虑，人声端；其泉甘以苦；雍冀商羽合，端驶烈，人声捷，其泉辛以咸。”

三 星宿所主，山海君神

1 星宿所主

《圣洽符》说：“南斗者天子之庙，主纪天子寿命之期。”又说：“须女者，主娶妇嫁女也。”又说：“营室主土，天子庙，又曰摄提宫府庭也。”又说：“东壁主土功之事。”又说：“奎者沟渎也；娄者，聚众也；胃者，仓廪也。”又说：“注者，木宫也。”《史记・天官书》：“柳为乌注，主木草。”《索隐》：“以注为柳星，故主草木。”又说：“七星者，倍海也。”七星即星。又说：“张者，主酒食。”又说：“翼者，宾客也。”又说：“轸者，车事也。”《河图纬》说：“五诸侯，主刺奸。”

《龙鱼河图》说：“天岁星主德庆，其精下为大社之神；天太白星主兵凶，其精下为雨师之神；天荧惑星主司非，其精下为风伯之神；天辰星主气司灾，其精下为先农之神；天镇星主得士之庆，其精下为灵星之神。”《挺佐辅》说：“牵牛为令天下者，荧惑居阳则喜，居阴则忧。”《河图纬》说：“辰星位北方，主灾哀哭大丧图襄之忧，亦主川沙石。”又说：“诸流星皆钩陈之精，天一之御也。”

2　山海君神

《龙鱼河图》说：“东方泰山，君神姓圉名常龙；南方衡山，君神姓丹名灵峙；西方华山，君神姓浩名郁狩；北方恒山，君神姓登名僧；中央嵩山，君神姓寿名逸群，呼之令人不病。”又说：“东方泰山，将军姓唐名臣；南方霍山，将军姓朱名丹；西岳华阴，将军姓邹名尚；北岳衡山，将军姓莫名惠；中央嵩山将军姓石名玄，恒存之，却百邪。”又说：“东海君姓冯名修青，夫人姓朱名隐娥；南海君姓视名赤，夫人姓翳名逸寥；西海君姓勾大名丘白，夫人姓灵名素简；北海君姓禹名帐黑，夫人姓结名连翘；河伯姓吕名公子，夫人姓冯名夷君有，四海何神名并可请之呼之，却鬼气。”《河图》说：“东海君姓冯，名修卿；夫人姓朱，名隐娥。南海君姓祝，名赤；夫人姓翳，名逸寥。西海君姓勾大，名邱百；夫人姓灵，名素简。北海君姓禹，名帐里；夫人姓结，名连赵。君有四海山河神名，并可请之呼之，使却鬼气。”

四　传说历史

《河图》纬重历史。《挺佐辅》说：“四方上下曰宇，往来古今曰宙。”

1 远古

《挺佐辅》说："……自此百岁之后，地高天下，山陵消去，不风不雨，不寒不暑，民复食土，皆知其母，不知其父，如此千岁之后，而天可倚杵，匈匈隆隆，曾莫知其始终。"

2 有巢氏

《河图纬》说："有巢氏王天下也，驾六龙飞麟，从日月，号古皇氏。"

3 伏羲

《握矩记》说："燧人之世，大迹出雷泽，华胥履之，而生伏羲。"《挺佐辅》说："伏羲禅于伯牛，钻木作火。"《河图纬》说："伏羲在亥，得人定之时。"

4 黄帝

《握矩记》又说："黄帝名轩，北斗黄神之精，母地祇之女。附宝之郊野，大电绕北斗枢，星耀感附宝生轩。胸文曰黄帝子。"又说："令訾野中，有玉虎晨鸣雷声也，圣人感期而生。"又说："黄帝以雷精起。"《河图》说："大电绕枢星，照郊野，感符宝，而生黄帝。"又说："黄帝以雷精超。"《河图纬》说："黄帝广颡龙颜。"又说："黄帝锐颜。"《龙鱼》说："黄帝摄政时，有蚩尤兄弟八十一人，并兽身人语，铜头铁额，食沙石子，造立兵仗刀戟大弩，威震天下，诛杀无道，不仁不慈，万民欲令黄帝行天子事，黄帝仁义，不能禁止蚩尤，遂不敌，黄帝仰天而叹，天遣玄女下授黄帝兵信神符，而令制服蚩尤，蚩尤归臣，帝因使之主兵，以制八方，蚩尤没后，天下复扰乱不宁，黄帝遂画蚩尤形象以威天下，天下咸谓蚩尤不死，八方万邦皆为弭服。"《提刘予》说："（黄）帝将怒，则蚩尤旂出乎四野。"《河图纬》说："黄帝曰：凡人生一日，天帝赐算三万六千，又赐纪二千。圣人得三万六千七百二十，凡人得三万六千，一纪主一岁，圣人加七百二十。”又说：“孝顺二亲，得算二千，天司录所表事，赐算中功。”

5 少皞

《河图纬》说：“帝挚少昊氏母曰女节，见大星如虹，下流华渚，既而梦接意感，生白帝朱宣。”

6 颛顼

《著命》说：“摇光之星如虹贯月，正白感女枢于幽房之宫，生黑帝。颛顼首戴干戈有德文。”

7 帝喾

《握矩记》说：“帝喾骈齿，上法日参，秉度成纪，以理阴阳。”

8 尧

《河图纬》说：“庆都与赤龙合，生帝尧于伊祁。”又说：“尧赤精。”《帝通纪》说：“形瑞出变，矩衡赤应，随协灵皇。”《握矩记》说：“(尧)帝命伯禹曰：予告汝九术五胜之常，可以克之，汝能从之，汝师徒将兴。”《河图纬》说：“成帝德者尧。”又说：“赤帝有女，讹铁飞之异。”

9 舜

《著命》说：“握登见大虹意感，生舜于姚墟。”

10 禹

《著命》说：“修己见流星意感，生帝戎文禹，一名文命。”《河图纬》说：“禹治水功大，天帝以宝文大字赐禹，佩渡北海，免弱水之难。”又说：“开王表者禹。”

11 成汤，孔甲

《著命》说：“扶都见白气贯月意感，生黑帝子汤。”《录运法》说：

"孔甲见逢氏抱小女妹嬉观帝，孔甲说观之，以为太子履癸妃。"

12 后稷，文王

《河图纬》说："姜嫄履大人之迹，生后稷，太姒梦大人死，而生文王。"《著命》说："太任梦长人感己生文王。"《河图纬》说："苍帝并乳。"此指文王。

13 秦嬴政

《河图纬》说："秦距之帝名政，口日角，大目隆鼻，长八尺六寸，身大七围，手握兵执矢，名祖龙。"《玉版》说："湘夫人者，帝尧女也。秦始皇浮江至湘山，逢大山而问博士，湘君何神，博士曰：闻之尧二女，舜妃也，死而葬此。"

14 汉高祖

《河图纬》说："汉高祖观汶水，见一黄釜，惊却反，化为一翁，责言曰：'刘季，何不受《河图》。'"又说："黄石公谓张良曰：'读此为刘帝师。'"《龙鱼》说："高皇摄政，总万庭四海，归咏治威，明文德道，化承天精，元祚兴隆，协圣灵。"

15 封禅，汉十代礼乐

《真纪钩》说："王者封泰山禅梁父，易姓奉度，继兴崇功者七十有二君。"《史记·封禅书》："管仲曰：'古者封泰山禅梁父者七十二家。'"《括地象》说："十代礼乐文雅并出。"《后汉书·曹褒传》注："九谓光武，十谓明帝，十一谓章帝也。"《括地象》又说："有汉世礼乐文雅出。"

五 《河图》瑞应

1 五帝

《括地象》说："天皇九翼，是名旋复。"《河图纬》说："东方苍帝，神名灵威仰，精为青龙；南方赤帝，神名赤熛怒，精为朱鸟；中央黄帝，神名含枢纽，精为麒麟；西方白帝，神名白招拒，精为白虎；北方黑帝，神名叶光纪，精为元武。”又说：“黄金千岁生黄龙，青金千岁生青龙；赤金千岁生赤龙，白金千岁生白龙，玄金千岁生玄龙。”《河图》说：“白帝生，先致白虎。”《握矩记》说：“白帝生，先致白狐。”《河图纬》说：“苍帝方面，赤帝圆面，白帝广面，黑帝深面。”又说：“黑帝修颈。”又说：“风后曰：‘予高汝帝之五旗，东方法青龙，曰旗；南方法赤鸟，曰旇；西方法白，曰旟，北方法玄蛇，曰旂；中央法黄龙，曰常。’”又说：“舜黄，禹白，汤黑，文王苍。”又说：“苍帝望之大视之博，白帝望之明视之义。”

2 《河图》

图出于河，故称《河图》。各纬颇记《河图》，《河图纬》以《河图》名篇，尤多记之。《河图纬》说：“洛水地理，阴精之官，帝王明圣，龟书出文，天以与命，地以授瑞，按河合际，居中护群，王道和洽，吐图佐神，逆名乱教，摘亡吊存，故圣人观河洛也。”又说：“灵龟负图书，丹甲青文。”又说：“以授天子立五礼。”《括地象》说：“天有四表，以布精魂；地有四渎，以出图书。”四表指四方极远之地。各帝《河图》受命情况如下。

(1) 黄帝、仓颉

《挺佐辅》说：“黄帝修德立义，天下大治，乃召天老而问焉。告天老曰：‘荼昔梦见两龙挺白图即帝以授余于河之都，觉昧素喜，不知其理，敢问于子？’天老曰：‘河出龙图，洛出龟书，纪帝录列圣人所纪姓号兴谋治平，然后凤凰处之，今凤凰以下三百六十日矣，古之图纪，天其授帝图乎。’试斋以往视之。黄帝乃祓斋七日，衣黄衣冠黄冕，驾黄龙之乘，戴交龙之旂，天老五圣皆从，以游河洛之间，求所梦见者之处，弗得，至于翠妫之渊。大鲈鱼溯流而至，乃问天老曰：‘子见乎中河溯流者乎？’曰：‘见之。’顾问五圣，皆曰莫见。乃辟左右，独与天老跪而迎之，鱼汎白图兰叶朱文五色毕具，天老以授黄帝，帝舒视之，名曰录图。”又说：“黄帝游于洛，见鲤鱼长三丈，青身无鳞，赤文成字。”又说：“黄帝乃祓斋七日，衣黄衣，黄冠，黄冕，驾黄龙之乘，戴蛟龙之旗，天老五圣，皆以从游河洛之间，……至于翠妫之渊，大卢鱼流而至，乃问天老曰：‘子见中河流者乎？’曰：‘见之。’顾问五圣，皆曰莫见。乃辞左右，独与天老跪而迎之，五色毕具。天老以授黄帝。帝舒视之，名曰《录图》。”是《河图》又称录图。《龙鱼》说：“天授元始建帝号，黄龙负图，鳞甲成字，从河中出，付黄帝。帝令侍臣写之，以示天下。”《河图》说：“黄龙负麟甲成字，以授皇帝，帝令侍臣写之，以示天下。”又说：“黄帝云：余梦见两龙授图，乃齐往河洛而求。有鱼折溜而止，鱼汎日图，跪而受之。”《录运法》说：“黄帝坐元扈阁上，与大司马容光左右辅将周昌二十二人临观凤图。”《河图》说：“黄帝游洛，至翠妫之泉。龙图兰叶，朱文授之。”又说：“玄女出兵符，授黄帝，以杀蚩尤。”

《玉版》说：“仓颉为帝，南巡守。登阳虚之山，临于玄扈洛汭之水。灵龟负书，丹甲青文，以授帝。”又说：“仓颉为帝，南巡守，登阳墟之山，临于元扈洛汭之水，灵龟负书，丹甲青文以授之。”仓颉一般以为黄帝史官，但亦有以为史皇者，云：“苍(仓)帝史皇氏，名颉，姓侯刚。”[①]《淮南子·修务训》：“史皇产而能书。”刘文典《集解》：“史皇，仓颉。生而见鸟迹，知著书，故曰史皇，或曰颉皇。”

---

① 转引自钱穆：《黄帝》，生活·读书·新知三联书店，2012年版，第36页。

(2) 尧

《录运法》说:"尧坐舟中,与太尉舜临河观凤凰衔图以授尧。"《龙鱼》说:"尧时与群臣贤者到翠妫之渊,大龟负图来出,授尧。尧敕臣下写取告瑞应,写毕龟还水中。"

(3) 舜

《录运法》说:"舜以太尉受号为天子,五年二月东巡守至于中州,与三公诸侯临观黄龙五采负图出置舜前也。"《龙鱼》说:"舜与太尉则与三公临视,黄龙五采,复图出于舜前。金绳芝泥,章曰:'黄帝符玺'。"又说:"黄龙从洛水出,诣舜前,鳞甲成字,舜令左右写之,文竟龙去。"《河图纬》说:"舜以太尉即位,与三公临河,观黄龙五采负图出,置舜前,以黄玉为柙,白玉为检,黄金为绳,黄芝为泥,章曰天黄帝符玺。"

(4) 秦王政

《河图》说:"秦王政以白璧沉河,有黑头公从河出,谓政曰:'祖龙来,授天宝。'开,中有尺二玉牍。"

(5) 汉高祖

《提刘予》说:"帝季日角戴胜,斗胸龟背龙股,长七尺八寸,明圣宽仁,好士主轸。刘受纪。"又《河图》说:"昌光出轸,五星聚井,期之兴,天授图,地出道,予张兵矜刘季起。"

3 瑞应

《河图纬》说:"圣人起,昌光见。"又说:"岁星帅五纬聚房,青帝起;太白帅五纬聚参,白帝起;辰星帅五纬聚营室,黑帝起。"又说:"彗孛出七星,天子与圣叶期三年,圣人出。"《秘征》说:"苍帝起,天雨粟,青云扶日。"又说:"黄帝起,大蚓见。"《括地象》说:"圣王感期而兴,则有玉虎晨鸣雷声于四野。"《闿苞受》说:"弟感苗裔出应期。"

《龙文》说:"镇星光明,八方归德。"《河图》说:"黄帝治,景星见于北斗也。”《河图纬》说:“天无云有流星过月下或月上,其国有喜。”《河图》说:“治武明文,德道治,承天精。”《圣洽符》说:“紫宫以戊子日候之宫,乱则荒其君,骄奢不听谏,奸佞在侧。紫宫和而正,则致凤凰颂声作。”《河图纬》又说:“鸟一足曰独立,见则主勇强。”《帝视萌》说:“侮天地者凶,顺天时者吉。春夏乐山高处,秋冬居卑深藏,吉利多福,寿考无穷。”

六 天谴

《秘征》说:“帝淫佚,政不年,则月生足。”《龙鱼河图》说:“帝淫泆则奎有角,月有足。”《真纪钩》说:“人君邪暴专己则枉矢动。”《舍古篇》说:“将失政不法,则星亡。”《河图纬》说:“将失政不法,石坠星亡。”《秘征》说:“主急恚怒,失阳事,则天无云而雨。”又说:“地之动,大臣逆。”又说:“三公秉执卦录在心,则地坼。”又说:“地赤如丹血丸,丸当有下犯上者。”《秘征》说:“邑之沦,主势夺。”又说:“侯恣权则邑土崩。”又说:“臣僭奢,下犯主,则雷电击朝。”又说:“野鸟入主,人亡也。”又说:“帝贪则政暴而吏酷,酷则诛,深必杀,主蝗虫。”

七 生理疾病、武器日常

1 生理疾病

《河图纬》说:“肝心出左脾,肺出右肾,与命门并出尺部。”又说:“肺合大肠,大肠为传道之府;心合小肠,小肠为受盛之府;肝合胆,胆为中精之府;脾合胃,胃为五谷之府;肾合膀胱,膀胱为津液之府;三焦孤立,为中渎之府。”又说:“人食无极咸,使肾气盛,心气衰,令人发狂,喜衄吐血,心神不定。无极辛,使肺气盛,肝气衰,令人懦怯悲愁,目盲发白。无极甘,使脾气盛,肾气衰,令人痴淫泄精,腰背痛利脓血。无极苦,使心气盛,肺气衰,令人果敢轻死,欬逆胸满。无极酸，使肝气盛，脾气衰，令人谷不消化，喑聋症固。”

《河图纬》说：“仁慈惠施者，肝之精，悲哀过度则伤肝，肝伤则令目视芒芒。礼操列真，心之精，喜怒激切伤心，心伤则疾衄吐逆。和厚笃信者，脾之精，纵逸贪嗜则伤脾，脾伤则畜积不化，致否结之疾。义惠刚断，肺之精，患忧愤勃则伤肺，肺伤则致欬逆失音。智辨谋略，肾之精，劳欲愤滤则伤肾，肾伤则丧精损命。”

2 武器日常

《龙鱼河图》说：“剑神名飞扬，矛神名天矢阴，弓神名曲张，斧神名狂草，盾神名自障。”

《龙鱼河图》说：“发神名寿长，耳神名娇女，目神名朱映，鼻神名勇卢，齿神名丹朱，夜卧呼之，有患呼之九过，恶鬼自却。”又说：“岁暮夕四更中，取二七豆子，二七麻子，家人头发少许，合麻豆著井中，咒敕井使其家竟年不遭伤寒，辟五方疫鬼。”又说：“埋蚕沙于宅亥地大富，得蚕丝吉利；以一斛二斗甲子日镇宅大吉，致财千万。”又说：“妇人无以夫衣合集浣之，使之不利。”又说：“无以卖马钱娶妇，以卖马钱娶妇，令多恶病，夫妻离别。”又说：“犬马鱼鸟，不熟食之，成瘕。”

八 他经他纬

《括地象》说：“易有太极，是生两仪。两仪未分，其气混沌。清浊既分，伏者为天，偃者为地。”伏，俯；偃，仰。《皇参持》说：“天以斗视，日发明皇，以戏招始，挂八卦谈。煌煌之耀，乾为之冈。合凝之类，坤握其方。雄雌呿吟，六节摇通。万物孳甲，日营始东，三五循环，七十六载闰反常。”此见于《易辨终备》。

九 谶言

《挺佐辅》说:"《录图》曰:潬潬嗚嗚,棼棼雉雉,万物尽化。"《河图纬》说:"谋道吉,谋德吉,能行此大吉,受天之庆也。"《皇参持》说:"皇辟出,承元讫,道无为,治率被,遂矩戏,作术开,皇色握神日,投辅摄,象不绝,立皇后,翼不格,道终始,德优劣。帝任政,河曲出,叶辅嬉,烂可述。"《挺佐辅》曰:"女问偃兵建文化。"《要元篇》说:"句金之坛,其间有陵。兵病不往,洪波不兴。"《河图》说:"仓帝之治八百二十岁,立戊午蔀。"注:"周文王以戊午蔀二十九年受命。"

《河图纬》说:"地赤如丹,血流泛泛。"又说:"怪目勇敢,重瞳,天雨刀,楚之邦,乃有地胏,土良水清,句曲之山,金坛之陵。"《秘征》说:"帝刘即位百七十年,太阴在庚辰,江充诡,其变天鸣地坼。"《赤伏符》说:"刘秀发兵捕不道,四夷云集龙斗野。四七之际火为主。"《括地象》说:"帝轩辕受命,公孙氏握。"又说:"废昌帝,立公孙。"据《后汉书·公孙述传》,此为公孙述引用,但刘秀指出,此所谓公为武帝太子刘据,其孙为宣帝,乃书于公孙述,而述不答。《舍占篇》说:"帝刘之秀,九名之世,帝行德,封刻政。"《提刘予》说:"九世之帝,方明圣,持衡据,九州平,天下予。"《会昌符》说:"赤帝九世,巡省得中。治平则封,诚合帝道孔矩,则天文灵出,地祇瑞兴,帝刘之九,会命岱宗,诚善用之,奸伪不萌,赤汉德兴,九世会昌,巡岱皆当,天地扶九,崇经之常,汉大兴之,道在九世之王,封于泰山,刻石著纪,禅于梁父,退省考五(功)。"《录运法》说:"图出代,九天开明,受用嗣兴,十代以光。"又说:"赤九会,昌十世,以光十一以兴。"《后汉书·曹褒传》注:"九谓光武,十谓明帝,十一谓章帝也。"又说:"王梁主卫作元武。"王梁,东汉初人。《录运期谶》说:"九侯七杰争民命……玄且来。"《古微书》注:"谓刘玄德也。"

第十三章　《洛书》纬

日本学者《纬书集成》亦有《洛书类目》，统计《洛书》名篇者十五种，其为《洛书灵准听》《洛书甄曜度》《洛书摘六辟》《洛书宝号命》《洛书说禾》《洛书录运法》《洛书录运期》《孔子河洛谶》《洛书洛罪级》《洛书记》《洛书三光占》《洛书说示征》《洛书兵钤势》《洛书斗中图》《洛书》，王利器《谶纬五论》乃合《洛书录运法》《洛书录运期》入《河图录运法》，则已去其二种；又以为《洛书说示征》《洛书说禾》为一种，则又少一种；又以《洛书纪》《洛书》同《孔子河洛谶》为概举，不计，略定《洛书》纬十篇，合于张衡以来《洛书》纬十篇之数①。《洛书甄曜度》，黄奭《通纬》云："一作乾曜度"，引清河郡本录郑氏注："乾耀（曜），周天列宿也；度，限次也。"此仍作《甄曜度》。《洛书摘六辟》应即《洛书摘亡辟》。《洛书》纬内容相对较简。所述具体篇名前省《洛书》二字，概举从称《洛书纬》。

一　天文地理

1　总说

《甄曜度》说："元气无形，汹汹隆隆，偃者为地，伏者为天。"郑注："混沌之气，了然无形。清而伏者为天，浊而偃者为地。"又说："天之东南西北极各有铜头铁额兵，长三千万丈；三千亿万人。"又说："四海东西九十万里，南北八十万里。"《洛书纬》说："河自昆仑，

① 张岱年等：《国学今论》，辽宁教育出版社，1991 年版，第 116—117 页。

出于重野。”

2 天文

《甄曜度》说:“凡周天三百六十五度四分度之一,天一度为二千九百三十二里,则天地相去十七万八千五百里,日一日行一度,月一日行十三度十九分度之七。”又说:“周天一百七万一千里,一度为二千九百三十二里七十一步二尺七寸四分四百八十七分分之三百六十二。”又说:“推广九道,百七十一岁,进退六十三分,百四十四岁一超次。与天相应。”注:“超,周也。”又说:“月者阴之精也,地之理也。百七十三日(岁)进退四十九分,五百三十五年而一超次。”《洛书纬》说:“日月五星,行历左角,内行左亢外四尺;行历左氐外,行房两股间,行心内六尺,行尾内十八尺,行箕内十二尺,行斗柄中一尺,行牛中行女外四尺,行虚外六尺,行危外十三尺,行室外十六尺,行壁外十三尺,行奎外十三尺,行娄外九尺,行胃外十一尺,行昴外五尺。历毕左角,行觜内八尺,行参内十八尺,行井中,行鬼外十四尺,行柳内九尺。行七星内十五尺,行张内十八尺,行翼内十六尺,行轸内十六尺,在上者为北,此日月五星之正道也。”又说:“春分二日辰星在奎,晨见东方;十八日而晨入东方。夏至二日辰星在井,晨见东方;十八日而晨入东方。秋分二日辰星在氐,昏出西方;十九日而昏出西方。冬至二日辰星在女,昏出西方;十九日而昏入西方。”又说:“岁星日行十二分度之一,一十二岁而周天,出东方(以)晨,出西方以昏。”

《洛书纬》说:“北斗魁,第一曰天枢,第二旋星,第三玑星,第四权星,第五玉衡,第六开阳,第七摇光。第一至第四为魁,第五至第七为杓,合而为杓。居阴布阳,故称北斗。开阳重宝,故置辅翼斗中,曰北斗。”

3 星宿所主

《洛书纬》说,北斗,"第一曰破军,第二曰武曲,第三曰廉(贞),第四曰文曲,第五曰禄存,第六曰巨门,第七曰贪狼"。《五行大义·论七政》引《黄帝斗图》:"一名贪狼,子生人所属;二名巨门,丑亥生人所属;三名禄存,寅戌生人所属;四名文曲,卯酉生人所属;五曰廉贞,辰申生人所属;六曰武曲,巳未生人所属;七曰破军,午生人所属。"《洛书纬》说:"文昌主六府。"《晋书·天文志》:"文昌六星,在北斗魁前,天之六府也,主集计天道。一曰上将,大将军建威武;二曰次将,尚书正左右;三曰贵相,太常理文绪;四曰司禄、司中,司隶赏功进;五曰司命、司怪,太史主灭咎;六曰司寇,大理佐理宝。"《洛书纬》又说:"司怪集得失","司怪主人揆灵出微"。

4 地理分野

《洛书纬》说:"尾,砥柱为箕;析城为斗,王屋为牛,太行为须女,恒山为虚,碣石为危,西倾为室,朱圉为壁;乌鼠为奎,太华为娄,熊耳为胃,外方为昴,桐柏为毕,陪尾为觜,嶓冢为参;荆山为东井,内方为鬼,大别为柳,岷山为星,衡山为张,九江为翼,敷浅原为轸。"

二 传说

《摘亡辟》说:"辰放大头四乳,号曰皇,次屈出地勃。驾六飞麟,从日月,治二百五十岁。"注:"辰放,地屈之名也。地勃,地名。飞麒麟,兽有翼,能飞者。从日月,谓循其度也。"《洛书纬》说:"地皇氏逸于有,人皇九男相像,其身九章。"又说:"人皇始出提地之国,九男兄弟相似,别长九州,己居中州,以制八辅。"又说:"人皇氏驾六提羽,乘云祇车。"《摘亡辟》说:"人皇兄弟九人,别长九州,离艮地精，女出为之后，（离艮卦所推也。）夫妇之道始此。”又说：“次是民没，六皇出，天地命易以第绝。”宋均注：“次民没，民始穴居之世终；六皇此下，人数者也。”《甄曜度》说：“燧人伏羲神农为三皇。”《洛书纬》说：“三皇号九头；纪次五帝，号五龙；纪次摄提，纪次连逋，纪次叙命，纪次因提，纪次禅通，纪次为合洛循蜚。”又说：“皇道缺，故帝者兴也。”《灵准听》说：“有人方面日衡，重华握石椎，怀神珠。”又说：“舜受终，凤凰仪，黄龙感，朱草生，蓂英孳，西王母授，并地图。”又说：“有人大口，两耳三漏，足文履己，首戴钩钤，胸怀玉斗。”又说：“有人出石夷，握地代，戴成钤，怀玉斗。”又说：“黑帝子汤长八尺一寸，或曰七尺连珠，庭臂二肘。”又说：“苍帝姬昌，日角鸟鼻，身长八尺二寸，圣智慈理。”

三 《河图》

《灵准听》说：“《顾命》云：‘天球《河图》在东序，天球，宝器也。《河图》本纪图帝王终始存亡之期。’”又说：“类萌枢，提纪时，黄牙出子，十运检期也。”郑玄注：“类，五精之类。枢，枢星位乾，故五精之萌皆于之。摄提值巽，故王绝纪。黄牙出子，谓复卦所在。检法子出，王道之始。十则运为之法期。岁星亦曰摄提也。”[①]《灵准听》又说：“气五，机七，八合提九，爻结，八九七十二，录图起。”郑玄注：“气五，寓之五行。机七，二十七里也。二十八宿以存焉。二者用事以卦相提，得一岁俱终。而太一行九宫，及位游相结，每宫如卦之日，则参差矣。八九相乘七十二岁，而七百二十岁复至冬至，甲子生，象其数以为轨焉，故曰录图起之。”[②]《摘亡辟》说：“建纪

① 赵在翰：《七纬》，中华书局，2012年版，第168页。

② 赵在翰：《七纬》，中华书局，2012年版，第56—57页。

者，岁也。成姬仓有命在河，圣孔表雄，德庶人受命，握麟征。”郑玄注：“建纪者，谓夫易爻六七八九之数，此道成于文王，圣也。孔表雄，著汉当兴，以庶人之有仁德受命为天子，此谓使以获麟为应。”①《甄曜度》说：“赤三德昌，九世会修，符合帝际，勉刻封。”《摘亡辟》说：“五德之运。”

四　吉象

《宝予命》说：“天度帝道，备称皇。”《洛书纬》说：“圣人受命，必顺斗极。”《甄曜度》说：“彗孛贯北斗，下有杰王，五军合。”《洛罪级》说：“五星一合不言，圣起合有谟。”《洛书纬》说：“岁星守奎，三十日天下道兴符明。”又说：“岁星守奎，五谷成熟。”又说：“司危出，强国盈。”又说：“飞星大如缶瓮而行绝迹，色如烟火，堕名曰天保。此星所往者，其分野受福有利，若有吉事，期不出年。”《兵钤势》说：“昭明见，霸者生。”《洛书纬》说：“灵龟者元，文五色，神灵之精也。上隆法天，下平象地，能见存亡，明于吉凶；王者无偏党，尊耆考，则出。”又说：“鳛鳛鱼状如鹊，食之不瘴，出涿光之山。”又说：“王者不藏金玉，则紫玉见于深山；服饰不逾祭服，则玉英出。”

《洛书纬》说：“黄帝起，填星珥鱼。”又说：“苍帝起，青云扶日；赤帝起，赤云扶日；黄帝起，黄云扶日；白帝起，白云扶日；黑帝起，黑云扶日。”又说：“有白云出自苍梧，入于大梁。”又说：“枉矢出，夏桀灭。”《洛书纬》说：“有气(云)象人青衣，无手在日西，天子之气也。”又说：“日蚀有黄云，中有伏龙，周室以兴，文王受命。”

天子有喜。《洛书纬》说：“日两珥有直出珥中，中赤外青色，皆黄白润泽，天子有珠宝喜。立王侯所以然者，日天子之象，珠者阴

① 赵在翰：《七纬》，中华书局，2012年版，第51页。

之荣也，直者辅也。黄白润泽，故言天子有喜。葆直有立侯，青有忧，赤有兵，白有丧，黑者水也。”又说：“日抱有一珥，色皆白润泽，中赤外青，平晚至食时见，天子有喜。日中至日入，色苍白为忧，为有人从外来者，有喜事者，不可信也。”又说：“三抱重，有两珥正方，色皆黄白润泽，天子有喜，是谓大和抱者，亲和之象也，珥方者，兵之象也。”又说：“两敌相当，日晕而珥平等俱起，而色同军，无相奈何，色厚润者贺喜。”又说：“日晕两珥，君有喜。一曰众在外，有大事。”又说：“日晕且戴，而晕两有气，皆如珥形，中赤外青，是谓琪璧，一名雾成，色皆黄白润泽，有献玉璧宝瑶气者，天子有喜，所以然者，日天子象也，璧玉者阴之荣也。黄润泽，故言天子有喜。”

五　异象

1　斗

《洛书纬》说：“开枢受微，逆天失度；提旋序微，地道失理。机耀绪微，人民冤结，政乖失常。耀拾取微，江河涸竭水失道。玉衡枢微，音节灾纪；开阳纪微，律历钟吕暗昧失理，瑶光吐微，星辰政度失序。”

2　日

《洛书纬》说：“日蚀不祥善恶，各为其国。”又说：“日月蚀当用兵击之，君安。日月蚀不可出军，日蚀之岁不可出军，月蚀之月不可出军。”又说：“日蚀从所蚀利击敌也。”又说：“日蚀复生者，日光复故也，从日蚀生地，击敌破之。”又说：“日蚀尽，伐者谓既也。伐者人君死，子代之或臣篡杀。不尽者，日亏缺也。”又说：“日蚀下有气如彗星，诸侯失国，天子有忧不改，不出十二年。”又说：“日蚀而旁有白虎守之，大臣谋死其君。不出三月。一曰三年。”《洛罪级》

说:“日昼昏不言,擅叛。”又说:“日背璚不言,内垂恶。”《说征示》说:“淫色信谗,日以蚀房参。”

3 月

《洛书纬》说:“月以甲乙日蚀,年多鱼;丙丁日蚀,年饥;戊巳日蚀,无耕下田;庚辛日蚀,高田不入凶;壬癸日蚀,其岁和美。”《洛罪级》说:“月蚀既不言,刑法师命。”《洛书纬》说:“月与大星昼见,是谓争明,大国强,小国弱,有立侯王者。”又说:“陪臣执命,王公望风其将叛,谋公卿群下并附诸侯,归心则月举足垂牙。”《摘亡辟》说:“六月辛酉,月犯心,亡君之戒也。”

4 岁星

《甄曜度》说:“岁星入胃,犯守之国有更令,大人有忧,若有祸殃,必有土功。”又说:“岁星入昴,敌兵入侵,有土功,若有赦令。”又说:“岁星入守(天)厕星,天下大饥,人相食,死者大半,期二年。”

5 荧惑

《洛书纬》说:“荧惑反明,邦命更主;荧惑反明,相掠城邑;荧惑反明,不言纪更。”又说:“荧惑守心,逆臣起。”《甄曜度》说:“荧惑守毕,将相有忧,白衣之会。”又说:“荧惑入注而去之,天下安大归。其乡有兵,兵止。万民安乐,贵人吉,安其社稷。以六月守注百二十日,其国人饥旱。”注,柳宿。又说:“荧惑守七星,民有忧,万物不成,天下有水。”

6 填星

《洛书纬》说:“填星效四季,则天下和,百谷昌;若出四孟,人主失德,五谷不成;若出四仲,天下有兵,将军不利。”

7 太白

《洛书纬》说:“五彗并出太白,入午白虹贯,能主者尚可治。”

《洛罪级》说："太白经天，不日桀侯代政。"

8 辰星

《洛书纬》说："辰星入虚有兵起。"又说："辰星犯虚，大臣为谋，主有兵起，其国必败。"

9 彗星

《说征示》说："彗星贯坐乱起。"又说："彗犯帝座四旁，中大乱。"

10 客星

《洛书纬》说："客星入月中有破军。"《甄曜度》说"客星出轩辕，若守之，各随其所守，后妃嫔夫人近者当之。一曰守之三日，美人有经者。"又说："客星出天江，有大水，河海溢，津关塞，民多饥。"《晋书·天文志》："天津九星，横河中，一曰天汉，一曰天江。"

11 流星

《甄曜度》说："流星入轩辕，后妃有乱，女主有逆谋，天子宜防之，期三年。"又说："流星抵傅说，王者有子孙之忧；若出之，宫中有子孙之喜，期不出百八十日。"又说："流星入匏瓜，食官有忧，一曰鱼盐价十倍。"《史记·天官书》："匏瓜，有青黑星守之。"《索隐》："《荆州占》：匏瓜，一名天鸡，在河鼓东。"《甄曜度》又说："流星入奎，有沟渎之事，若有使来之国，或使出之他国，不出百八十日，当以冲日为期。"

12 他星

《洛罪级》说："恒星不见，主严法度消。"又说："辅星微，公宰弱，无良朋。"又说："栋星亡不言，王失号。"《广雅·释天》："大角谓之栋星。"《兵钤势》说："狱汉动，诸侯惊。"又说："五残起，野乱成。"

《史记·天官书》:“五残星,出正东,东方之野。”《洛书纬》说:“五锋星出,翼白之亡也。”又说:“旗剌旋,主备臣边雄,候之,贤主过,出兵,马惊。”《说征示》说:“枉矢射心,山崩火燔宫。”

13 虹

《洛罪级》说:“白虹贯日近臣谋乱人主危。”又说:“虹出不见内始乱。”又说:“五虹剌不言,内妾恣。”

14 地震,流沙

《洛罪级》说:“土震不言众虐盛。”《洛书纬》说:“沙流出不言,小人起;擅百川乱不言,小人执政。”

六 占断,医药

《洛书纬》说:“填星行角亢,春令逆,岁不登;填星行牵牛,冬令逆,冰雹灾,所行二十八宿,各以失度占之。”又说:“星在月右角者,秦氏丁氏为奸在西宫中;星在月左角,窦氏宋氏为奸在东宫中;星在月上者,邓氏司马氏为奸,在南宫中;星在月下者,赵氏李氏为奸,在后宫中;星在月两角,刘氏为奸,败。”又说:“凡占,两军相当,必谨审日月之晕气,知其所起止,远近,应与不应,迟疾,大小厚薄长短抱背,为多少,有无,实虚,久亟,密疏,泽枯,相应日等无相奈何。故曰近胜远,疾胜迟,大胜小,厚胜薄,长胜短,抱胜背,多胜少,有胜无,实胜虚,久胜亟,密胜疏,泽胜枯,重抱大胜无抱也,抱为和,亲抱多,亲者益多;背为不和,分离相去,背于中者离于中,背于外者离于外也。凡分离相去之以亲疏,赤中外青,以和相去;青中外赤,以恶相去。”

《宝予命》说:“古人治病之方,和以醴泉,润以元气,药不辛不苦,甘甜多味,常能服之,津流五脏,系之心肺,终身无患。”

七 谶言

《洛书纬》说:“秦失金镜,鱼目入珠。”[①]此亦见《尚书·考灵曜》,宋均注:“金镜,喻明道也。鱼目入珠,言伪乱真也。庄襄王纳不韦之妻,生始皇也。”《摘亡辟》说:“亡秦者,胡也。”《甄曜度谶》说:“赤之德,昌九世,会备合帝”。《古微书》注:“指刘备也。”《洛书纬》说:“古月之末乱中州,洪水大起健西流,惟为雄子定八州。”[②]又说:“当有州付臣又土,灭东燕,破白虏,氐在中,华在表。”[③]又说:“有德者昌,无德者亡,德受天命,柔而复刚。”[④]又说:“鬲虫之子有三灵。”[⑤]《北史·傅坚眼传》云,傅坚眼,本清河人也。祖父融,性豪侠,有三子:灵庆,灵根,灵越。融以自负,谓足为一时之雄,“常从容谓乡人曰:‘汝闻之不?鬲虫之子有三灵,此图谶文也。’好事者然之,故享勇士多相归附。”《孔子河洛谶》说:“二口建戈不能方,两金相刻发神锋。空穴无主奇入中,女子独立又为双。”[⑥]《宋书·符瑞志》引,云:“二口建戈,刘字也。晋氏金行,刘姓又有金,故曰两金相刻。空穴无主奇中,为寄字;女子独立又为双,奴字。”宋武帝刘裕,小字寄奴。

---

① 《纬书集成》,上海古籍出版社,1994年版,第1127页。
② 《纬书集成》,上海古籍出版社,1994年版,第1127页。
③ 《纬书集成》,上海古籍出版社,1994年版,第1127页。
④ 《纬书集成》,上海古籍出版社,1994年版,第1127页。
⑤ 《纬书集成》,上海古籍出版社,1994年版,第1127页。
⑥ 《纬书集成》,上海古籍出版社,1994年版,第1127页。

第十四章 《论语》谶(纬)

梁代《七录》载:"《论语谶》八卷。"《隋书·经籍志》注:"亡。"《旧唐书·经籍志》宋均注:"《论语纬》十卷。"清代马国翰说,后者"卷多于前,复题谶曰纬,盖非旧本矣。宋元以来不著录。明华容孙瑴搜辑佚文载入《古微书》"①,说到所谓《论语谶》《论语纬》,但于二者关系说法不明,其实二者虽卷数有异,应该为一书。之所以称《论语谶》,孙瑴说"《论语》不入经,亦不立纬,惟谶八卷与老子尹公诸谶并行"②,认为是《论语》没有入经的缘故,还提到有所谓老子、尹公诸谶。清代顾观光也说:"《论语》不入经,故不立纬,惟《隋志》有《论语谶》八篇而已。"③西汉建立,很重视《论语》,但大概只是到东汉言七经,才列入其中。但即便如此,《论语》与所谓六经或五经,毕竟还是有所不同的。所谓《论语谶》,应该早已有作,孙瑴等说《论语》不入经,正是在这些意义上。《论语》既已入经,故《旧唐书·经籍志》著录为《论语纬》,因而所谓《论语谶》,并不能成为后来论者谶、纬不分的依据。只是孙瑴等没有注意到《旧唐书·经籍志》著录有所谓《论语纬》,并进行比较。《古微书》载《比考谶》《撰考谶》《摘辅象》《摘衰圣》《阴嬉谶》五篇,马国翰又从《文选》注辑得《素王受命谶》《纠滑谶》《崇爵谶》三篇。《文选》注作于初唐,

---

① 赵在翰:《七纬》,中华书局,2012 年版,第 765 页。

② 赵在翰:《七纬》,中华书局,2012 年版,第 766 页。

③ 《纬书集成》,上海古籍出版社,1994 年版,第 1068 页。

皆称谶者,可见是作于《论语》入经前,故为《七录》所载。

一 星宿所主,地理分野

《阴嬉谶》说:"天纪星以表九州,定图位。"《晋书·天文志》:"天纪九星。在贯索东,九卿也,主万事之纪,理怨讼也。"贯索属天市垣。《阴嬉谶》又说:"天纪星主历音律。"又说:"贯索主天牢。"《史记·天官书》:"赤帝行德,天牢为之空。"《晋书·天文志》:"贯索九星","贱人之牢也。一曰连索,一曰连营,一曰天牢,主法律,禁暴强也","天牢六星,在北斗魁下,贵人之牢也"。《阴嬉谶》又说:"平星主法。"平星属角宿。《晋书·天文志》:"平星二星,在库楼北,平天下之法狱事,廷尉之象也。"《阴嬉谶》又说:"杵臼七星,王给庖。"《晋书·天文志》:"杵三星,在箕南。杵给庖舂。"《阴嬉谶》又说:"天斛星主量品。"又说:"土公主豫储。"土公属壁宿,二星。又说:"附路主扫除。"

文昌至太微间有三台。《晋书·天文志》:"三台六星,两两而居,起文昌,列抵太微","西近文昌二星曰上台,为司命,主寿;次二星曰中台,为司中,主宗室;东二星曰下台,为司禄,主兵"。《摘辅象》说:"兖豫属上台。"注:"九州系于三台。"又说:"荆扬属下级",注:"下级,上之下等。一台各有上下。"又说:"梁雍属中上",注:"中台之上。"又说:"冀州属错",注:"错,杂也。属中台之下,下台之上。"又说:"青州属下上。"注:"下台之上。"又说:"徐州属下下。"注:"下台之下也。"总括说:"上台,上星主兖豫,下星主荆扬;中台,上星主梁雍,下星主冀州;下台,上星主青州,下星主徐州。星非其故,以占其邦。"

二　传说历史

《摘辅象》说:"燧人四佐:明由晓升级,必育受税役,成博受古诸,陨丘受延嬉。"注:"级,等差,政所先后也。受赋税及徭役,所宜施为也。古诸侯职等也。延,长也;嬉,兴也;主受此禄也。"佐,辅佐;辅佐之臣。又说:"燧人出天,四佐出洛。"注:"出天,天所生也;出洛,地所生也。"又说:"伏羲六佐:金提主化俗,鸟明主建福,视默主灾恶,纪通为中职,仲起为海陆,阳侯为江海。"注:"为民敦风化也。福,利民也。为民除灾害也。为田主,主内职也。主平地,兼统海也。主江海事。"又说:"六佐出世。"注:"虑戏不及燧人,故增二佐。出世,人所生也。"又说:"黄帝七辅:风后受金法,天老受天箓,五圣受道级,知命受纠俗,窥纪受变复,地典受州络,力墨受准斥。"注:"金法,言能决理是非也;箓,天教命也;级,次序也;纠,正也;有祸变,能补复也;络,维也;准斥,凡事也。"辅,辅佐。又说:"九州选举,翼佐帝德。"此皆见题陶潜《圣贤群辅录》,并南宋初李石《续博物志》,孙瑴《古微书》录之,云:"谓纬书尽妄者,渊明之纯粹,何得妄收?"

《比考谶》说:"五帝立师,三王制之。"又说:"黄帝师力牧,颛顼师绿图,帝喾师赤松子,帝尧师务成子,帝舜师尹寿,禹师国先生,汤师伊尹,文王师吕望,武王师尚父,周公师虢叔,孔子师老聃。"《撰考谶》说:"黄帝受地形,象天文以制官,爰有九州之牧,伏羲以前虽有三名,未必具立官位,至黄帝,名位乃具。"又说:"轩辕知地利,九牧倡教。"又说:"考灵差德,而知尧步、舜骤、禹驰、汤骛。"注:"德有优劣,故曰行转疾也。"《摘辅象》说:"帝率握昭景,饮醴,蓂筴为历。"注:"昭景,谓景星所炤也。"《阴嬉谶》说:"圣人为政,泽出马。"《撰考谶》说:"穿胸儋耳,莫不贡职。"边人臣服之状。

《比考谶》说:“引五子以避俗,远邦殊域莫不向风。”夏太康不理政事,耽于田猎,于黄河北岸,有穷国君羿帅众拒归。太康五个弟弟亦在此等候,作《五子之歌》述大禹告诫哀怨之。终五子之一仲康被羿立为王,夏得中兴。《撰考谶》又说:“远都殊域,莫不向风。”《比考谶》说:“殷惑妲己,玉马走。”注:“女妲己有美色也,玉马喻贤臣,走,奔去也。”又说:“伯夷、叔齐义让龙举。”《阴嬉谶》说:“桀杀关龙逢于庚子之旦,有金版刻书,出地庭中,曰:臣族虐,王禽。”注:“龙同姓,称族。王虐杀我,必见禽也。谓杀关龙逢之后,庚子旦,庭中地有此版异也。”

《摘衰圣》说:“帝不先义,任道德。王不先力,尚仁义。霸不先正,尚武力。”《撰考谶》说:“雷震百里,声相附。”注:“雷动百里,故因以制国也。雷声谓诸侯之政教所至相附也。”又说:“古者七十二家为里。”《崇爵谶》说:“重耳反谲,伐德矜功。”《纠滑谶》说:“陈灭齐,六卿分晋。”《摘辅象》说:“左丘明为素臣。”杜预《左传序》:“说者以仲尼自卫反鲁,修《春秋》,立素王,邱明为素臣。”《摘衰圣》说:“徐衍负石,伐子自狸。守分亡身,握石失躯。”注:“狸,犹杀也。”徐衍,东汉人,一说周末人。

三 《河图》

《撰考谶》说:“尧修坛河洛,择良议沉,率舜等升首山,导河渚,五老游焉,相谓《河图》将来告帝以期。”《比考谶》说:“仲尼曰:‘吾闻帝尧率舜等游首山,观河渚,乃有五老游河渚,一老曰《河图》将来告帝期。二老曰《河图》将来告帝谋。三老曰《河图》将来告帝书。四老曰《河图》将来告帝图。五老曰《河图》将来告帝符。有顷,赤龙衔玉苞舒图,刻版题命,可卷,金尼玉检封。盛威曰:“知我者重童也。”五老乃为流星,上入昴。黄姚视之,龙没图在。与太尉舜共发，曰帝枢当百，则禅于虞，尧喟然叹曰："咨汝舜，天之历数在汝躬，允执其中，四海困穷，天禄永终。"乃以禅舜。'"注："入昴宿则复为星。"又说："圣王御世，《河图》复卷舒图。"注："龙浮于水。"《素王受命谶》说："河授图，天下归心。"又说："王者受命，布政易俗，以御八极"，"莫不喁喁，延颈归德"。

四　麟凤

《摘衰圣》说："叔孙氏之车子曰鉏商，樵于野而获麟焉，众莫之识，以为不祥，弃之五父之衢。冉有告孔子曰：'有麏肉角，岂天下之夭乎？'夫子曰：'今何在？吾将观焉。'遂往，谓其御高柴曰：'若求之言，其必麟乎？'到视之曰：'今宗周将灭，无主，孰为来哉？兹日麟出而死，吾道穷矣。'乃作歌曰：'唐虞之世麟凤游，今非其时来何由？麟兮麟兮我心忧。'"又说："凤有六像九苞。六像者，一曰头像天，二曰目像日，三曰背像月，四曰翼像风，五曰足像地，六曰尾像纬。九苞者，一曰口苞命，二曰心合度，三曰耳聪达，四曰舌诎伸，五曰色光彩，六曰冠矩周，七曰距锐钩，八曰音激扬，九曰腹文户。行鸣曰归嬉，止鸣曰提扶，夜鸣曰善哉，晨鸣曰贺世，飞鸣曰郎都。知我者惟黄，持竹实来，故子欲居九夷，从凤嬉。"注："纬，五纬也。度，天度，数也。周当作朱，采色好也。户，所由出入，阴阳出入亦闭乎。善哉，应天下兴平也。贺世，庆贺于时也。黄，黄中通理者也。凤遇善则潜居夷狄也。"

五　孔子及弟子

《撰考谶》说："叔梁纥与征在祷尼丘山，感黑龙之精，以生仲尼。"《摘辅象》说："孔子胸应矩，是谓仪古。"《崇爵谶》说："仲尼居乡党，卷怀道美。"注："怀，藏也。"《比考谶》说："水名盗泉，仲尼不漱。”注:“夫子教于洙泗之间,今城北二水之中,即夫子领徒之所也。”《撰考谶》说:“(子曰)下学上达,知我者其天乎? 通精曜也。”又说:“子罕言利,利伤行也。”《比考谶》说:“孔子读易,韦编三绝,铁挝三折,漆书三灭。”《崇爵谶》说:“(孔子)自卫反鲁,删诗书,修春秋。”《比考谶》说:“叔孙武孙毁孔子,譬若尧民曰:我耕田而食,穿井而饮,尧何力功?”

《摘辅象》说:“子夏曰:仲尼为素王,颜渊为司徒。”《比考谶》说:“颜回有角额,似月形,渊,水也,月是水精,故名渊。”又说:“邑名朝歌,颜渊不舍,七十弟子掩目,宰与独顾,由蹶蹶堕车。”注:“子路患宰予顾视凶地,故以足蹶蹶之,使堕车也。”《摘辅象》说:“子路为司空。”《比考谶》说:“子路感雷精而生,尚刚好勇,亲涉卫难,结缨而死,孔子闻而复醢。每闻雷鸣,乃中心恻怛,故后人忌焉,以为常也。”《摘辅象》说:“颜渊山庭日角,曾子珠衡犀角。”《比考谶》说:“里名胜母,曾子敛襟。”《摘辅象》说:“曾子未尝不问安亲之道也。”

《摘辅象》说:“子贡山庭斗绕口。”注:“谓面有山庭,言山在中,鼻高有异相也。故子贡至孝,颜渊至仁也。”又说:“子贡掉三寸之舌,动于四海之内。”《比考谶》说:“子夏与子贡过郑神社,社树有鸟,子路博鸟神,社人牵挛子路。子贡说之,乃止。”又说:“赐风德。”注:“赐能言语,故可使风喻以德也。”《撰考谶》说:“孺悲欲见,乡党慕义。”《摘辅象》说:“仲弓钩文在手,是谓知始。宰我手握户,是谓受道。子游手握文雅,是谓敏士。公冶长手握辅,是谓习道。子夏手握正,是谓受相。公伯周手握直期,是谓疾恶。”又说:“澹台灭明歧掌,是谓正直。”又说:“樊迟山额,有若月衡,反宇陷额,是谓和喜。”《摘辅象》又说:“南容井口”,又说:“大公大口,鼻有伏藏。”又说:“仲弓淑明清理,可以为卿。”《崇爵谶》说:“子夏六十四人,共撰仲尼微言,以事素王。”注:“诸引《论语谶》无篇目可考者,并录于后。”

六　格言

《比考谶》说："赐问，(子)曰：'格言成法，亦可以次序也。'"意思是格言可为准则，有其条理。又说："仁义在身，行之可强。"又说："君子上达，与天合符，以俟后圣基也。"又说："文德以怀邦。"《撰考谶》说："渐于兰则芳，渐于鲍则臭。"《摘辅象》说："时不再及。"注："及，亦至也。"《纠滑谶》说："渐渍以道，废消乃行。"《崇爵谶》说："贫而无怨，循性动也。"又说："百世可知，言喻道也。"又说："学者谶也。"

七　天谴

《摘辅象》说："山土崩，川闭塞，漂沦移山，鼓哭闭衡，夷庶桀合，兵王作。"又说："虐王反度枉矢合。"《阴嬉谶》说："附耳鸣，盗贼令。"又说："王良策马，野骨曝。"又说："栋星亡，主旷乏。"

后　记

我刚写作出版了《易学概述》一书。书中叙述了《易》纬大量内容，但限于体例，还不能说很全面。本书专门叙述《易》纬，列有三章，特别是叙述了过去不受重视的《易乾坤凿度》，可比并阅读。本书他处，比如《孝经》纬，也涉及易学。

《易学概述》后记说很早就试图分别谶纬，现在总算完成了这件事。所说过去短文看法，具体见本书前言。

感谢给予我帮助的人们。

王济民

2024 年 9 月